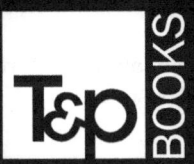

ITALIANO
VOCABULÁRIO

PORTUGUÊS BRASILEIRO

PORTUGUÊS ITALIANO

Para alargar o seu léxico e apurar as suas competências linguísticas

9000 palavras

Vocabulário Português Brasileiro-Italiano - 9000 palavras
Por Andrey Taranov

Os vocabulários da T&P Books destinam-se a ajudar a aprender, a memorizar, e a rever palavras estrangeiras. O dicionário é dividido em temas, cobrindo todas as principais esferas de atividades quotidianas, negócios, ciência, cultura, etc.

O processo de aprendizagem, utilizando os dicionários baseados em temáticas da T&P Books dá-lhe as seguintes vantagens:

- Informação de origem corretamente agrupada predetermina o sucesso em fases subsequentes da memorização de palavras
- Disponibilização de palavras derivadas da mesma raiz, o que permite a memorização de unidades de texto (em vez de palavras separadas)
- Pequenas unidades de palavras facilitam o processo de estabelecimento de vínculos associativos necessários para a consolidação do vocabulário
- O nível de conhecimento da língua pode ser estimado pelo número de palavras aprendidas

Copyright © 2019 T&P Books Publishing

Todos os direitos reservados. Nenhuma parte desta publicação pode ser reproduzida, total ou parcialmente, por quaisquer métodos ou processos, sejam eles eletrônicos, mecânicos, de fotocópia ou outros, sem a autorização escrita do editor. Esta publicação não pode ser divulgada, copiada ou distribuída em nenhum formato.

T&P Books Publishing
www.tpbooks.com

ISBN: 978-1-78767-282-6

Este livro também está disponível em formato E-book.
Por favor visite www.tpbooks.com ou as principais livrarias on-line.

VOCABULÁRIO ITALIANO
palavras mais úteis

Os vocabulários da T&P Books destinam-se a ajudar a aprender, a memorizar, e a rever palavras estrangeiras. O vocabulário contém mais de 9000 palavras de uso comum organizadas tematicamente.

O vocabulário contém as palavras mais comummente usadas
Recomendado como adicional para qualquer curso de línguas
Satisfaz as necessidades dos iniciados e dos alunos avançados de línguas estrangeiras
Conveniente para o uso diário, sessões de revisão e atividades de auto-teste
Permite avaliar o seu vocabulário

Características especias do vocabulário

- As palavras estão organizadas de acordo com o seu significado, e não por ordem alfabética
- As palavras são apresentadas em três colunas para facilitar os processos de revisão e auto-teste
- As palavras compostas são divididas em pequenos blocos para facilitar o processo de aprendizagem
- O vocabulário oferece uma transcrição simples e adequada de cada palavra estrangeira

O vocabulário contém 256 tópicos incluindo:

Conceitos básicos, Números, Cores, Meses, Estações do ano, Unidades de medida, Roupas & Acessórios, Alimentos & Nutrição, Restaurante, Membros da Família, Parentes, Caráter, Sentimentos, Emoções, Doenças, Cidade, Passeios, Compras, Dinheiro, Casa, Lar, Escritório, Trabalho no Escritório, Importação & Exportação, Marketing, Pesquisa de Emprego, Esportes, Educação, Computador, Internet, Ferramentas, Natureza, Países, Nacionalidades e muito mais ...

TABELA DE CONTEÚDOS

Guia de pronunciação	11
Abreviaturas	12

CONCEITOS BÁSICOS
Conceitos básicos. Parte 1	14
	14

1. Pronomes — 14
2. Cumprimentos. Saudações. Despedidas — 14
3. Como se dirigir a alguém — 15
4. Números cardinais. Parte 1 — 15
5. Números cardinais. Parte 2 — 16
6. Números ordinais — 17
7. Números. Frações — 17
8. Números. Operações básicas — 17
9. Números. Diversos — 17
10. Os verbos mais importantes. Parte 1 — 18
11. Os verbos mais importantes. Parte 2 — 19
12. Os verbos mais importantes. Parte 3 — 20
13. Os verbos mais importantes. Parte 4 — 21
14. Cores — 21
15. Questões — 22
16. Preposições — 23
17. Palavras funcionais. Advérbios. Parte 1 — 23
18. Palavras funcionais. Advérbios. Parte 2 — 25

Conceitos básicos. Parte 2 — 27

19. Opostos — 27
20. Dias da semana — 29
21. Horas. Dia e noite — 29
22. Meses. Estações — 30
23. Tempo. Diversos — 31
24. Linhas e formas — 32
25. Unidades de medida — 33
26. Recipientes — 34
27. Materiais — 35
28. Metais — 36

O SER HUMANO — 37
O ser humano. O corpo — 37

29. Humanos. Conceitos básicos — 37
30. Anatomia humana — 37

31. Cabeça 38
32. Corpo humano 39

Vestuário & Acessórios 40

33. Roupa exterior. Casacos 40
34. Vestuário de homem & mulher 40
35. Vestuário. Roupa interior 41
36. Adereços de cabeça 41
37. Calçado 41
38. Têxtil. Tecidos 42
39. Acessórios pessoais 42
40. Vestuário. Diversos 43
41. Cuidados pessoais. Cosméticos 43
42. Joalheria 44
43. Relógios de pulso. Relógios 45

Alimentação. Nutrição 46

44. Comida 46
45. Bebidas 47
46. Vegetais 48
47. Frutos. Nozes 49
48. Pão. Bolaria 50
49. Pratos cozinhados 50
50. Especiarias 51
51. Refeições 52
52. Por a mesa 53
53. Restaurante 53

Família, parentes e amigos 54

54. Informação pessoal. Formulários 54
55. Membros da família. Parentes 54
56. Amigos. Colegas de trabalho 55
57. Homem. Mulher 56
58. Idade 56
59. Crianças 57
60. Casais. Vida de família 57

Caráter. Sentimentos. Emoções 59

61. Sentimentos. Emoções 59
62. Caráter. Personalidade 60
63. O sono. Sonhos 61
64. Humor. Riso. Alegria 62
65. Discussão, conversação. Parte 1 62
66. Discussão, conversação. Parte 2 63
67. Discussão, conversação. Parte 3 65
68. Acordo. Recusa 65
69. Sucesso. Boa sorte. Insucesso 66
70. Conflitos. Emoções negativas 66

Medicina	69
71. Doenças	69
72. Sintomas. Tratamentos. Parte 1	70
73. Sintomas. Tratamentos. Parte 2	71
74. Sintomas. Tratamentos. Parte 3	72
75. Médicos	73
76. Medicina. Drogas. Acessórios	73
77. Fumar. Produtos tabágicos	74

HABITAT HUMANO	75
Cidade	75
78. Cidade. Vida na cidade	75
79. Instituições urbanas	76
80. Sinais	77
81. Transportes urbanos	78
82. Turismo	79
83. Compras	80
84. Dinheiro	81
85. Correios. Serviço postal	82

Moradia. Casa. Lar	83
86. Casa. Habitação	83
87. Casa. Entrada. Elevador	84
88. Casa. Eletricidade	84
89. Casa. Portas. Fechaduras	84
90. Casa de campo	85
91. Moradia. Mansão	85
92. Castelo. Palácio	86
93. Apartamento	86
94. Apartamento. Limpeza	87
95. Mobiliário. Interior	87
96. Quarto de dormir	88
97. Cozinha	88
98. Casa de banho	89
99. Eletrodomésticos	90
100. Reparações. Renovação	90
101. Canalizações	91
102. Fogo. Deflagração	91

ATIVIDADES HUMANAS	93
Emprego. Negócios. Parte 1	93
103. Escritório. O trabalho no escritório	93
104. Processos negociais. Parte 1	94
105. Processos negociais. Parte 2	95
106. Produção. Trabalhos	96
107. Contrato. Acordo	97
108. Importação & Exportação	98

109. Finanças	98
110. Marketing	99
111. Publicidade	100
112. Banca	100
113. Telefone. Conversação telefônica	101
114. Telefone móvel	102
115. Estacionário	102
116. Vários tipos de documentos	103
117. Tipos de negócios	104

Emprego. Negócios. Parte 2   106

118. Espetáculo. Feira	106
119. Media	107
120. Agricultura	108
121. Construção. Processo de construção	109
122. Ciência. Investigação. Cientistas	110

Profissões e ocupações   111

123. Procura de emprego. Demissão	111
124. Gente de negócios	111
125. Profissões de serviços	112
126. Profissões militares e postos	113
127. Oficiais. Padres	114
128. Profissões agrícolas	114
129. Profissões artísticas	115
130. Várias profissões	115
131. Ocupações. Estatuto social	117

Desportos   118

132. Tipos de desportos. Desportistas	118
133. Tipos de desportos. Diversos	119
134. Ginásio	119
135. Hóquei	120
136. Futebol	120
137. Esqui alpino	122
138. Ténis. Golfe	122
139. Xadrez	123
140. Boxe	123
141. Desportos. Diversos	124

Educação   126

142. Escola	126
143. Colégio. Universidade	127
144. Ciências. Disciplinas	128
145. Sistema de escrita. Ortografia	128
146. Línguas estrangeiras	129

7

147. Personagens de contos de fadas 130
148. Signos do Zodíaco 131

Artes 132

149. Teatro 132
150. Cinema 133
151. Pintura 134
152. Literatura & Poesia 135
153. Circo 135
154. Música. Música popular 136

Descanso. Entretenimento. Viagens 138

155. Viagens 138
156. Hotel 138
157. Livros. Leitura 139
158. Caça. Pesca 141
159. Jogos. Bilhar 142
160. Jogos. Jogar cartas 142
161. Casino. Roleta 142
162. Descanso. Jogos. Diversos 143
163. Fotografia 143
164. Praia. Natação 144

EQUIPAMENTO TÉCNICO. TRANSPORTES 146
Equipamento técnico. Transportes 146

165. Computador 146
166. Internet. E-mail 147
167. Eletricidade 148
168. Ferramentas 148

Transportes 151

169. Avião 151
170. Comboio 152
171. Barco 153
172. Aeroporto 154
173. Bicicleta. Motocicleta 155

Carros 156

174. Tipos de carros 156
175. Carros. Carroçaria 156
176. Carros. Habitáculo 157
177. Carros. Motor 158
178. Carros. Batidas. Reparação 159
179. Carros. Estrada 160
180. Sinais de trânsito 161

PESSOAS. EVENTOS 162
Eventos 162

181. Férias. Evento 162
182. Funerais. Enterro 163
183. Guerra. Soldados 163
184. Guerra. Ações militares. Parte 1 164
185. Guerra. Ações militares. Parte 2 166
186. Armas 167
187. Povos da antiguidade 169
188. Idade média 169
189. Líder. Chefe. Autoridades 171
190. Estrada. Caminho. Direções 172
191. Violação da lei. Criminosos. Parte 1 173
192. Violação da lei. Criminosos. Parte 2 174
193. Polícia. Lei. Parte 1 175
194. Polícia. Lei. Parte 2 176

NATUREZA 178
A Terra. Parte 1 178

195. Espaço sideral 178
196. A Terra 179
197. Pontos cardeais 180
198. Mar. Oceano 180
199. Nomes de Mares e Oceanos 181
200. Montanhas 182
201. Nomes de montanhas 183
202. Rios 183
203. Nomes de rios 184
204. Floresta 184
205. Recursos naturais 185

A Terra. Parte 2 187

206. Tempo 187
207. Tempo extremo. Catástrofes naturais 188
208. Ruídos. Sons 188
209. Inverno 189

Fauna 191

210. Mamíferos. Predadores 191
211. Animais selvagens 191
212. Animais domésticos 192
213. Cães. Raças de cães 193
214. Sons produzidos pelos animais 194
215. Animais jovens 194
216. Pássaros 195
217. Pássaros. Canto e sons 196
218. Peixes. Animais marinhos 196
219. Anfíbios. Répteis 197

220.	Insetos	198
221.	Animais. Partes do corpo	198
222.	Ações dos animais	199
223.	Animais. Habitats	200
224.	Cuidados com os animais	200
225.	Animais. Diversos	201
226.	Cavalos	201

Flora		203
227.	Árvores	203
228.	Arbustos	203
229.	Cogumelos	204
230.	Frutos. Bagas	204
231.	Flores. Plantas	205
232.	Cereais, grãos	206
233.	Vegetais. Verduras	207

GEOGRAFIA REGIONAL		208
Países. Nacionalidades		208
234.	Europa Ocidental	208
235.	Europa Central e de Leste	210
236.	Países da ex-URSS	211
237.	Asia	212
238.	América do Norte	214
239.	América Central do Sul	214
240.	Africa	215
241.	Austrália. Oceania	216
242.	Cidades	216
243.	Política. Governo. Parte 1	217
244.	Política. Governo. Parte 2	219
245.	Países. Diversos	220
246.	Grupos religiosos mais importantes. Confissões	220
247.	Religiões. Padres	222
248.	Fé. Cristianismo. Islão	222

TEMAS DIVERSOS		225
249.	Várias palavras úteis	225
250.	Modificadores. Adjetivos. Parte 1	226
251.	Modificadores. Adjetivos. Parte 2	228

500 VERBOS PRINCIPAIS		231
252.	Verbos A-B	231
253.	Verbos C-D	232
254.	Verbos E-J	235
255.	Verbos L-P	237
256.	Verbos Q-Z	239

GUIA DE PRONUNCIAÇÃO

Alfabeto fonético T&P   Exemplo Italiano   Exemplo Português

[a]	casco ['kasko]	chamar
[e]	sfera ['sfera]	metal
[i]	filo ['filo]	sinônimo
[o]	dolce ['doltʃe]	lobo
[u]	siluro [si'luro]	bonita
[y]	würstel ['vyrstel]	questionar
[b]	busta ['busta]	barril
[d]	andare [an'dare]	dentista
[dz]	zinco ['dzinko]	pizza
[dʒ]	Norvegia [nor'vedʒa]	adjetivo
[ʒ]	garage [ga'raʒ]	talvez
[f]	ferrovia [ferro'via]	safári
[g]	ago ['ago]	gosto
[k]	cocktail ['koktejl]	aquilo
[j]	piazza ['pjattsa]	Vietnã
[l]	olive [o'live]	libra
[ʎ]	figlio ['fiʎʎo]	barulho
[m]	mosaico [mo'zaiko]	magnólia
[n]	treno ['treno]	natureza
[ŋ]	granchio ['graŋkio]	alcançar
[ɲ]	magnete [ma'ɲete]	ninhada
[p]	pallone [pal'lone]	presente
[r]	futuro [fu'turo]	riscar
[s]	triste ['triste]	sanita
[ʃ]	piscina [pi'ʃina]	mês
[t]	estintore [estin'tore]	tulipa
[ts]	spezie ['spetsie]	tsé-tsé
[tʃ]	lancia ['lantʃa]	Tchau!
[v]	volo ['volo]	fava
[w]	whisky ['wiski]	página web
[z]	deserto [de'zerto]	sésamo

ABREVIATURAS
usadas no vocabulário

Abreviaturas do Português

adj	-	adjetivo
adv	-	advérbio
anim.	-	animado
conj.	-	conjunção
desp.	-	esporte
etc.	-	Etcetera
ex.	-	por exemplo
f	-	nome feminino
f pl	-	feminino plural
fem.	-	feminino
inanim.	-	inanimado
m	-	nome masculino
m pl	-	masculino plural
m, f	-	masculino, feminino
masc.	-	masculino
mat.	-	matemática
mil.	-	militar
pl	-	plural
prep.	-	preposição
pron.	-	pronome
sb.	-	sobre
sing.	-	singular
v aux	-	verbo auxiliar
vi	-	verbo intransitivo
vi, vt	-	verbo intransitivo, transitivo
vr	-	verbo reflexivo
vt	-	verbo transitivo

Abreviaturas do Italiano

agg	-	adjetivo
f	-	nome feminino
f pl	-	feminino plural
m	-	nome masculino
m pl	-	masculino plural
m, f	-	masculino, feminino
pl	-	plural
v aus	-	verbo auxiliar

vi	-	verbo intransitivo
vi, vt	-	verbo intransitivo, transitivo
vr	-	verbo reflexivo
vt	-	verbo transitivo

CONCEITOS BÁSICOS

Conceitos básicos. Parte 1

1. Pronomes

eu	io	['io]
você	tu	['tu]
ele	lui	['luj]
ela	lei	['lej]
nós	noi	['noj]
vocês	voi	['voi]
eles, elas	loro, essi	['loro], ['essi]

2. Cumprimentos. Saudações. Despedidas

Oi!	Buongiorno!	[buon'dʒorno]
Olá!	Salve!	['salve]
Bom dia!	Buongiorno!	[buon'dʒorno]
Boa tarde!	Buon pomeriggio!	[bu'on pome'ridʒo]
Boa noite!	Buonasera!	[buona'sera]
cumprimentar (vt)	salutare (vt)	[salu'tare]
Oi!	Ciao! Salve!	['tʃao], ['salve]
saudação (f)	saluto (m)	[sa'luto]
saudar (vt)	salutare (vt)	[salu'tare]
Tudo bem?	Come va?	['kome 'va]
E aí, novidades?	Che c'è di nuovo?	[ke tʃe di nu'ovo]
Tchau! Até logo!	Arrivederci!	[arrive'dertʃi]
Até breve!	A presto!	[a 'presto]
Adeus!	Addio!	[ad'dio]
despedir-se (dizer adeus)	congedarsi (vr)	[kondʒe'darsi]
Até mais!	Ciao!	['tʃao]
Obrigado! -a!	Grazie!	['gratsie]
Muito obrigado! -a!	Grazie mille!	['gratsie 'mille]
De nada	Prego	['prego]
Não tem de quê	Non c'è di che!	[non tʃe di 'ke]
Não foi nada!	Di niente	[di 'njente]
Desculpa!	Scusa!	['skuza]
Desculpe!	Scusi!	['skuzi]
desculpar (vt)	scusare (vt)	[sku'zare]
desculpar-se (vr)	scusarsi (vr)	[sku'zarsi]

Me desculpe	Chiedo scusa	['kjedo 'skuza]
Desculpe!	Mi perdoni!	[mi per'doni]
perdoar (vt)	perdonare (vt)	[perdo'nare]
Não faz mal	Non fa niente	[non fa 'njente]
por favor	per favore	[per fa'vore]
Não se esqueça!	Non dimentichi!	[non di'mentiki]
Com certeza!	Certamente!	[tʃerta'mente]
Claro que não!	Certamente no!	[tʃerta'mente no]
Está bem! De acordo!	D'accordo!	[dak'kordo]
Chega!	Basta!	['basta]

3. Como se dirigir a alguém

senhor	signore	[si'ɲore]
senhora	signora	[si'ɲora]
senhorita	signorina	[siɲo'rina]
jovem	signore	[si'ɲore]
menino	ragazzo	[ra'gattso]
menina	ragazza	[ra'gattsa]

4. Números cardinais. Parte 1

zero	zero (m)	['dzero]
um	uno	['uno]
dois	due	['due]
três	tre	['tre]
quatro	quattro	['kwattro]
cinco	cinque	['tʃinkwe]
seis	sei	['sej]
sete	sette	['sette]
oito	otto	['otto]
nove	nove	['nove]
dez	dieci	['djetʃi]
onze	undici	['unditʃi]
doze	dodici	['doditʃi]
treze	tredici	['treditʃi]
catorze	quattordici	[kwat'torditʃi]
quinze	quindici	['kwinditʃi]
dezesseis	sedici	['seditʃi]
dezessete	diciassette	[ditʃas'sette]
dezoito	diciotto	[di'tʃotto]
dezenove	diciannove	[ditʃan'nove]
vinte	venti	['venti]
vinte e um	ventuno	[ven'tuno]
vinte e dois	ventidue	['venti 'due]
vinte e três	ventitre	['venti 'tre]
trinta	trenta	['trenta]

trinta e um	trentuno	[tren'tuno]
trinta e dois	trentadue	[trenta 'due]
trinta e três	trentatre	[trenta 'tre]
quarenta	quaranta	[kwa'ranta]
quarenta e um	quarantuno	[kwa'rant'uno]
quarenta e dois	quarantadue	[kwa'ranta 'due]
quarenta e três	quarantatre	[kwa'ranta 'tre]
cinquenta	cinquanta	[tʃin'kwanta]
cinquenta e um	cinquantuno	[tʃin'kwant'uno]
cinquenta e dois	cinquantadue	[tʃin'kwanta 'due]
cinquenta e três	cinquantatre	[tʃin'kwanta 'tre]
sessenta	sessanta	[ses'santa]
sessenta e um	sessantuno	[sessan'tuno]
sessenta e dois	sessantadue	[ses'santa 'due]
sessenta e três	sessantatre	[ses'santa 'tre]
setenta	settanta	[set'tanta]
setenta e um	settantuno	[settan'tuno]
setenta e dois	settantadue	[set'tanta 'due]
setenta e três	settantatre	[set'tanta 'tre]
oitenta	ottanta	[ot'tanta]
oitenta e um	ottantuno	[ottan'tuno]
oitenta e dois	ottantadue	[ot'tanta 'due]
oitenta e três	ottantatre	[ot'tanta 'tre]
noventa	novanta	[no'vanta]
noventa e um	novantuno	[novan'tuno]
noventa e dois	novantadue	[no'vanta 'due]
noventa e três	novantatre	[no'vanta 'tre]

5. Números cardinais. Parte 2

cem	cento	['tʃento]
duzentos	duecento	[due'tʃento]
trezentos	trecento	[tre'tʃento]
quatrocentos	quattrocento	[kwattro'tʃento]
quinhentos	cinquecento	[tʃinkwe'tʃento]
seiscentos	seicento	[sej'tʃento]
setecentos	settecento	[sette'tʃento]
oitocentos	ottocento	[otto'tʃento]
novecentos	novecento	[nove'tʃento]
mil	mille	['mille]
dois mil	duemila	[due'mila]
três mil	tremila	[tre'mila]
dez mil	diecimila	['djetʃi 'mila]
cem mil	centomila	[tʃento'mila]
um milhão	milione (m)	[mi'ljone]
um bilhão	miliardo (m)	[mi'ljardo]

6. Números ordinais

primeiro (adj)	primo	['primo]
segundo (adj)	secondo	[se'kondo]
terceiro (adj)	terzo	['tertso]
quarto (adj)	quarto	['kwarto]
quinto (adj)	quinto	['kwinto]
sexto (adj)	sesto	['sesto]
sétimo (adj)	settimo	['settimo]
oitavo (adj)	ottavo	[ot'tavo]
nono (adj)	nono	['nono]
décimo (adj)	decimo	['detʃimo]

7. Números. Frações

fração (f)	frazione (f)	[fra'tsjone]
um meio	un mezzo	[un 'meddzo]
um terço	un terzo	[un 'tertso]
um quarto	un quarto	[un 'kwarto]
um oitavo	un ottavo	[un ot'tavo]
um décimo	un decimo	[un 'detʃimo]
dois terços	due terzi	['due 'tertsi]
três quartos	tre quarti	[tre 'kwarti]

8. Números. Operações básicas

subtração (f)	sottrazione (f)	[sottra'tsjone]
subtrair (vi, vt)	sottrarre (vt)	[sot'trarre]
divisão (f)	divisione (f)	[divi'zjone]
dividir (vt)	dividere (vt)	[di'videre]
adição (f)	addizione (f)	[addi'tsjone]
somar (vt)	addizionare (vt)	[additsjo'nare]
adicionar (vt)	addizionare (vt)	[additsjo'nare]
multiplicação (f)	moltiplicazione (f)	[moltiplika'tsjone]
multiplicar (vt)	moltiplicare (vt)	[moltipli'kare]

9. Números. Diversos

algarismo, dígito (m)	cifra (f)	['tʃifra]
número (m)	numero (m)	['numero]
numeral (m)	numerale (m)	[nume'rale]
menos (m)	meno (m)	['meno]
mais (m)	più (m)	['pju]
fórmula (f)	formula (f)	['formula]
cálculo (m)	calcolo (m)	['kalkolo]
contar (vt)	contare (vt)	[kon'tare]

calcular (vt)	calcolare (vt)	[kalko'lare]
comparar (vt)	comparare (vt)	[kompa'rare]
Quanto?	Quanto?	['kwanto]
Quantos? -as?	Quanti?	['kwanti]
soma (f)	somma (f)	['somma]
resultado (m)	risultato (m)	[rizul'tato]
resto (m)	resto (m)	['resto]
alguns, algumas ...	qualche ...	['kwalke]
pouco (~ tempo)	un po'di ...	[un po di]
resto (m)	resto (m)	['resto]
um e meio	uno e mezzo	['uno e 'medd‍zo]
dúzia (f)	dozzina (f)	[dod'dzina]
ao meio	in due	[in 'due]
em partes iguais	in parti uguali	[in 'parti u'gwali]
metade (f)	metà (f), mezzo (m)	[me'ta], ['meddzo]
vez (f)	volta (f)	['volta]

10. Os verbos mais importantes. Parte 1

abrir (vt)	aprire (vt)	[a'prire]
acabar, terminar (vt)	finire (vt)	[fi'nire]
aconselhar (vt)	consigliare (vt)	[konsiʎ'ʎare]
adivinhar (vt)	indovinare (vt)	[indovi'nare]
advertir (vt)	avvertire (vt)	[avver'tire]
ajudar (vt)	aiutare (vt)	[aju'tare]
almoçar (vi)	pranzare (vi)	[pran'tsare]
alugar (~ um apartamento)	affittare (vt)	[affit'tare]
amar (pessoa)	amare qn	[a'mare]
ameaçar (vt)	minacciare (vt)	[mina'tʃare]
anotar (escrever)	annotare (vt)	[anno'tare]
apressar-se (vr)	avere fretta	[a'vere 'fretta]
arrepender-se (vr)	rincrescere (vi)	[rin'kreʃere]
assinar (vt)	firmare (vt)	[fir'mare]
brincar (vi)	scherzare (vi)	[sker'tsare]
brincar, jogar (vi, vt)	giocare (vi)	[dʒo'kare]
buscar (vt)	cercare (vt)	[tʃer'kare]
caçar (vi)	cacciare (vt)	[ka'tʃare]
cair (vi)	cadere (vi)	[ka'dere]
cavar (vt)	scavare (vt)	[ska'vare]
chamar (~ por socorro)	chiamare (vt)	[kja'mare]
chegar (vi)	arrivare (vi)	[arri'vare]
chorar (vi)	piangere (vi)	['pjandʒere]
começar (vt)	cominciare (vt)	[komin'tʃare]
comparar (vt)	comparare (vt)	[kompa'rare]
concordar (dizer "sim")	essere d'accordo	['essere dak'kordo]
confiar (vt)	fidarsi (vr)	[fi'darsi]

confundir (equivocar-se)	confondere (vt)	[kon'fondere]
conhecer (vt)	conoscere	[ko'noʃere]
contar (fazer contas)	contare (vt)	[kon'tare]
contar com ...	contare su ...	[kon'tare su]
continuar (vt)	continuare (vt)	[kontinu'are]
controlar (vt)	controllare (vt)	[kontrol'lare]
convidar (vt)	invitare (vt)	[invi'tare]
correr (vi)	correre (vi)	['korrere]
criar (vt)	creare (vt)	[kre'are]
custar (vt)	costare (vt)	[ko'stare]

11. Os verbos mais importantes. Parte 2

dar (vt)	dare (vt)	['dare]
dar uma dica	dare un suggerimento	[dare un sudʒeri'mento]
decorar (enfeitar)	decorare (vt)	[deko'rare]
defender (vt)	difendere (vt)	[di'fendere]
deixar cair (vt)	lasciar cadere	[la'ʃar ka'dere]
descer (para baixo)	scendere (vi)	['ʃendere]
desculpar (vt)	battaglia (f)	[bat'taʎʎa]
desculpar-se (vr)	scusarsi (vr)	[sku'zarsi]
dirigir (~ uma empresa)	dirigere (vt)	[di'ridʒere]
discutir (notícias, etc.)	discutere (vt)	[di'skutere]
disparar, atirar (vi)	sparare (vi)	[spa'rare]
dizer (vt)	dire (vt)	['dire]
duvidar (vt)	dubitare (vi)	[dubi'tare]
encontrar (achar)	trovare (vt)	[tro'vare]
enganar (vt)	ingannare (vt)	[ingan'nare]
entender (vt)	capire (vt)	[ka'pire]
entrar (na sala, etc.)	entrare (vi)	[en'trare]
enviar (uma carta)	mandare (vt)	[man'dare]
errar (enganar-se)	sbagliare (vi)	[zbaʎ'ʎare]
escolher (vt)	scegliere (vt)	['ʃeʎʎere]
esconder (vt)	nascondere (vt)	[na'skondere]
escrever (vt)	scrivere (vt)	['skrivere]
esperar (aguardar)	aspettare (vt)	[aspet'tare]
esperar (ter esperança)	sperare (vi, vt)	[spe'rare]
esquecer (vt)	dimenticare (vt)	[dimenti'kare]
estudar (vt)	studiare (vt)	[stu'djare]
exigir (vt)	esigere (vt)	[e'zidʒere]
existir (vi)	esistere (vi)	[e'zistere]
explicar (vt)	spiegare (vt)	[spje'gare]
falar (vi)	parlare (vi, vt)	[par'lare]
faltar (a la escuela, etc.)	mancare le lezioni	[man'kare le le'tsjoni]
fazer (vt)	fare (vt)	['fare]
ficar em silêncio	tacere (vi)	[ta'tʃere]
gabar-se (vr)	vantarsi (vr)	[van'tarsi]

Português	Italiano	IPA
gostar (apreciar)	piacere (vi)	[pja'tʃere]
gritar (vi)	gridare (vi)	[gri'dare]
guardar (fotos, etc.)	conservare (vt)	[konser'vare]
informar (vt)	informare (vt)	[infor'mare]
insistir (vi)	insistere (vi)	[in'sistere]
insultar (vt)	insultare (vt)	[insul'tare]
interessar-se (vr)	interessarsi di ...	[interes'sarsi di]
ir (a pé)	andare (vi)	[an'dare]
ir nadar	fare il bagno	['fare il 'baɲo]
jantar (vi)	cenare (vi)	[tʃe'nare]

12. Os verbos mais importantes. Parte 3

Português	Italiano	IPA
ler (vt)	leggere (vi, vt)	['ledʒere]
libertar, liberar (vt)	liberare (vt)	[libe'rare]
matar (vt)	uccidere (vt)	[u'tʃidere]
mencionar (vt)	menzionare (vt)	[mentsjo'nare]
mostrar (vt)	mostrare (vt)	[mo'strare]
mudar (modificar)	cambiare (vt)	[kam'bjare]
nadar (vi)	nuotare (vi)	[nuo'tare]
negar-se a ... (vr)	rifiutarsi (vr)	[rifju'tarsi]
objetar (vt)	obiettare (vt)	[objet'tare]
observar (vt)	osservare (vt)	[osser'vare]
ordenar (mil.)	ordinare (vt)	[ordi'nare]
ouvir (vt)	sentire (vt)	[sen'tire]
pagar (vt)	pagare (vi, vt)	[pa'gare]
parar (vi)	fermarsi (vr)	[fer'marsi]
parar, cessar (vt)	cessare (vt)	[tʃes'sare]
participar (vi)	partecipare (vi)	[partetʃi'pare]
pedir (comida, etc.)	ordinare (vt)	[ordi'nare]
pedir (um favor, etc.)	chiedere, domandare	['kjedere], [doman'dare]
pegar (tomar)	prendere (vt)	['prendere]
pegar (uma bola)	afferrare (vt)	[affer'rare]
pensar (vi, vt)	pensare (vi, vt)	[pen'sare]
perceber (ver)	accorgersi (vr)	[ak'kordʒersi]
perdoar (vt)	perdonare (vt)	[perdo'nare]
perguntar (vt)	chiedere, domandare	['kjedere], [doman'dare]
permitir (vt)	permettere (vt)	[per'mettere]
pertencer a ... (vi)	appartenere (vi)	[apparte'nere]
planejar (vt)	pianificare (vt)	[pjanifi'kare]
poder (~ fazer algo)	potere (v aus)	[po'tere]
possuir (uma casa, etc.)	possedere (vt)	[posse'dere]
preferir (vt)	preferire (vt)	[prefe'rire]
preparar (vt)	cucinare (vi)	[kutʃi'nare]
prever (vt)	prevedere (vt)	[preve'dere]
prometer (vt)	promettere (vt)	[pro'mettere]
pronunciar (vt)	pronunciare (vt)	[pronun'tʃare]

propor (vt)	proporre (vt)	[pro'porre]
punir (castigar)	punire (vt)	[pu'nire]
quebrar (vt)	rompere (vt)	['rompere]
queixar-se de ...	lamentarsi (vr)	[lamen'tarsi]
querer (desejar)	volere (vt)	[vo'lere]

13. Os verbos mais importantes. Parte 4

ralhar, repreender (vt)	sgridare (vt)	[zgri'dare]
recomendar (vt)	raccomandare (vt)	[rakkoman'dare]
repetir (dizer outra vez)	ripetere (vt)	[ri'petere]
reservar (~ um quarto)	riservare (vt)	[rizer'vare]
responder (vt)	rispondere (vi, vt)	[ris'pondere]
rezar, orar (vi)	pregare (vi, vt)	[pre'gare]
rir (vi)	ridere (vi)	['ridere]
roubar (vt)	rubare (vt)	[ru'bare]
saber (vt)	sapere (vt)	[sa'pere]
sair (~ de casa)	uscire (vi)	[u'ʃire]
salvar (resgatar)	salvare (vt)	[sal'vare]
seguir (~ alguém)	seguire (vt)	[se'gwire]
sentar-se (vr)	sedersi (vr)	[se'dersi]
ser necessário	occorrere	[ok'korrere]
ser, estar	essere (vi)	['essere]
significar (vt)	significare (vt)	[siɲifi'kare]
sorrir (vi)	sorridere (vi)	[sor'ridere]
subestimar (vt)	sottovalutare (vt)	[sottovalu'tare]
surpreender-se (vr)	stupirsi (vr)	[stu'pirsi]
tentar (~ fazer)	tentare (vt)	[ten'tare]
ter (vt)	avere (vt)	[a'vere]
ter fome	avere fame	[a'vere 'fame]
ter medo	avere paura	[a'vere pa'ura]
ter sede	avere sete	[a'vere 'sete]
tocar (com as mãos)	toccare (vt)	[tok'kare]
tomar café da manhã	fare colazione	['fare kola'tsjone]
trabalhar (vi)	lavorare (vi)	[lavo'rare]
traduzir (vt)	tradurre (vt)	[tra'durre]
unir (vt)	unire (vt)	[u'nire]
vender (vt)	vendere (vt)	['vendere]
ver (vt)	vedere (vt)	[ve'dere]
virar (~ para a direita)	girare (vi)	[dʒi'rare]
voar (vi)	volare (vi)	[vo'lare]

14. Cores

cor (f)	colore (m)	[ko'lore]
tom (m)	sfumatura (f)	[sfuma'tura]

tonalidade (m)	tono (m)	['tono]
arco-íris (m)	arcobaleno (m)	[arkoba'leno]
branco (adj)	bianco	['bjanko]
preto (adj)	nero	['nero]
cinza (adj)	grigio	['gridʒo]
verde (adj)	verde	['verde]
amarelo (adj)	giallo	['dʒallo]
vermelho (adj)	rosso	['rosso]
azul (adj)	blu	['blu]
azul claro (adj)	azzurro	[ad'dzurro]
rosa (adj)	rosa	['roza]
laranja (adj)	arancione	[aran'ʧone]
violeta (adj)	violetto	[vio'letto]
marrom (adj)	marrone	[mar'rone]
dourado (adj)	d'oro	['doro]
prateado (adj)	argenteo	[ar'dʒenteo]
bege (adj)	beige	[beʒ]
creme (adj)	color crema	[ko'lor 'krema]
turquesa (adj)	turchese	[tur'keze]
vermelho cereja (adj)	rosso ciliegia (f)	['rosso ʧi'ljedʒa]
lilás (adj)	lilla	['lilla]
carmim (adj)	rosso lampone	['rosso lam'pone]
claro (adj)	chiaro	['kjaro]
escuro (adj)	scuro	['skuro]
vivo (adj)	vivo, vivido	['vivo], ['vivido]
de cor	colorato	[kolo'rato]
a cores	a colori	[a ko'lori]
preto e branco (adj)	bianco e nero	['bjanko e 'nero]
unicolor (de uma só cor)	in tinta unita	[in 'tinta u'nita]
multicolor (adj)	multicolore	[multiko'lore]

15. Questões

Quem?	Chi?	[ki]
O que?	Che cosa?	[ke 'koza]
Onde?	Dove?	['dove]
Para onde?	Dove?	['dove]
De onde?	Di dove?, Da dove?	[di 'dove], [da 'dove]
Quando?	Quando?	['kwando]
Para quê?	Perché?	[per'ke]
Por quê?	Perché?	[per'ke]
Para quê?	Per che cosa?	[per ke 'koza]
Como?	Come?	['kome]
Qual (~ é o problema?)	Che?	[ke]
Qual (~ deles?)	Quale?	['kwale]
A quem?	A chi?	[a 'ki]

De quem?	Di chi?	[di 'ki]
Do quê?	Di che cosa?	[di ke 'koza]
Com quem?	Con chi?	[kon 'ki]

Quantos? -as?	Quanti?	['kwanti]
Quanto?	Quanto?	['kwanto]
De quem? (masc.)	Di chi?	[di 'ki]

16. Preposições

com (prep.)	con	[kon]
sem (prep.)	senza	['sentsa]
a, para (exprime lugar)	a	[a]
sobre (ex. falar ~)	di	[di]
antes de ...	prima di ...	['prima di]
em frente de ...	di fronte a ...	[di 'fronte a]

debaixo de ...	sotto	['sotto]
sobre (em cima de)	sopra	['sopra]
em ..., sobre ...	su	[su]
de, do (sou ~ Rio de Janeiro)	da, di	[da], [di]
de (feito ~ pedra)	di	[di]

| em (~ 3 dias) | fra ... | [fra] |
| por cima de ... | attraverso | [attra'verso] |

17. Palavras funcionais. Advérbios. Parte 1

Onde?	Dove?	['dove]
aqui	qui	[kwi]
lá, ali	lì	[li]

| em algum lugar | da qualche parte | [da 'kwalke 'parte] |
| em lugar nenhum | da nessuna parte | [da nes'suna 'parte] |

| perto de ... | vicino a ... | [vi'tʃino a] |
| perto da janela | vicino alla finestra | [vi'tʃino 'alla fi'nestra] |

Para onde?	Dove?	['dove]
aqui	di qui	[di kwi]
para lá	ci	[tʃi]
daqui	da qui	[da kwi]
de lá, dali	da lì	[da 'li]

| perto | vicino, accanto | [vi'tʃino], [a'kanto] |
| longe | lontano | [lon'tano] |

perto de ...	vicino a ...	[vi'tʃino a]
à mão, perto	vicino	[vi'tʃino]
não fica longe	non lontano	[non lon'tano]
esquerdo (adj)	sinistro	[si'nistro]
à esquerda	a sinistra	[a si'nistra]

para a esquerda	a sinistra	[a si'nistra]
direito (adj)	destro	['destro]
à direita	a destra	[a 'destra]
para a direita	a destra	[a 'destra]
em frente	davanti	[da'vanti]
da frente	anteriore	[ante'rjore]
adiante (para a frente)	avanti	[a'vanti]
atrás de ...	dietro	['djetro]
de trás	da dietro	[da 'djetro]
para trás	indietro	[in'djetro]
meio (m), metade (f)	mezzo (m), centro (m)	['meddzo], ['tʃentro]
no meio	in mezzo, al centro	[in 'meddzo], [al 'tʃentro]
do lado	di fianco	[di 'fjanko]
em todo lugar	dappertutto	[dapper'tutto]
por todos os lados	attorno	[at'torno]
de dentro	da dentro	[da 'dentro]
para algum lugar	da qualche parte	[da 'kwalke 'parte]
diretamente	dritto	['dritto]
de volta	indietro	[in'djetro]
de algum lugar	da qualsiasi parte	[da kwal'siazi 'parte]
de algum lugar	da qualche posto	[da 'kwalke 'posto]
em primeiro lugar	in primo luogo	[in 'primo lu'ogo]
em segundo lugar	in secondo luogo	[in se'kondo lu'ogo]
em terceiro lugar	in terzo luogo	[in 'tertso lu'ogo]
de repente	all'improvviso	[all improv'vizo]
no início	all'inizio	[all i'nitsio]
pela primeira vez	per la prima volta	[per la 'prima 'volta]
muito antes de ...	molto tempo prima di ...	['molto 'tempo 'prima di]
de novo	di nuovo	[di nu'ovo]
para sempre	per sempre	[per 'sempre]
nunca	mai	[maj]
de novo	ancora	[an'kora]
agora	adesso	[a'desso]
frequentemente	spesso	['spesso]
então	allora	[al'lora]
urgentemente	urgentemente	[urdʒente'mente]
normalmente	di solito	[di 'solito]
a propósito, ...	a proposito, ...	[a pro'pozito]
é possível	è possibile	[e pos'sibile]
provavelmente	probabilmente	[probabil'mente]
talvez	forse	['forse]
além disso, ...	inoltre ...	[i'noltre]
por isso ...	ecco perché ...	['ekko per'ke]
apesar de ...	nonostante	[nono'stante]
graças a ...	grazie a ...	['gratsie a]
que (pron.)	che cosa	[ke 'koza]

que (conj.)	che	[ke]
algo	qualcosa	[kwal'koza]
alguma coisa	qualcosa	[kwal'koza]
nada	niente	['njente]

quem	chi	[ki]
alguém (~ que ...)	qualcuno	[kwal'kuno]
alguém (com ~)	qualcuno	[kwal'kuno]

ninguém	nessuno	[nes'suno]
para lugar nenhum	da nessuna parte	[da nes'suna 'parte]
de ninguém	di nessuno	[di nes'suno]
de alguém	di qualcuno	[di kwal'kuno]

tão	così	[ko'zi]
também (gostaria ~ de ...)	anche	['aŋke]
também (~ eu)	anche, pure	['aŋke], ['pure]

18. Palavras funcionais. Advérbios. Parte 2

Por quê?	Perché?	[per'ke]
por alguma razão	per qualche ragione	[per 'kwalke ra'dʒone]
porque ...	perché ...	[per'ke]
por qualquer razão	per qualche motivo	[per 'kwalke mo'tivo]

e (tu ~ eu)	e	[e]
ou (ser ~ não ser)	o ...	[o]
mas (porém)	ma	[ma]
para (~ a minha mãe)	per	[per]

muito, demais	troppo	['troppo]
só, somente	solo	['solo]
exatamente	esattamente	[ezatta'mente]
cerca de (~ 10 kg)	circa	['tʃirka]

aproximadamente	approssimativamente	[approsimativa'mente]
aproximado (adj)	approssimativo	[approssima'tivo]
quase	quasi	['kwazi]
resto (m)	resto (m)	['resto]

cada (adj)	ogni	['oɲi]
qualquer (adj)	qualsiasi	[kwal'siazi]
muitos, muitas	molti	['molti]
muito	molto	['molto]
muitas pessoas	molta gente	['molta 'dʒente]
todos	tutto, tutti	['tutto], ['tutti]

em troca de ...	in cambio di ...	[in 'kambio di]
em troca	in cambio	[in 'kambio]
à mão	a mano	[a 'mano]
pouco provável	poco probabile	['poko pro'babile]

provavelmente	probabilmente	[probabil'mente]
de propósito	apposta	[ap'posta]

por acidente	per caso	[per 'kazo]
muito	molto	['molto]
por exemplo	per esempio	[per e'zempjo]
entre	fra	[fra]
entre (no meio de)	fra	[fra]
tanto	tanto	['tanto]
especialmente	soprattutto	[sopra'tutto]

Conceitos básicos. Parte 2

19. Opostos

rico (adj)	ricco	['rikko]
pobre (adj)	povero	['povero]
doente (adj)	malato	[ma'lato]
bem (adj)	sano	['sano]
grande (adj)	grande	['grande]
pequeno (adj)	piccolo	['pikkolo]
rapidamente	rapidamente	[rapida'mente]
lentamente	lentamente	[lenta'mente]
rápido (adj)	veloce	[ve'lotʃe]
lento (adj)	lento	['lento]
alegre (adj)	allegro	[al'legro]
triste (adj)	triste	['triste]
juntos (ir ~)	insieme	[in'sjeme]
separadamente	separatamente	[separata'mente]
em voz alta (ler ~)	ad alta voce	[ad 'alta 'votʃe]
para si (em silêncio)	in silenzio	[in si'lentsio]
alto (adj)	alto	['alto]
baixo (adj)	basso	['basso]
profundo (adj)	profondo	[pro'fondo]
raso (adj)	basso	['basso]
sim	sì	[si]
não	no	[no]
distante (adj)	lontano	[lon'tano]
próximo (adj)	vicino	[vi'tʃino]
longe	lontano	[lon'tano]
à mão, perto	vicino	[vi'tʃino]
longo (adj)	lungo	['lungo]
curto (adj)	corto	['korto]
bom (bondoso)	buono	[bu'ono]
mal (adj)	cattivo	[kat'tivo]
casado (adj)	sposato	[spo'zato]

solteiro (adj)	celibe	['tʃelibe]
proibir (vt)	vietare (vt)	[vje'tare]
permitir (vt)	permettere (vt)	[per'mettere]
fim (m)	fine (f)	['fine]
início (m)	inizio (m)	[i'nitsio]
esquerdo (adj)	sinistro	[si'nistro]
direito (adj)	destro	['destro]
primeiro (adj)	primo	['primo]
último (adj)	ultimo	['ultimo]
crime (m)	delitto (m)	[de'litto]
castigo (m)	punizione (f)	[puni'tsjone]
ordenar (vt)	ordinare (vt)	[ordi'nare]
obedecer (vt)	obbedire (vi)	[obbe'dire]
reto (adj)	dritto	['dritto]
curvo (adj)	curvo	['kurvo]
paraíso (m)	paradiso (m)	[para'dizo]
inferno (m)	inferno (m)	[in'ferno]
nascer (vi)	nascere (vi)	['naʃere]
morrer (vi)	morire (vi)	[mo'rire]
forte (adj)	forte	['forte]
fraco, débil (adj)	debole	['debole]
velho, idoso (adj)	vecchio	['vekkio]
jovem (adj)	giovane	['dʒovane]
velho (adj)	vecchio	['vekkio]
novo (adj)	nuovo	[nu'ovo]
duro (adj)	duro	['duro]
macio (adj)	morbido	['morbido]
quente (adj)	caldo	['kaldo]
frio (adj)	freddo	['freddo]
gordo (adj)	grasso	['grasso]
magro (adj)	magro	['magro]
estreito (adj)	stretto	['stretto]
largo (adj)	largo	['largo]
bom (adj)	buono	[bu'ono]
mau (adj)	cattivo	[kat'tivo]
valente, corajoso (adj)	valoroso	[valo'rozo]
covarde (adj)	codardo	[ko'dardo]

20. Dias da semana

segunda-feira (f)	lunedì (m)	[lune'di]
terça-feira (f)	martedì (m)	[marte'di]
quarta-feira (f)	mercoledì (m)	[merkole'di]
quinta-feira (f)	giovedì (m)	[dʒove'di]
sexta-feira (f)	venerdì (m)	[vener'di]
sábado (m)	sabato (m)	['sabato]
domingo (m)	domenica (f)	[do'menika]
hoje	oggi	['odʒi]
amanhã	domani	[do'mani]
depois de amanhã	dopodomani	[dopodo'mani]
ontem	ieri	['jeri]
anteontem	l'altro ieri	['laltro 'jeri]
dia (m)	giorno (m)	['dʒorno]
dia (m) de trabalho	giorno (m) lavorativo	['dʒorno lavora'tivo]
feriado (m)	giorno (m) festivo	['dʒorno fes'tivo]
dia (m) de folga	giorno (m) di riposo	['dʒorno di ri'pozo]
fim (m) de semana	fine (m) settimana	['fine setti'mana]
o dia todo	tutto il giorno	['tutto il 'dʒorno]
no dia seguinte	l'indomani	[lindo'mani]
há dois dias	due giorni fa	['due 'dʒorni fa]
na véspera	il giorno prima	[il 'dʒorno 'prima]
diário (adj)	quotidiano	[kwoti'djano]
todos os dias	ogni giorno	['oɲi 'dʒorno]
semana (f)	settimana (f)	[setti'mana]
na semana passada	la settimana scorsa	[la setti'mana 'skorsa]
semana que vem	la settimana prossima	[la setti'mana 'prossima]
semanal (adj)	settimanale	[settima'nale]
toda semana	ogni settimana	['oɲi setti'mana]
duas vezes por semana	due volte alla settimana	['due 'volte 'alla setti'mana]
toda terça-feira	ogni martedì	['oɲi marte'di]

21. Horas. Dia e noite

manhã (f)	mattina (f)	[mat'tina]
de manhã	di mattina	[di mat'tina]
meio-dia (m)	mezzogiorno (m)	[meddzo'dʒorno]
à tarde	nel pomeriggio	[nel pome'ridʒo]
tardinha (f)	sera (f)	['sera]
à tardinha	di sera	[di 'sera]
noite (f)	notte (f)	['notte]
à noite	di notte	[di 'notte]
meia-noite (f)	mezzanotte (f)	[meddza'notte]
segundo (m)	secondo (m)	[se'kondo]
minuto (m)	minuto (m)	[mi'nuto]
hora (f)	ora (f)	['ora]

meia hora (f)	mezzora (f)	[med'dzora]
quarto (m) de hora	un quarto d'ora	[un 'kwarto 'dora]
quinze minutos	quindici minuti	['kwinditʃi mi'nuti]
vinte e quatro horas	ventiquattro ore	[venti'kwattro 'ore]
nascer (m) do sol	levata (f) del sole	[le'vata del 'sole]
amanhecer (m)	alba (f)	['alba]
madrugada (f)	mattutino (m)	[mattu'tino]
pôr-do-sol (m)	tramonto (m)	[tra'monto]
de madrugada	di buon mattino	[di bu'on mat'tino]
esta manhã	stamattina	[stamat'tina]
amanhã de manhã	domattina	[domat'tina]
esta tarde	oggi pomeriggio	['odʒi pome'ridʒo]
à tarde	nel pomeriggio	[nel pome'ridʒo]
amanhã à tarde	domani pomeriggio	[do'mani pome'ridʒo]
esta noite, hoje à noite	stasera	[sta'sera]
amanhã à noite	domani sera	[do'mani 'sera]
às três horas em ponto	alle tre precise	['alle tre pre'tʃize]
por volta das quatro	verso le quattro	['verso le 'kwattro]
às doze	per le dodici	[per le 'doditʃi]
em vinte minutos	fra venti minuti	[fra 'venti mi'nuti]
em uma hora	fra un'ora	[fra un 'ora]
a tempo	puntualmente	[puntual'mente]
… um quarto para	un quarto di …	[un 'kwarto di]
dentro de uma hora	entro un'ora	['entro un 'ora]
a cada quinze minutos	ogni quindici minuti	['oɲi 'kwinditʃi mi'nuti]
as vinte e quatro horas	giorno e notte	['dʒorno e 'notte]

22. Meses. Estações

janeiro (m)	gennaio (m)	[dʒen'najo]
fevereiro (m)	febbraio (m)	[feb'brajo]
março (m)	marzo (m)	['martso]
abril (m)	aprile (m)	[a'prile]
maio (m)	maggio (m)	['madʒo]
junho (m)	giugno (m)	['dʒuɲo]
julho (m)	luglio (m)	['luʎʎo]
agosto (m)	agosto (m)	[a'gosto]
setembro (m)	settembre (m)	[set'tembre]
outubro (m)	ottobre (m)	[ot'tobre]
novembro (m)	novembre (m)	[no'vembre]
dezembro (m)	dicembre (m)	[di'tʃembre]
primavera (f)	primavera (f)	[prima'vera]
na primavera	in primavera	[in prima'vera]
primaveril (adj)	primaverile	[primave'rile]
verão (m)	estate (f)	[e'state]

no verão	in estate	[in e'state]
de verão	estivo	[e'stivo]
outono (m)	autunno (m)	[au'tunno]
no outono	in autunno	[in au'tunno]
outonal (adj)	autunnale	[autun'nale]
inverno (m)	inverno (m)	[in'verno]
no inverno	in inverno	[in in'verno]
de inverno	invernale	[inver'nale]
mês (m)	mese (m)	['meze]
este mês	questo mese	['kwesto 'meze]
mês que vem	il mese prossimo	[il 'meze 'prossimo]
no mês passado	il mese scorso	[il 'meze 'skorso]
um mês atrás	un mese fa	[un 'meze fa]
em um mês	fra un mese	[fra un 'meze]
em dois meses	fra due mesi	[fra 'due 'mezi]
todo o mês	un mese intero	[un 'meze in'tero]
um mês inteiro	per tutto il mese	[per 'tutto il 'meze]
mensal (adj)	mensile	[men'sile]
mensalmente	mensilmente	[mensil'mente]
todo mês	ogni mese	['oɲi 'meze]
duas vezes por mês	due volte al mese	['due 'volte al 'meze]
ano (m)	anno (m)	['anno]
este ano	quest'anno	[kwest'anno]
ano que vem	l'anno prossimo	['lanno 'prossimo]
no ano passado	l'anno scorso	['lanno 'skorso]
há um ano	un anno fa	[un 'anno fa]
em um ano	fra un anno	[fra un 'anno]
dentro de dois anos	fra due anni	[fra 'due 'anni]
todo o ano	un anno intero	[un 'anno in'tero]
um ano inteiro	per tutto l'anno	[per 'tutto 'lanno]
cada ano	ogni anno	['oɲi 'anno]
anual (adj)	annuale	[annu'ale]
anualmente	annualmente	[annual'mente]
quatro vezes por ano	quattro volte all'anno	['kwattro 'volte all 'anno]
data (~ de hoje)	data (f)	['data]
data (ex. ~ de nascimento)	data (f)	['data]
calendário (m)	calendario (m)	[kalen'dario]
meio ano	mezz'anno (m)	[med'dzanno]
seis meses	semestre (m)	[se'mestre]
estação (f)	stagione (f)	[sta'dʒone]
século (m)	secolo (m)	['sekolo]

23. Tempo. Diversos

tempo (m)	tempo (m)	['tempo]
momento (m)	istante (m)	[i'stante]

Português	Italiano	Pronúncia
instante (m)	momento (m)	[mo'mento]
instantâneo (adj)	istantaneo	[istan'taneo]
lapso (m) de tempo	periodo (m)	[pe'riodo]
vida (f)	vita (f)	['vita]
eternidade (f)	eternità (f)	[eterni'ta]
época (f)	epoca (f)	['epoka]
era (f)	era (f)	['era]
ciclo (m)	ciclo (m)	['tʃiklo]
período (m)	periodo (m)	[pe'riodo]
prazo (m)	scadenza (f)	[ska'dentsa]
futuro (m)	futuro (m)	[fu'turo]
futuro (adj)	futuro	[fu'turo]
da próxima vez	la prossima volta	[la 'prossima 'volta]
passado (m)	passato (m)	[pas'sato]
passado (adj)	scorso	['skorso]
na última vez	la volta scorsa	[la 'volta 'skorsa]
mais tarde	più tardi	[pju 'tardi]
depois de ...	dopo	['dopo]
atualmente	oggigiorno	[odʒi'dʒorno]
agora	adesso, ora	[a'desso], [ora]
imediatamente	subito	['subito]
em breve	fra poco, presto	[fra 'poko], ['presto]
de antemão	in anticipo	[in an'titʃipo]
há muito tempo	tanto tempo fa	['tanto 'tempo fa]
recentemente	di recente	[di re'tʃente]
destino (m)	destino (m)	[de'stino]
recordações (f pl)	ricordi (m pl)	[ri'kordi]
arquivo (m)	archivio (m)	[ar'kiwio]
durante ...	durante ...	[du'rante]
durante muito tempo	a lungo	[a 'lungo]
pouco tempo	per poco tempo	[per 'poko 'tempo]
cedo (levantar-se ~)	presto	['presto]
tarde (deitar-se ~)	tardi	['tardi]
para sempre	per sempre	[per 'sempre]
começar (vt)	cominciare (vt)	[komin'tʃare]
adiar (vt)	posticipare (vt)	[postitʃi'pare]
ao mesmo tempo	simultaneamente	[simultanea'mento]
permanentemente	tutto il tempo	['tutto il 'tempo]
constante (~ ruído, etc.)	costante	[ko'stante]
temporário (adj)	temporaneo	[tempo'raneo]
às vezes	a volte	[a 'volte]
raras vezes, raramente	raramente	[rara'mente]
frequentemente	spesso	['spesso]

24. Linhas e formas

Português	Italiano	Pronúncia
quadrado (m)	quadrato (m)	[kwa'drato]
quadrado (adj)	quadrato	[kwa'drato]

círculo (m)	cerchio (m)	['tʃerkio]
redondo (adj)	rotondo	[ro'tondo]
triângulo (m)	triangolo (m)	[tri'angolo]
triangular (adj)	triangolare	[triango'lare]
oval (f)	ovale (m)	[o'vale]
oval (adj)	ovale	[o'vale]
retângulo (m)	rettangolo (m)	[ret'tangolo]
retangular (adj)	rettangolare	[rettango'lare]
pirâmide (f)	piramide (f)	[pi'ramide]
losango (m)	rombo (m)	['rombo]
trapézio (m)	trapezio (m)	[tra'petsio]
cubo (m)	cubo (m)	['kubo]
prisma (m)	prisma (m)	['prizma]
circunferência (f)	circonferenza (f)	[tʃirkonfe'rentsa]
esfera (f)	sfera (f)	['sfera]
globo (m)	palla (f)	['palla]
diâmetro (m)	diametro (m)	[di'ametro]
raio (m)	raggio (m)	['radʒo]
perímetro (m)	perimetro (m)	[pe'rimetro]
centro (m)	centro (m)	['tʃentro]
horizontal (adj)	orizzontale	[oriddzon'tale]
vertical (adj)	verticale	[verti'kale]
paralela (f)	parallela (f)	[paral'lela]
paralelo (adj)	parallelo	[paral'lelo]
linha (f)	linea (f)	['linea]
traço (m)	tratto (m)	['tratto]
reta (f)	linea (f) retta	['linea 'retta]
curva (f)	linea (f) curva	['linea 'kurva]
fino (linha ~a)	sottile	[sot'tile]
contorno (m)	contorno (m)	[kon'torno]
interseção (f)	intersezione (f)	[interse'tsjone]
ângulo (m) reto	angolo (m) retto	['angolo 'retto]
segmento (m)	segmento	[seg'mento]
setor (m)	settore (m)	[set'tore]
lado (de um triângulo, etc.)	lato (m)	['lato]
ângulo (m)	angolo (m)	['angolo]

25. Unidades de medida

peso (m)	peso (m)	['pezo]
comprimento (m)	lunghezza (f)	[lun'gettsa]
largura (f)	larghezza (f)	[lar'gettsa]
altura (f)	altezza (f)	[al'tettsa]
profundidade (f)	profondità (f)	[profondi'ta]
volume (m)	volume (m)	[vo'lume]
área (f)	area (f)	['area]
grama (m)	grammo (m)	['grammo]
miligrama (m)	milligrammo (m)	[milli'grammo]

quilograma (m)	chilogrammo (m)	[kilo'grammo]
tonelada (f)	tonnellata (f)	[tonnel'lata]
libra (453,6 gramas)	libbra (f)	['libbra]
onça (f)	oncia (f)	['ontʃa]
metro (m)	metro (m)	['metro]
milímetro (m)	millimetro (m)	[mil'limetro]
centímetro (m)	centimetro (m)	[tʃen'timetro]
quilômetro (m)	chilometro (m)	[ki'lometro]
milha (f)	miglio (m)	['miʎʎo]
polegada (f)	pollice (m)	['pollitʃe]
pé (304,74 mm)	piede (f)	['pjede]
jarda (914,383 mm)	iarda (f)	[jarda]
metro (m) quadrado	metro (m) quadro	['metro 'kwadro]
hectare (m)	ettaro (m)	['ettaro]
litro (m)	litro (m)	['litro]
grau (m)	grado (m)	['grado]
volt (m)	volt (m)	[volt]
ampère (m)	ampere (m)	[am'pere]
cavalo (m) de potência	cavallo vapore (m)	[ka'vallo va'pore]
quantidade (f)	quantità (f)	[kwanti'ta]
um pouco de ...	un po'di ...	[un po di]
metade (f)	metà (f)	[me'ta]
dúzia (f)	dozzina (f)	[dod'dzina]
peça (f)	pezzo (m)	['pettso]
tamanho (m), dimensão (f)	dimensione (f)	[dimen'sjone]
escala (f)	scala (f)	['skala]
mínimo (adj)	minimo	['minimo]
menor, mais pequeno	minore	[mi'nore]
médio (adj)	medio	['medio]
máximo (adj)	massimo	['massimo]
maior, mais grande	maggiore	[ma'dʒore]

26. Recipientes

pote (m) de vidro	barattolo (m) di vetro	[ba'rattolo di 'vetro]
lata (~ de cerveja)	latta (f), lattina (f)	['latta], [lat'tina]
balde (m)	secchio (m)	['sekkio]
barril (m)	barile (m), botte (f)	[ba'rile], ['botte]
bacia (~ de plástico)	catino (m)	[ka'tino]
tanque (m)	serbatoio (m)	[serba'tojo]
cantil (m) de bolso	fiaschetta (f)	[fias'ketta]
galão (m) de gasolina	tanica (f)	['tanika]
cisterna (f)	cisterna (f)	[tʃi'sterna]
caneca (f)	tazza (f)	['tattsa]
xícara (f)	tazzina (f)	[tat'tsina]

pires (m)	piattino (m)	[pjat'tino]
copo (m)	bicchiere (m)	[bik'kjere]
taça (f) de vinho	calice (m)	['kalitʃe]
panela (f)	casseruola (f)	[kasseru'ola]

garrafa (f)	bottiglia (f)	[bot'tiʎʎa]
gargalo (m)	collo (m)	['kollo]

jarra (f)	caraffa (f)	[ka'raffa]
jarro (m)	brocca (f)	['brokka]
recipiente (m)	recipiente (m)	[retʃi'pjente]
pote (m)	vaso (m) di coccio	['vazo di 'kotʃo]
vaso (m)	vaso (m)	['vazo]

frasco (~ de perfume)	boccetta (f)	[bo'tʃetta]
frasquinho (m)	fiala (f)	[fi'ala]
tubo (m)	tubetto (m)	[tu'betto]

saco (ex. ~ de açúcar)	sacco (m)	['sakko]
sacola (~ plastica)	sacchetto (m)	[sak'ketto]
maço (de cigarros, etc.)	pacchetto (m)	[pak'ketto]

caixa (~ de sapatos, etc.)	scatola (f)	['skatola]
caixote (~ de madeira)	cassa (f)	['kassa]
cesto (m)	cesta (f)	['tʃesta]

27. Materiais

material (m)	materiale (m)	[mate'rjale]
madeira (f)	legno (m)	['leɲo]
de madeira	di legno	[di 'leɲo]

vidro (m)	vetro (m)	['vetro]
de vidro	di vetro	[di 'vetro]

pedra (f)	pietra (f)	['pjetra]
de pedra	di pietra	[di 'pjetra]

plástico (m)	plastica (f)	['plastika]
plástico (adj)	di plastica	[di 'plastika]

borracha (f)	gomma (f)	['gomma]
de borracha	di gomma	[di 'gomma]

tecido, pano (m)	stoffa (f)	['stoffa]
de tecido	di stoffa	[di 'stoffa]

papel (m)	carta (f)	['karta]
de papel	di carta	[di 'karta]

papelão (m)	cartone (m)	[kar'tone]
de papelão	di cartone	[di kar'tone]
polietileno (m)	polietilene (m)	[polieti'lene]
celofane (m)	cellofan (m)	['tʃellofan]

linóleo (m)	linoleum (m)	[li'noleum]
madeira (f) compensada	legno (m) compensato	['leɲo kompen'sato]
porcelana (f)	porcellana (f)	[portʃel'lana]
de porcelana	di porcellana	[di portʃel'lana]
argila (f), barro (m)	argilla (f)	[ar'dʒilla]
de barro	d'argilla	[dar'dʒilla]
cerâmica (f)	ceramica (f)	[tʃe'ramika]
de cerâmica	ceramico	[tʃe'ramiko]

28. Metais

metal (m)	metallo (m)	[me'tallo]
metálico (adj)	metallico	[me'talliko]
liga (f)	lega (f)	['lega]
ouro (m)	oro (m)	['oro]
de ouro	d'oro	['doro]
prata (f)	argento (m)	[ar'dʒento]
de prata	d'argento	[dar'dʒento]
ferro (m)	ferro (m)	['ferro]
de ferro	di ferro	[di 'ferro]
aço (m)	acciaio (m)	[a'tʃajo]
de aço (adj)	d'acciaio	[da'tʃajo]
cobre (m)	rame (m)	['rame]
de cobre	di rame	[di 'rame]
alumínio (m)	alluminio (m)	[allu'minio]
de alumínio	di alluminio	[allu'minio]
bronze (m)	bronzo (m)	['brondzo]
de bronze	di bronzo	[di 'brondzo]
latão (m)	ottone (m)	[ot'tone]
níquel (m)	nichel (m)	['nikel]
platina (f)	platino (m)	['platino]
mercúrio (m)	mercurio (m)	[mer'kurio]
estanho (m)	stagno (m)	['staɲo]
chumbo (m)	piombo (m)	['pjombo]
zinco (m)	zinco (m)	['dzinko]

O SER HUMANO

O ser humano. O corpo

29. Humanos. Conceitos básicos

ser (m) humano	uomo (m), essere umano (m)	[u'omo], ['essere u'mano]
homem (m)	uomo (m)	[u'omo]
mulher (f)	donna (f)	['donna]
criança (f)	bambino (m)	[bam'bino]
menina (f)	bambina (f)	[bam'bina]
menino (m)	bambino (m)	[bam'bino]
adolescente (m)	adolescente (m, f)	[adole'ʃente]
velho (m)	vecchio (m)	['vekkio]
velha (f)	vecchia (f)	['vekkia]

30. Anatomia humana

organismo (m)	organismo (m)	[orga'nizmo]
coração (m)	cuore (m)	[ku'ore]
sangue (m)	sangue (m)	['sangue]
artéria (f)	arteria (f)	[ar'teria]
veia (f)	vena (f)	['vena]
cérebro (m)	cervello (m)	[tʃer'vello]
nervo (m)	nervo (m)	['nervo]
nervos (m pl)	nervi (m pl)	['nervi]
vértebra (f)	vertebra (f)	['vertebra]
coluna (f) vertebral	colonna (f) vertebrale	[ko'lonna verte'brale]
estômago (m)	stomaco (m)	['stomako]
intestinos (m pl)	intestini (m pl)	[inte'stini]
intestino (m)	intestino (m)	[inte'stino]
fígado (m)	fegato (m)	['fegato]
rim (m)	rene (m)	['rene]
osso (m)	osso (m)	['osso]
esqueleto (m)	scheletro (m)	['skeletro]
costela (f)	costola (f)	['kostola]
crânio (m)	cranio (m)	['kranio]
músculo (m)	muscolo (m)	['muskolo]
bíceps (m)	bicipite (m)	[bitʃi'pite]
tríceps (m)	tricipite (m)	[tritʃi'pite]
tendão (m)	tendine (m)	['tendine]
articulação (f)	articolazione (f)	[artikola'tsjone]

pulmões (m pl)	polmoni (m pl)	[pol'moni]
órgãos (m pl) genitais	genitali (m pl)	[dʒeni'tali]
pele (f)	pelle (f)	['pelle]

31. Cabeça

cabeça (f)	testa (f)	['testa]
rosto, cara (f)	viso (m)	['vizo]
nariz (m)	naso (m)	['nazo]
boca (f)	bocca (f)	['bokka]

olho (m)	occhio (m)	['okkio]
olhos (m pl)	occhi (m pl)	['okki]
pupila (f)	pupilla (f)	[pu'pilla]
sobrancelha (f)	sopracciglio (m)	[sopra'tʃiʎʎo]
cílio (f)	ciglio (m)	['tʃiʎʎo]
pálpebra (f)	palpebra (f)	['palpebra]

língua (f)	lingua (f)	['lingua]
dente (m)	dente (m)	['dente]
lábios (m pl)	labbra (f pl)	['labbra]
maçãs (f pl) do rosto	zigomi (m pl)	['dzigomi]
gengiva (f)	gengiva (f)	[dʒen'dʒiva]
palato (m)	palato (m)	[pa'lato]

narinas (f pl)	narici (f pl)	[na'ritʃi]
queixo (m)	mento (m)	['mento]
mandíbula (f)	mascella (f)	[ma'ʃella]
bochecha (f)	guancia (f)	['gwantʃa]

testa (f)	fronte (f)	['fronte]
têmpora (f)	tempia (f)	['tempia]
orelha (f)	orecchio (m)	[o'rekkio]
costas (f pl) da cabeça	nuca (f)	['nuka]
pescoço (m)	collo (m)	['kollo]
garganta (f)	gola (f)	['gola]

cabelo (m)	capelli (m pl)	[ka'pelli]
penteado (m)	pettinatura (f)	[pettina'tura]
corte (m) de cabelo	taglio (m)	['taʎʎo]
peruca (f)	parrucca (f)	['parrukka]

bigode (m)	baffi (m pl)	['baffi]
barba (f)	barba (f)	['barba]
ter (~ barba, etc.)	portare (vt)	[por'tare]
trança (f)	treccia (f)	['tretʃa]
suíças (f pl)	basette (f pl)	[ba'zette]

ruivo (adj)	rosso	['rosso]
grisalho (adj)	brizzolato	[brittso'lato]
careca (adj)	calvo	['kalvo]
calva (f)	calvizie (f)	[kal'vitsie]
rabo-de-cavalo (m)	coda (f) di cavallo	['koda di ka'vallo]
franja (f)	frangetta (f)	[fran'dʒetta]

32. Corpo humano

mão (f)	mano (f)	['mano]
braço (m)	braccio (m)	['bratʃo]

dedo (m)	dito (m)	['dito]
dedo (m) do pé	dito (m) del piede	['dito del 'pjede]
polegar (m)	pollice (m)	['pollitʃe]
dedo (m) mindinho	mignolo (m)	[mi'ɲolo]
unha (f)	unghia (f)	['ungia]

punho (m)	pugno (m)	['puɲo]
palma (f)	palmo (m)	['palmo]
pulso (m)	polso (m)	['polso]
antebraço (m)	avambraccio (m)	[avam'bratʃo]
cotovelo (m)	gomito (m)	['gomito]
ombro (m)	spalla (f)	['spalla]

perna (f)	gamba (f)	['gamba]
pé (m)	pianta (f) del piede	['pjanta del 'pjede]
joelho (m)	ginocchio (m)	[dʒi'nokkio]
panturrilha (f)	polpaccio (m)	[pol'patʃo]
quadril (m)	anca (f)	['anka]
calcanhar (m)	tallone (m)	[tal'lone]

corpo (m)	corpo (m)	['korpo]
barriga (f), ventre (m)	pancia (f)	['pantʃa]
peito (m)	petto (m)	['petto]
seio (m)	seno (m)	['seno]
lado (m)	fianco (m)	['fjanko]
costas (dorso)	schiena (f)	['skjena]
região (f) lombar	zona (f) lombare	['dzona lom'bare]
cintura (f)	vita (f)	['vita]

umbigo (m)	ombelico (m)	[ombe'liko]
nádegas (f pl)	natiche (f pl)	['natike]
traseiro (m)	sedere (m)	[se'dere]

sinal (m), pinta (f)	neo (m)	['neo]
sinal (m) de nascença	voglia (f)	['voʎʎa]
tatuagem (f)	tatuaggio (m)	[tatu'adʒo]
cicatriz (f)	cicatrice (f)	[tʃika'tritʃe]

Vestuário & Acessórios

33. Roupa exterior. Casacos

roupa (f)	vestiti (m pl)	[ve'stiti]
roupa (f) exterior	soprabito (m)	[so'prabito]
roupa (f) de inverno	abiti (m pl) invernali	['abiti inver'nali]
sobretudo (m)	cappotto (m)	[kap'potto]
casaco (m) de pele	pelliccia (f)	[pel'litʃa]
jaqueta (f) de pele	pellicciotto (m)	[pelli'tʃotto]
casaco (m) acolchoado	piumino (m)	[pju'mino]
casaco (m), jaqueta (f) impermeável (m) a prova d'água	giubbotto (m), giaccha (f) impermeabile (m) impermeabile	[dʒub'botto], ['dʒakka] [imperme'abile] [imperme'abile]

34. Vestuário de homem & mulher

camisa (f)	camicia (f)	[ka'mitʃa]
calça (f)	pantaloni (m pl)	[panta'loni]
jeans (m)	jeans (m pl)	['dʒins]
paletó, terno (m)	giacca (f)	['dʒakka]
terno (m)	abito (m) da uomo	['abito da u'omo]
vestido (ex. ~ de noiva)	abito (m)	['abito]
saia (f)	gonna (f)	['gonna]
blusa (f)	camicetta (f)	[kami'tʃetta]
casaco (m) de malha	giacca (f) a maglia	['dʒakka a 'maʎʎa]
casaco, blazer (m)	giacca (f) tailleur	['dʒakka ta'jer]
camiseta (f)	maglietta (f)	[maʎ'ʎetta]
short (m)	pantaloni (m pl) corti	[panta'loni 'korti]
training (m)	tuta (f) sportiva	['tuta spor'tiva]
roupão (m) de banho	accappatoio (m)	[akkappa'tojo]
pijama (m)	pigiama (m)	[pi'dʒama]
suéter (m)	maglione (m)	[maʎ'ʎone]
pulôver (m)	pullover (m)	[pul'lover]
colete (m)	gilè (m)	[dʒi'le]
fraque (m)	frac (m)	[frak]
smoking (m)	smoking (m)	['zmoking]
uniforme (m)	uniforme (f)	[uni'forme]
roupa (f) de trabalho	tuta (f) da lavoro	['tuta da la'voro]
macacão (m)	salopette (f)	[salo'pett]
jaleco (m), bata (f)	camice (m)	[ka'mitʃe]

35. Vestuário. Roupa interior

roupa (f) íntima	intimo (m)	['intimo]
cueca boxer (f)	boxer briefs (m)	['bokser brifs]
calcinha (f)	mutandina (f)	[mutan'dina]
camiseta (f)	maglietta (f) intima	[maʎ'ʎetta 'intima]
meias (f pl)	calzini (m pl)	[kal'tsini]
camisola (f)	camicia (f) da notte	[ka'mitʃa da 'notte]
sutiã (m)	reggiseno (m)	[redʒi'seno]
meias longas (f pl)	calzini (m pl) alti	[kal'tsini 'alti]
meias-calças (f pl)	collant (m)	[kol'lant]
meias (~ de nylon)	calze (f pl)	['kaltse]
maiô (m)	costume (m) da bagno	[ko'stume da 'baɲo]

36. Adereços de cabeça

chapéu (m), touca (f)	cappello (m)	[kap'pello]
chapéu (m) de feltro	cappello (m) di feltro	[kap'pello di feltro]
boné (m) de beisebol	cappello (m) da baseball	[kap'pello da 'bejzbol]
boina (~ italiana)	coppola (f)	['koppola]
boina (ex. ~ basca)	basco (m)	['basko]
capuz (m)	cappuccio (m)	[kap'putʃo]
chapéu panamá (m)	panama (m)	['panama]
touca (f)	berretto (m) a maglia	[ber'retto a 'maʎʎa]
lenço (m)	fazzoletto (m) da capo	[fattso'letto da 'kapo]
chapéu (m) feminino	cappellino (m) donna	[kappel'lino 'donna]
capacete (m) de proteção	casco (m)	['kasko]
bibico (m)	bustina (f)	[bu'stina]
capacete (m)	casco (m)	['kasko]
chapéu-coco (m)	bombetta (f)	[bom'betta]
cartola (f)	cilindro (m)	[tʃi'lindro]

37. Calçado

calçado (m)	calzature (f pl)	[kaltsa'ture]
botinas (f pl), sapatos (m pl)	stivaletti (m pl)	[stiva'letti]
sapatos (de salto alto, etc.)	scarpe (f pl)	['skarpe]
botas (f pl)	stivali (m pl)	[sti'vali]
pantufas (f pl)	pantofole (f pl)	[pan'tofole]
tênis (~ Nike, etc.)	scarpe (f pl) da tennis	['skarpe da 'tennis]
tênis (~ Converse)	scarpe (f pl) da ginnastica	['skarpe da dʒin'nastika]
sandálias (f pl)	sandali (m pl)	['sandali]
sapateiro (m)	calzolaio (m)	[kaltso'lajo]
salto (m)	tacco (m)	['takko]

par (m)	paio (m)	['pajo]
cadarço (m)	laccio (m)	['latʃo]
amarrar os cadarços	allacciare (vt)	[ala'tʃare]
calçadeira (f)	calzascarpe (m)	[kaltsa'skarpe]
graxa (f) para calçado	lucido (m) per le scarpe	['lutʃido per le 'skarpe]

38. Têxtil. Tecidos

algodão (m)	cotone (m)	[ko'tone]
de algodão	di cotone	[di ko'tone]
linho (m)	lino (m)	['lino]
de linho	di lino	[di 'lino]

seda (f)	seta (f)	['seta]
de seda	di seta	[di 'seta]
lã (f)	lana (f)	['lana]
de lã	di lana	[di 'lana]

veludo (m)	velluto (m)	[vel'luto]
camurça (f)	camoscio (m)	[ka'moʃo]
veludo (m) cotelê	velluto (m) a coste	[vel'luto a 'koste]

nylon (m)	nylon (m)	['najlon]
de nylon	di nylon	[di 'najlon]
poliéster (m)	poliestere (m)	[poli'estere]
de poliéster	di poliestere	[di poli'estere]

couro (m)	pelle (f)	['pelle]
de couro	di pelle	[di 'pelle]
pele (f)	pelliccia (f)	[pel'litʃa]
de pele	di pelliccia	[di pel'litʃa]

39. Acessórios pessoais

luva (f)	guanti (m pl)	['gwanti]
mitenes (f pl)	manopole (f pl)	[ma'nopole]
cachecol (m)	sciarpa (f)	['ʃarpa]

óculos (m pl)	occhiali (m pl)	[ok'kjali]
armação (f)	montatura (f)	[monta'tura]
guarda-chuva (m)	ombrello (m)	[om'brello]
bengala (f)	bastone (m)	[ba'stone]
escova (f) para o cabelo	spazzola (f) per capelli	['spattsola per ka'pelli]
leque (m)	ventaglio (m)	[ven'taʎʎo]

gravata (f)	cravatta (f)	[kra'vatta]
gravata-borboleta (f)	cravatta (f) a farfalla	[kra'vatta a far'falla]
suspensórios (m pl)	bretelle (f pl)	[bre'telle]
lenço (m)	fazzoletto (m)	[fattso'letto]

| pente (m) | pettine (m) | ['pettine] |
| fivela (f) para cabelo | fermaglio (m) | [fer'maʎʎo] |

grampo (m)	forcina (f)	[for'tʃina]
fivela (f)	fibbia (f)	['fibbia]
cinto (m)	cintura (f)	[tʃin'tura]
alça (f) de ombro	spallina (f)	[spal'lina]
bolsa (f)	borsa (f)	['borsa]
bolsa (feminina)	borsetta (f)	[bor'setta]
mochila (f)	zaino (m)	['dzajno]

40. Vestuário. Diversos

moda (f)	moda (f)	['moda]
na moda (adj)	di moda	[di 'moda]
estilista (m)	stilista (m)	[sti'lista]
colarinho (m)	collo (m)	['kollo]
bolso (m)	tasca (f)	['taska]
de bolso	tascabile	[ta'skabile]
manga (f)	manica (f)	['manika]
ganchinho (m)	asola (f) per appendere	['azola per ap'pendere]
bragueta (f)	patta (f)	['patta]
zíper (m)	cerniera (f) lampo	[tʃer'njera 'lampo]
colchete (m)	chiusura (f)	[kju'zura]
botão (m)	bottone (m)	[bot'tone]
botoeira (casa de botão)	occhiello (m)	[ok'kjello]
soltar-se (vr)	staccarsi (vr)	[stak'karsi]
costurar (vi)	cucire (vi, vt)	[ku'tʃire]
bordar (vt)	ricamare (vi, vt)	[rika'mare]
bordado (m)	ricamo (m)	[ri'kamo]
agulha (f)	ago (m)	['ago]
fio, linha (f)	filo (m)	['filo]
costura (f)	cucitura (f)	[kutʃi'tura]
sujar-se (vr)	sporcarsi (vr)	[spor'karsi]
mancha (f)	macchia (f)	['makkia]
amarrotar-se (vr)	sgualcirsi (vr)	[zgwal'tʃirsi]
rasgar (vt)	strappare (vt)	[strap'pare]
traça (f)	tarma (f)	['tarma]

41. Cuidados pessoais. Cosméticos

pasta (f) de dente	dentifricio (m)	[denti'fritʃo]
escova (f) de dente	spazzolino (m) da denti	[spatso'lino da 'denti]
escovar os dentes	lavarsi i denti	[la'varsi i 'denti]
gilete (f)	rasoio (m)	[ra'zojo]
creme (m) de barbear	crema (f) da barba	['krema da 'barba]
barbear-se (vr)	rasarsi (vr)	[ra'zarsi]
sabonete (m)	sapone (m)	[sa'pone]

xampu (m)	shampoo (m)	[ˈʃampo]
tesoura (f)	forbici (f pl)	[ˈforbitʃi]
lixa (f) de unhas	limetta (f)	[liˈmetta]
corta-unhas (m)	tagliaunghie (m)	[taʎʎaˈungje]
pinça (f)	pinzette (f pl)	[pinˈtsette]
cosméticos (m pl)	cosmetica (f)	[koˈzmetika]
máscara (f)	maschera (f) di bellezza	[ˈmaskera di belˈlettsa]
manicure (f)	manicure (m)	[maniˈkure]
fazer as unhas	fare la manicure	[ˈfare la maniˈkure]
pedicure (f)	pedicure (m)	[pediˈkure]
bolsa (f) de maquiagem	borsa (f) del trucco	[ˈborsa del ˈtrukko]
pó (de arroz)	cipria (f)	[ˈtʃipria]
pó (m) compacto	portacipria (m)	[portaˈtʃipria]
blush (m)	fard (m)	[far]
perfume (m)	profumo (m)	[proˈfumo]
água-de-colônia (f)	acqua (f) da toeletta	[ˈakwa da toeˈletta]
loção (f)	lozione (f)	[loˈtsjone]
colônia (f)	acqua (f) di Colonia	[ˈakwa di koˈlonia]
sombra (f) de olhos	ombretto (m)	[omˈbretto]
delineador (m)	eyeliner (m)	[ajˈlajner]
máscara (f), rímel (m)	mascara (m)	[maˈskara]
batom (m)	rossetto (m)	[rosˈsetto]
esmalte (m)	smalto (m)	[ˈzmalto]
laquê (m), spray fixador (m)	lacca (f) per capelli	[ˈlakka per kaˈpelli]
desodorante (m)	deodorante (m)	[deodoˈrante]
creme (m)	crema (f)	[ˈkrema]
creme (m) de rosto	crema (f) per il viso	[ˈkrema per il ˈvizo]
creme (m) de mãos	crema (f) per le mani	[ˈkrema per le ˈmani]
creme (m) antirrugas	crema (f) antirughe	[ˈkrema antiˈruge]
creme (m) de dia	crema (f) da giorno	[ˈkrema da ˈdʒorno]
creme (m) de noite	crema (f) da notte	[ˈkrema da ˈnotte]
de dia	da giorno	[da ˈdʒorno]
da noite	da notte	[da ˈnotte]
absorvente (m) interno	tampone (m)	[tamˈpone]
papel (m) higiênico	carta (f) igienica	[ˈkarta iˈdʒenika]
secador (m) de cabelo	fon (m)	[fon]

42. Joalheria

joias (f pl)	gioielli (m pl)	[dʒoˈjelli]
precioso (adj)	prezioso	[preˈtsjozo]
marca (f) de contraste	marchio (m)	[ˈmarkio]
anel (m)	anello (m)	[aˈnello]
aliança (f)	anello (m) nuziale	[aˈnello nuˈtsjale]
pulseira (f)	braccialetto (m)	[bratʃaˈletto]
brincos (m pl)	orecchini (m pl)	[orekˈkini]

colar (m)	collana (f)	[kol'lana]
coroa (f)	corona (f)	[ko'rona]
colar (m) de contas	perline (f pl)	[per'line]
diamante (m)	diamante (m)	[dia'mante]
esmeralda (f)	smeraldo (m)	[zme'raldo]
rubi (m)	rubino (m)	[ru'bino]
safira (f)	zaffiro (m)	[dzaf'firo]
pérola (f)	perle (f pl)	['perle]
âmbar (m)	ambra (f)	['ambra]

43. Relógios de pulso. Relógios

relógio (m) de pulso	orologio (m)	[oro'lodʒo]
mostrador (m)	quadrante (m)	[kwa'drante]
ponteiro (m)	lancetta (f)	[lan'tʃetta]
bracelete (em aço)	braccialetto (m)	[bratʃa'letto]
bracelete (em couro)	cinturino (m)	[tʃintu'rino]
pilha (f)	pila (f)	['pila]
acabar (vi)	essere scarico	['essere 'skariko]
trocar a pilha	cambiare la pila	[kam'bjare la 'pila]
estar adiantado	andare avanti	[an'dare a'vanti]
estar atrasado	andare indietro	[an'dare in'djetro]
relógio (m) de parede	orologio (m) da muro	[oro'lodʒo da 'muro]
ampulheta (f)	clessidra (f)	['klessidra]
relógio (m) de sol	orologio (m) solare	[oro'lodʒo so'lare]
despertador (m)	sveglia (f)	['zveʎʎa]
relojoeiro (m)	orologiaio (m)	[orolo'dʒajo]
reparar (vt)	riparare (vt)	[ripa'rare]

Alimentação. Nutrição

44. Comida

carne (f)	carne (f)	['karne]
galinha (f)	pollo (m)	['pollo]
frango (m)	pollo (m) novello	['pollo no'vello]
pato (m)	anatra (f)	['anatra]
ganso (m)	oca (f)	['oka]
caça (f)	cacciagione (f)	[katʃa'dʒone]
peru (m)	tacchino (m)	[tak'kino]
carne (f) de porco	maiale (m)	[ma'jale]
carne (f) de vitela	vitello (m)	[vi'tello]
carne (f) de carneiro	agnello (m)	[a'ɲello]
carne (f) de vaca	manzo (m)	['mandzo]
carne (f) de coelho	coniglio (m)	[ko'niʎʎo]
linguiça (f), salsichão (m)	salame (m)	[sa'lame]
salsicha (f)	würstel (m)	['vyrstel]
bacon (m)	pancetta (f)	[pan'tʃetta]
presunto (m)	prosciutto (m)	[pro'ʃutto]
pernil (m) de porco	prosciutto (m) affumicato	[pro'ʃutto affumi'kato]
patê (m)	pâté (m)	[pa'te]
fígado (m)	fegato (m)	['fegato]
guisado (m)	carne (f) trita	['karne 'trita]
língua (f)	lingua (f)	['lingua]
ovo (m)	uovo (m)	[u'ovo]
ovos (m pl)	uova (f pl)	[u'ova]
clara (f) de ovo	albume (m)	[al'bume]
gema (f) de ovo	tuorlo (m)	[tu'orlo]
peixe (m)	pesce (m)	['peʃe]
mariscos (m pl)	frutti (m pl) di mare	['frutti di 'mare]
crustáceos (m pl)	crostacei (m pl)	[kro'statʃei]
caviar (m)	caviale (m)	[ka'vjale]
caranguejo (m)	granchio (m)	['graŋkio]
camarão (m)	gamberetto (m)	[gambe'retto]
ostra (f)	ostrica (f)	['ostrika]
lagosta (f)	aragosta (f)	[ara'gosta]
polvo (m)	polpo (m)	['polpo]
lula (f)	calamaro (m)	[kala'maro]
esturjão (m)	storione (m)	[sto'rjone]
salmão (m)	salmone (m)	[sal'mone]
halibute (m)	ippoglosso (m)	[ippo'glosso]
bacalhau (m)	merluzzo (m)	[mer'luttso]

cavala, sarda (f)	scombro (m)	['skombro]
atum (m)	tonno (m)	['tonno]
enguia (f)	anguilla (f)	[an'gwilla]
truta (f)	trota (f)	['trota]
sardinha (f)	sardina (f)	[sar'dina]
lúcio (m)	luccio (m)	['lutʃo]
arenque (m)	aringa (f)	[a'ringa]
pão (m)	pane (m)	['pane]
queijo (m)	formaggio (m)	[for'madʒo]
açúcar (m)	zucchero (m)	['dzukkero]
sal (m)	sale (m)	['sale]
arroz (m)	riso (m)	['rizo]
massas (f pl)	pasta (f)	['pasta]
talharim, miojo (m)	tagliatelle (f pl)	[taʎʎa'telle]
manteiga (f)	burro (m)	['burro]
óleo (m) vegetal	olio (m) vegetale	['oljo vedʒe'tale]
óleo (m) de girassol	olio (m) di girasole	['oljo di dʒira'sole]
margarina (f)	margarina (f)	[marga'rina]
azeitonas (f pl)	olive (f pl)	[o'live]
azeite (m)	olio (m) d'oliva	['oljo do'liva]
leite (m)	latte (m)	['latte]
leite (m) condensado	latte (m) condensato	['latte konden'sato]
iogurte (m)	yogurt (m)	['jogurt]
creme (m) azedo	panna (f) acida	['panna 'atʃida]
creme (m) de leite	panna (f)	['panna]
maionese (f)	maionese (m)	[majo'neze]
creme (m)	crema (f)	['krema]
grãos (m pl) de cereais	cereali (m pl)	[tʃere'ali]
farinha (f)	farina (f)	[fa'rina]
enlatados (m pl)	cibi (m pl) in scatola	['tʃibi in 'skatola]
flocos (m pl) de milho	fiocchi (m pl) di mais	['fjokki di 'mais]
mel (m)	miele (m)	['mjele]
geleia (m)	marmellata (f)	[marmel'lata]
chiclete (m)	gomma (f) da masticare	['gomma da masti'kare]

45. Bebidas

água (f)	acqua (f)	['akwa]
água (f) potável	acqua (f) potabile	['akwa po'tabile]
água (f) mineral	acqua (f) minerale	['akwa mine'rale]
sem gás (adj)	liscia, non gassata	['liʃa], [non gas'sata]
gaseificada (adj)	gassata	[gas'sata]
com gás	frizzante	[frid'dzante]
gelo (m)	ghiaccio (m)	['gjatʃo]

com gelo	con ghiaccio	[kon 'gjatʃo]
não alcoólico (adj)	analcolico	[anal'koliko]
refrigerante (m)	bevanda (f) analcolica	[be'vanda anal'kolika]
refresco (m)	bibita (f)	['bibita]
limonada (f)	limonata (f)	[limo'nata]

bebidas (f pl) alcoólicas	bevande (f pl) alcoliche	[be'vande al'kolike]
vinho (m)	vino (m)	['vino]
vinho (m) branco	vino (m) bianco	['vino 'bjanko]
vinho (m) tinto	vino (m) rosso	['vino 'rosso]

licor (m)	liquore (m)	[li'kwore]
champanhe (m)	champagne (m)	[ʃam'paɲ]
vermute (m)	vermouth (m)	['vermut]

uísque (m)	whisky	['wiski]
vodca (f)	vodka (f)	['vodka]
gim (m)	gin (m)	[dʒin]
conhaque (m)	cognac (m)	['koɲak]
rum (m)	rum (m)	[rum]

café (m)	caffè (m)	[kaf'fe]
café (m) preto	caffè (m) nero	[kaf'fe 'nero]
café (m) com leite	caffè latte (m)	[kaf'fe 'latte]
cappuccino (m)	cappuccino (m)	[kappu'tʃino]
café (m) solúvel	caffè (m) solubile	[kaf'fe so'lubile]

leite (m)	latte (m)	['latte]
coquetel (m)	cocktail (m)	['koktejl]
batida (f), milkshake (m)	frullato (m)	[frul'lato]

suco (m)	succo (m)	['sukko]
suco (m) de tomate	succo (m) di pomodoro	['sukko di pomo'doro]
suco (m) de laranja	succo (m) d'arancia	['sukko da'rantʃa]
suco (m) fresco	spremuta (f)	[spre'muta]

cerveja (f)	birra (f)	['birra]
cerveja (f) clara	birra (f) chiara	['birra 'kjara]
cerveja (f) preta	birra (f) scura	['birra 'skura]

chá (m)	tè (m)	[te]
chá (m) preto	tè (m) nero	[te 'nero]
chá (m) verde	tè (m) verde	[te 'verde]

46. Vegetais

| vegetais (m pl) | ortaggi (m pl) | [or'tadʒi] |
| verdura (f) | verdura (f) | [ver'dura] |

tomate (m)	pomodoro (m)	[pomo'doro]
pepino (m)	cetriolo (m)	[tʃetri'olo]
cenoura (f)	carota (f)	[ka'rota]
batata (f)	patata (f)	[pa'tata]
cebola (f)	cipolla (f)	[tʃi'polla]

alho (m)	aglio (m)	['aʎʎo]
couve (f)	cavolo (m)	['kavolo]
couve-flor (f)	cavolfiore (m)	[kavol'fjore]
couve-de-bruxelas (f)	cavoletti (m pl) di Bruxelles	[kavo'letti di bruk'sel]
brócolis (m pl)	broccolo (m)	['brokkolo]
beterraba (f)	barbabietola (f)	[barba'bjetola]
berinjela (f)	melanzana (f)	[melan'tsana]
abobrinha (f)	zucchina (f)	[dzuk'kina]
abóbora (f)	zucca (f)	['dzukka]
nabo (m)	rapa (f)	['rapa]
salsa (f)	prezzemolo (m)	[pret'tsemolo]
endro, aneto (m)	aneto (m)	[a'neto]
alface (f)	lattuga (f)	[lat'tuga]
aipo (m)	sedano (m)	['sedano]
aspargo (m)	asparago (m)	[a'sparago]
espinafre (m)	spinaci (m pl)	[spi'natʃi]
ervilha (f)	pisello (m)	[pi'zello]
feijão (~ soja, etc.)	fave (f pl)	['fave]
milho (m)	mais (m)	['mais]
feijão (m) roxo	fagiolo (m)	[fa'dʒolo]
pimentão (m)	peperone (m)	[pepe'rone]
rabanete (m)	ravanello (m)	[rava'nello]
alcachofra (f)	carciofo (m)	[kar'tʃofo]

47. Frutos. Nozes

fruta (f)	frutto (m)	['frutto]
maçã (f)	mela (f)	['mela]
pera (f)	pera (f)	['pera]
limão (m)	limone (m)	[li'mone]
laranja (f)	arancia (f)	[a'rantʃa]
morango (m)	fragola (f)	['fragola]
tangerina (f)	mandarino (m)	[manda'rino]
ameixa (f)	prugna (f)	['pruɲa]
pêssego (m)	pesca (f)	['peska]
damasco (m)	albicocca (f)	[albi'kokka]
framboesa (f)	lampone (m)	[lam'pone]
abacaxi (m)	ananas (m)	[ana'nas]
banana (f)	banana (f)	[ba'nana]
melancia (f)	anguria (f)	[an'guria]
uva (f)	uva (f)	['uva]
ginja (f)	amarena (f)	[ama'rena]
cereja (f)	ciliegia (f)	[tʃi'ljedʒa]
melão (m)	melone (m)	[me'lone]
toranja (f)	pompelmo (m)	[pom'pelmo]
abacate (m)	avocado (m)	[avo'kado]
mamão (m)	papaia (f)	[pa'paja]

manga (f)	mango (m)	['mango]
romã (f)	melagrana (f)	[mela'grana]

groselha (f) vermelha	ribes (m) rosso	['ribes 'rosso]
groselha (f) negra	ribes (m) nero	['ribes 'nero]
groselha (f) espinhosa	uva (f) spina	['uva 'spina]
mirtilo (m)	mirtillo (m)	[mir'tillo]
amora (f) silvestre	mora (f)	['mora]

passa (f)	uvetta (f)	[u'vetta]
figo (m)	fico (m)	['fiko]
tâmara (f)	dattero (m)	['dattero]

amendoim (m)	arachide (f)	[a'rakide]
amêndoa (f)	mandorla (f)	['mandorla]
noz (f)	noce (f)	['notʃe]
avelã (f)	nocciola (f)	[no'tʃola]
coco (m)	noce (f) di cocco	['notʃe di 'kokko]
pistaches (m pl)	pistacchi (m pl)	[pi'stakki]

48. Pão. Bolaria

pastelaria (f)	pasticceria (f)	[pastitʃe'ria]
pão (m)	pane (m)	['pane]
biscoito (m), bolacha (f)	biscotti (m pl)	[bi'skotti]

chocolate (m)	cioccolato (m)	[tʃokko'lato]
de chocolate	al cioccolato	[al tʃokko'lato]
bala (f)	caramella (f)	[kara'mella]
doce (bolo pequeno)	tortina (f)	[tor'tina]
bolo (m) de aniversário	torta (f)	['torta]

torta (f)	crostata (f)	[kro'stata]
recheio (m)	ripieno (m)	[ri'pjeno]

geleia (m)	marmellata (f)	[marmel'lata]
marmelada (f)	marmellata (f) di agrumi	[marmel'lata di a'grumi]
wafers (m pl)	wafer (m)	['vafer]
sorvete (m)	gelato (m)	[dʒe'lato]
pudim (m)	budino (m)	[bu'dino]

49. Pratos cozinhados

prato (m)	piatto (m)	['pjatto]
cozinha (~ portuguesa)	cucina (f)	[ku'tʃina]
receita (f)	ricetta (f)	[ri'tʃetta]
porção (f)	porzione (f)	[por'tsjone]

salada (f)	insalata (f)	[insa'lata]
sopa (f)	minestra (f)	[mi'nestra]
caldo (m)	brodo (m)	['brodo]
sanduíche (m)	panino (m)	[pa'nino]

ovos (m pl) fritos | uova (f pl) al tegamino | [u'ova al tega'mino]
hambúrguer (m) | hamburger (m) | [am'burger]
bife (m) | bistecca (f) | [bi'stekka]

acompanhamento (m) | contorno (m) | [kon'torno]
espaguete (m) | spaghetti (m pl) | [spa'getti]
purê (m) de batata | purè (m) di patate | [pu're di pa'tate]
pizza (f) | pizza (f) | ['pittsa]
mingau (m) | porridge (m) | [por'ridʒe]
omelete (f) | frittata (f) | [frit'tata]

fervido (adj) | bollito | [bol'lito]
defumado (adj) | affumicato | [affumi'kato]
frito (adj) | fritto | ['fritto]
seco (adj) | secco | ['sekko]
congelado (adj) | congelato | [kondʒe'lato]
em conserva (adj) | sottoaceto | [sottoa'tʃeto]

doce (adj) | dolce | ['doltʃe]
salgado (adj) | salato | [sa'lato]
frio (adj) | freddo | ['freddo]
quente (adj) | caldo | ['kaldo]
amargo (adj) | amaro | [a'maro]
gostoso (adj) | buono, gustoso | [bu'ono], [gu'stozo]

cozinhar em água fervente | cuocere, preparare (vt) | [ku'otʃere], [prepa'rare]
preparar (vt) | cucinare (vi) | [kutʃi'nare]
fritar (vt) | friggere (vt) | ['fridʒere]
aquecer (vt) | riscaldare (vt) | [riskal'dare]

salgar (vt) | salare (vt) | [sa'lare]
apimentar (vt) | pepare (vt) | [pe'pare]
ralar (vt) | grattugiare (vt) | [grattu'dʒare]
casca (f) | buccia (f) | ['butʃa]
descascar (vt) | sbucciare (vt) | [zbu'tʃare]

50. Especiarias

sal (m) | sale (m) | ['sale]
salgado (adj) | salato | [sa'lato]
salgar (vt) | salare (vt) | [sa'lare]

pimenta-do-reino (f) | pepe (m) nero | ['pepe 'nero]
pimenta (f) vermelha | peperoncino (m) | [peperon'tʃino]
mostarda (f) | senape (f) | [se'nape]
raiz-forte (f) | cren (m) | ['kren]

condimento (m) | condimento (m) | [kondi'mento]
especiaria (f) | spezie (f pl) | ['spetsie]
molho (~ inglês) | salsa (f) | ['salsa]
vinagre (m) | aceto (m) | [a'tʃeto]

anis estrelado (m) | anice (m) | ['anitʃe]
manjericão (m) | basilico (m) | [ba'ziliko]

cravo (m)	chiodi (m pl) di garofano	['kjodi di ga'rofano]
gengibre (m)	zenzero (m)	['dzendzero]
coentro (m)	coriandolo (m)	[kori'andolo]
canela (f)	cannella (f)	[kan'nella]
gergelim (m)	sesamo (m)	[sezamo]
folha (f) de louro	alloro (m)	[al'loro]
páprica (f)	paprica (f)	['paprika]
cominho (m)	cumino, comino (m)	[ku'mino], [ko'mino]
açafrão (m)	zafferano (m)	[dzaffe'rano]

51. Refeições

comida (f)	cibo (m)	['tʃibo]
comer (vt)	mangiare (vi, vt)	[man'dʒare]
café (m) da manhã	colazione (f)	[kola'tsjone]
tomar café da manhã	fare colazione	['fare kola'tsjone]
almoço (m)	pranzo (m)	['prantso]
almoçar (vi)	pranzare (vi)	[pran'tsare]
jantar (m)	cena (f)	['tʃena]
jantar (vi)	cenare (vi)	[tʃe'nare]
apetite (m)	appetito (m)	[appe'tito]
Bom apetite!	Buon appetito!	[bu'on appe'tito]
abrir (~ uma lata, etc.)	aprire (vt)	[a'prire]
derramar (~ líquido)	rovesciare (vt)	[rove'ʃare]
derramar-se (vr)	rovesciarsi (vi)	[rove'ʃarsi]
ferver (vi)	bollire (vi)	[bol'lire]
ferver (vt)	far bollire	[far bol'lire]
fervido (adj)	bollito	[bol'lito]
esfriar (vt)	raffreddare (vt)	[raffred'dare]
esfriar-se (vr)	raffreddarsi (vr)	[raffred'darsi]
sabor, gosto (m)	gusto (m)	['gusto]
fim (m) de boca	retrogusto (m)	[retro'gusto]
emagrecer (vi)	essere a dieta	['essere a di'eta]
dieta (f)	dieta (f)	[di'eta]
vitamina (f)	vitamina (f)	[vita'mina]
caloria (f)	caloria (f)	[kalo'ria]
vegetariano (m)	vegetariano (m)	[vedʒeta'rjano]
vegetariano (adj)	vegetariano	[vedʒeta'rjano]
gorduras (f pl)	grassi (m pl)	['grassi]
proteínas (f pl)	proteine (f pl)	[prote'ine]
carboidratos (m pl)	carboidrati (m pl)	[karboi'drati]
fatia (~ de limão, etc.)	fetta (f), fettina (f)	['fetta], [fet'tina]
pedaço (~ de bolo)	pezzo (m)	['pettso]
migalha (f), farelo (m)	briciola (f)	['britʃola]

52. Por a mesa

colher (f)	cucchiaio (m)	[kuk'kjajo]
faca (f)	coltello (m)	[kol'tello]
garfo (m)	forchetta (f)	[for'ketta]
xícara (f)	tazza (f)	['tattsa]
prato (m)	piatto (m)	['pjatto]
pires (m)	piattino (m)	[pjat'tino]
guardanapo (m)	tovagliolo (m)	[tovaʎ'ʎolo]
palito (m)	stuzzicadenti (m)	[stuttsika'denti]

53. Restaurante

restaurante (m)	ristorante (m)	[risto'rante]
cafeteria (f)	caffè (m)	[kaf'fe]
bar (m), cervejaria (f)	pub (m), bar (m)	[pab], [bar]
salão (m) de chá	sala (f) da tè	['sala da 'te]
garçom (m)	cameriere (m)	[kame'rjere]
garçonete (f)	cameriera (f)	[kame'rjera]
barman (m)	barista (m)	[ba'rista]
cardápio (m)	menù (m)	[me'nu]
lista (f) de vinhos	lista (f) dei vini	['lista 'dei 'vini]
reservar uma mesa	prenotare un tavolo	[preno'tare un 'tavolo]
prato (m)	piatto (m)	['pjatto]
pedir (vt)	ordinare (vt)	[ordi'nare]
fazer o pedido	fare un'ordinazione	['fare unordina'tsjone]
aperitivo (m)	aperitivo (m)	[aperi'tivo]
entrada (f)	antipasto (m)	[anti'pasto]
sobremesa (f)	dolce (m)	['doltʃe]
conta (f)	conto (m)	['konto]
pagar a conta	pagare il conto	[pa'gare il 'konto]
dar o troco	dare il resto	['dare il 'resto]
gorjeta (f)	mancia (f)	['mantʃa]

Família, parentes e amigos

54. Informação pessoal. Formulários

nome (m)	nome (m)	['nome]
sobrenome (m)	cognome (m)	[ko'ɲome]
data (f) de nascimento	data (f) di nascita	['data di 'naʃita]
local (m) de nascimento	luogo (m) di nascita	[lu'ogo di 'naʃita]
nacionalidade (f)	nazionalità (f)	[natsjonali'ta]
lugar (m) de residência	domicilio (m)	[domi'tʃilio]
país (m)	paese (m)	[pa'eze]
profissão (f)	professione (f)	[profes'sjone]
sexo (m)	sesso (m)	['sesso]
estatura (f)	statura (f)	[sta'tura]
peso (m)	peso (m)	['pezo]

55. Membros da família. Parentes

mãe (f)	madre (f)	['madre]
pai (m)	padre (m)	['padre]
filho (m)	figlio (m)	['fiʎʎo]
filha (f)	figlia (f)	['fiʎʎa]
caçula (f)	figlia (f) minore	['fiʎʎa mi'nore]
caçula (m)	figlio (m) minore	['fiʎʎo mi'nore]
filha (f) mais velha	figlia (f) maggiore	['fiʎʎa ma'dʒore]
filho (m) mais velho	figlio (m) maggiore	['fiʎʎo ma'dʒore]
irmão (m)	fratello (m)	[fra'tello]
irmã (f)	sorella (f)	[so'rella]
primo (m)	cugino (m)	[ku'dʒino]
prima (f)	cugina (f)	[ku'dʒina]
mamãe (f)	mamma (f)	['mamma]
papai (m)	papà (m)	[pa'pa]
pais (pl)	genitori (m pl)	[dʒeni'tori]
criança (f)	bambino (m)	[bam'bino]
crianças (f pl)	bambini (m pl)	[bam'bini]
avó (f)	nonna (f)	['nonna]
avô (m)	nonno (m)	['nonno]
neto (m)	nipote (m)	[ni'pote]
neta (f)	nipote (f)	[ni'pote]
netos (pl)	nipoti (pl)	[ni'poti]
tio (m)	zio (m)	['tsio]
tia (f)	zia (f)	['tsia]

| sobrinho (m) | nipote (m) | [ni'pote] |
| sobrinha (f) | nipote (f) | [ni'pote] |

sogra (f)	suocera (f)	[su'otʃera]
sogro (m)	suocero (m)	[su'otʃero]
genro (m)	genero (m)	['dʒenero]
madrasta (f)	matrigna (f)	[ma'triɲa]
padrasto (m)	patrigno (m)	[pa'triɲo]

criança (f) de colo	neonato (m)	[neo'nato]
bebê (m)	infante (m)	[in'fante]
menino (m)	bimbo (m)	['bimbo]

mulher (f)	moglie (f)	['moʎʎe]
marido (m)	marito (m)	[ma'rito]
esposo (m)	coniuge (m)	['konjudʒe]
esposa (f)	coniuge (f)	['konjudʒe]

casado (adj)	sposato	[spo'zato]
casada (adj)	sposata	[spo'zata]
solteiro (adj)	celibe	['tʃelibe]
solteirão (m)	scapolo (m)	['skapolo]
divorciado (adj)	divorziato	[divortsi'ato]
viúva (f)	vedova (f)	['vedova]
viúvo (m)	vedovo (m)	['vedovo]

parente (m)	parente (m)	[pa'rente]
parente (m) próximo	parente (m) stretto	[pa'rente 'stretto]
parente (m) distante	parente (m) lontano	[pa'rente lon'tano]
parentes (m pl)	parenti (m pl)	[pa'renti]

órfão (m)	orfano (m)	['orfano]
órfã (f)	orfana (f)	['orfana]
tutor (m)	tutore (m)	[tu'tore]
adotar (um filho)	adottare (vt)	[adot'tare]
adotar (uma filha)	adottare (vt)	[adot'tare]

56. Amigos. Colegas de trabalho

amigo (m)	amico (m)	[a'miko]
amiga (f)	amica (f)	[a'mika]
amizade (f)	amicizia (f)	[ami'tʃitsia]
ser amigos	essere amici	['essere a'mitʃi]

amigo (m)	amico (m)	[a'miko]
amiga (f)	amica (f)	[a'mika]
parceiro (m)	partner (m)	['partner]

chefe (m)	capo (m)	['kapo]
superior (m)	capo (m), superiore (m)	['kapo], [supe'rjore]
subordinado (m)	subordinato (m)	[subordi'nato]
colega (m, f)	collega (m)	[kol'lega]
conhecido (m)	conoscente (m)	[kono'ʃente]
companheiro (m) de viagem	compagno (m) di viaggio	[kom'paɲo di 'vjadʒo]

colega (m) de classe	compagno (m) di classe	[kom'paɲo di 'klasse]
vizinho (m)	vicino (m)	[vi'tʃino]
vizinha (f)	vicina (f)	[vi'tʃina]
vizinhos (pl)	vicini (m pl)	[vi'tʃini]

57. Homem. Mulher

mulher (f)	donna (f)	['donna]
menina (f)	ragazza (f)	[ra'gattsa]
noiva (f)	sposa (f)	['spoza]
bonita, bela (adj)	bella	['bella]
alta (adj)	alta	['alta]
esbelta (adj)	snella	['znella]
baixa (adj)	bassa	['bassa]
loira (f)	bionda (f)	['bjonda]
morena (f)	bruna (f)	['bruna]
de senhora	da donna	[da 'donna]
virgem (f)	vergine (f)	['verdʒine]
grávida (adj)	incinta	[in'tʃinta]
homem (m)	uomo (m)	[u'omo]
loiro (m)	biondo (m)	['bjondo]
moreno (m)	bruno (m)	['bruno]
alto (adj)	alto	['alto]
baixo (adj)	basso	['basso]
rude (adj)	sgarbato	[sgar'bato]
atarracado (adj)	tozzo	['tottso]
robusto (adj)	robusto	[ro'busto]
forte (adj)	forte	['forte]
força (f)	forza (f)	['fortsa]
gordo (adj)	grasso	['grasso]
moreno (adj)	bruno	['bruno]
esbelto (adj)	snello	['znello]
elegante (adj)	elegante	[ele'gante]

58. Idade

idade (f)	età (f)	[e'ta]
juventude (f)	giovinezza (f)	[dʒovi'nettsa]
jovem (adj)	giovane	['dʒovane]
mais novo (adj)	più giovane	[pju 'dʒovane]
mais velho (adj)	più vecchio	[pju 'vekkio]
jovem (m)	giovane (m)	['dʒovane]
adolescente (m)	adolescente (m, f)	[adole'ʃente]
rapaz (m)	ragazzo (m)	[ra'gattso]

| velho (m) | vecchio (m) | ['vekkio] |
| velha (f) | vecchia (f) | ['vekkia] |

adulto	adulto (m)	[a'dulto]
de meia-idade	di mezza età	[di 'meddza e'ta]
idoso, de idade (adj)	anziano	[an'tsjano]
velho (adj)	vecchio	['vekkio]

aposentadoria (f)	pensionamento (m)	[pensjona'mento]
aposentar-se (vr)	andare in pensione	[an'dare in pen'sjone]
aposentado (m)	pensionato (m)	[pensjo'nato]

59. Crianças

criança (f)	bambino (m)	[bam'bino]
crianças (f pl)	bambini (m pl)	[bam'bini]
gêmeos (m pl), gêmeas (f pl)	gemelli (m pl)	[dʒe'melli]

berço (m)	culla (f)	['kulla]
chocalho (m)	sonaglio (m)	[so'naʎʎo]
fralda (f)	pannolino (m)	[panno'lino]

chupeta (f), bico (m)	tettarella (f)	[tetta'rella]
carrinho (m) de bebê	carrozzina (f)	[karrot'tsina]
jardim (m) de infância	scuola (f) materna	['skwola ma'terna]
babysitter, babá (f)	baby-sitter (f)	[bebi'siter]

infância (f)	infanzia (f)	[in'fantsia]
boneca (f)	bambola (f)	['bambola]
brinquedo (m)	giocattolo (m)	[dʒo'kattolo]
jogo (m) de montar	gioco (m) di costruzione	['dʒoko di konstru'tsjone]

bem-educado (adj)	educato	[edu'kato]
malcriado (adj)	maleducato	[maledu'kato]
mimado (adj)	viziato	[vitsi'ato]

ser travesso	essere disubbidiente	['essere dizubi'djente]
travesso, traquinas (adj)	birichino	[biri'kino]
travessura (f)	birichinata (f)	[biriki'nata]
criança (f) travessa	monello (m)	[mo'nello]

| obediente (adj) | ubbidiente | [ubidi'ente] |
| desobediente (adj) | disubbidiente | [dizubi'djente] |

dócil (adj)	docile	['dotʃile]
inteligente (adj)	intelligente	[intelli'dʒente]
prodígio (m)	bambino (m) prodigio	[bam'bino pro'didʒo]

60. Casais. Vida de família

| beijar (vt) | baciare (vt) | [ba'tʃare] |
| beijar-se (vr) | baciarsi (vr) | [ba'tʃarsi] |

família (f)   famiglia (f)   [fa'miʎʎa]
familiar (vida ~)   familiare   [fami'ljare]
casal (m)   coppia (f)   ['koppia]
matrimônio (m)   matrimonio (m)   [matri'monio]
lar (m)   focolare (m) domestico   [foko'lare do'mestiko]
dinastia (f)   dinastia (f)   [dina'stia]

encontro (m)   appuntamento (m)   [appunta'mento]
beijo (m)   bacio (m)   ['batʃo]

amor (m)   amore (m)   [a'more]
amar (pessoa)   amare   [a'mare]
amado, querido (adj)   amato   [a'mato]

ternura (f)   tenerezza (f)   [tene'rettsa]
afetuoso (adj)   dolce, tenero   ['doltʃe], ['tenero]
fidelidade (f)   fedeltà (f)   [fedel'ta]
fiel (adj)   fedele   [fe'dele]
cuidado (m)   premura (f)   [pre'mura]
carinhoso (adj)   premuroso   [premu'rozo]

recém-casados (pl)   sposi (m pl) novelli   ['spozi no'velli]
lua (f) de mel   luna (f) di miele   ['luna di 'mjele]
casar-se (com um homem)   sposarsi (vr)   [spo'zarsi]
casar-se (com uma mulher)   sposarsi (vr)   [spo'zarsi]

casamento (m)   nozze (f pl)   ['nottse]
bodas (f pl) de ouro   nozze (f pl) d'oro   ['nottse 'doro]
aniversário (m)   anniversario (m)   [anniver'sario]

amante (m)   amante (m)   [a'mante]
amante (f)   amante (f)   [a'mante]

adultério (m), traição (f)   adulterio (m)   [adul'terio]
cometer adultério   tradire   [tra'dire]
ciumento (adj)   geloso   [dʒe'lozo]
ser ciumento, -a   essere geloso   ['essere dʒe'lozo]
divórcio (m)   divorzio (m)   [di'vortsio]
divorciar-se (vr)   divorziare (vi)   [divor'tsjare]

brigar (discutir)   litigare (vi)   [liti'gare]
fazer as pazes   fare pace   ['fare 'patʃe]
juntos (ir ~)   insieme   [in'sjeme]
sexo (m)   sesso (m)   ['sesso]

felicidade (f)   felicità (f)   [felitʃi'ta]
feliz (adj)   felice   [fe'litʃe]
infelicidade (f)   disgrazia (f)   [dis'gratsia]
infeliz (adj)   infelice   [infe'litʃe]

Caráter. Sentimentos. Emoções

61. Sentimentos. Emoções

sentimento (m)	sentimento (m)	[senti'mento]
sentimentos (m pl)	sentimenti (m pl)	[senti'menti]
sentir (vt)	sentire (vt)	[sen'tire]
fome (f)	fame (f)	['fame]
ter fome	avere fame	[a'vere 'fame]
sede (f)	sete (f)	['sete]
ter sede	avere sete	[a'vere 'sete]
sonolência (f)	sonnolenza (f)	[sonno'lentsa]
estar sonolento	avere sonno	[a'vere 'sonno]
cansaço (m)	stanchezza (f)	[staŋ'kettsa]
cansado (adj)	stanco	['stanko]
ficar cansado	stancarsi (vr)	[stan'karsi]
humor (m)	umore (m)	[u'more]
tédio (m)	noia (f)	['noja]
entediar-se (vr)	annoiarsi (vr)	[anno'jarsi]
reclusão (isolamento)	isolamento (f)	[izola'mento]
isolar-se (vr)	isolarsi (vr)	[izo'larsi]
preocupar (vt)	preoccupare (vt)	[preokku'pare]
estar preocupado	essere preoccupato	['essere preokku'pato]
preocupação (f)	agitazione (f)	[adʒita'tsjone]
ansiedade (f)	preoccupazione (f)	[preokkupa'tsjone]
preocupado (adj)	preoccupato	[preokku'pato]
estar nervoso	essere nervoso	['essere ner'vozo]
entrar em pânico	andare in panico	[an'dare in 'paniko]
esperança (f)	speranza (f)	[spe'rantsa]
esperar (vt)	sperare (vi, vt)	[spe'rare]
certeza (f)	certezza (f)	[tʃer'tettsa]
certo, seguro de ...	sicuro	[si'kuro]
indecisão (f)	incertezza (f)	[intʃer'tettsa]
indeciso (adj)	incerto	[in'tʃerto]
bêbado (adj)	ubriaco	[ubri'ako]
sóbrio (adj)	sobrio	['sobrio]
fraco (adj)	debole	['debole]
feliz (adj)	fortunato	[fortu'nato]
assustar (vt)	spaventare (vt)	[spaven'tare]
fúria (f)	rabbia (f)	['rabbia]
ira, raiva (f)	rabbia (f)	['rabbia]
depressão (f)	depressione (f)	[depres'sjone]
desconforto (m)	disagio (m)	[di'zadʒo]

conforto (m)	conforto (m)	[kon'forto]
arrepender-se (vr)	rincrescere (vi)	[rin'kreʃere]
arrependimento (m)	rincrescimento (m)	[rinkreʃi'mento]
azar (m), má sorte (f)	sfortuna (f)	[sfor'tuna]
tristeza (f)	tristezza (f)	[tri'stettsa]
vergonha (f)	vergogna (f)	[ver'goɲa]
alegria (f)	allegria (f)	[alle'gria]
entusiasmo (m)	entusiasmo (m)	[entu'zjazmo]
entusiasta (m)	entusiasta (m)	[entu'zjasta]
mostrar entusiasmo	mostrare entusiasmo	[mo'strare entu'zjazmo]

62. Caráter. Personalidade

caráter (m)	carattere (m)	[ka'rattere]
falha (f) de caráter	difetto (m)	[di'fetto]
mente (f)	mente (f)	['mente]
razão (f)	intelletto (m)	[intel'letto]
consciência (f)	coscienza (f)	[ko'ʃentsa]
hábito, costume (m)	abitudine (f)	[abi'tudine]
habilidade (f)	capacità (f)	[kapaʧi'ta]
saber (~ nadar, etc.)	sapere (vt)	[sa'pere]
paciente (adj)	paziente	[pa'tsjente]
impaciente (adj)	impaziente	[impa'tsjente]
curioso (adj)	curioso	[ku'rjozo]
curiosidade (f)	curiosità (f)	[kuriozi'ta]
modéstia (f)	modestia (f)	[mo'destia]
modesto (adj)	modesto	[mo'desto]
imodesto (adj)	immodesto	[immo'desto]
preguiça (f)	pigrizia (f)	[pi'gritsia]
preguiçoso (adj)	pigro	['pigro]
preguiçoso (m)	poltrone (m)	[pol'trone]
astúcia (f)	furberia (f)	[furbe'ria]
astuto (adj)	furbo	['furbo]
desconfiança (f)	diffidenza (f)	[diffi'dentsa]
desconfiado (adj)	diffidente	[diffi'dente]
generosidade (f)	generosità (f)	[dʒenerozi'ta]
generoso (adj)	generoso	[dʒene'rozo]
talentoso (adj)	di talento	[di ta'lento]
talento (m)	talento (m)	[ta'lento]
corajoso (adj)	coraggioso	[kora'dʒozo]
coragem (f)	coraggio (m)	[ko'radʒo]
honesto (adj)	onesto	[o'nesto]
honestidade (f)	onestà (f)	[one'sta]
prudente, cuidadoso (adj)	prudente	[pru'dente]
valoroso (adj)	valoroso	[valo'rozo]

| sério (adj) | serio | ['serio] |
| severo (adj) | severo | [se'vero] |

decidido (adj)	deciso	[de'tʃizo]
indeciso (adj)	indeciso	[inde'tʃizo]
tímido (adj)	timido	['timido]
timidez (f)	timidezza (f)	[timi'dettsa]

confiança (f)	fiducia (f)	[fi'dutʃa]
confiar (vt)	fidarsi (vr)	[fi'darsi]
crédulo (adj)	fiducioso	[fidu'tʃozo]

sinceramente	sinceramente	[sintʃera'mente]
sincero (adj)	sincero	[sin'tʃero]
sinceridade (f)	sincerità (f)	[sintʃeri'ta]
aberto (adj)	aperto	[a'perto]

calmo (adj)	tranquillo	[tran'kwillo]
franco (adj)	sincero	[sin'tʃero]
ingênuo (adj)	ingenuo	[in'dʒenuo]
distraído (adj)	distratto	[di'stratto]
engraçado (adj)	buffo	['buffo]

ganância (f)	avidità (f)	[avidi'ta]
ganancioso (adj)	avido	['avido]
avarento, sovina (adj)	avaro	[a'varo]
mal (adj)	cattivo	[kat'tivo]
teimoso (adj)	testardo	[te'stardo]
desagradável (adj)	antipatico	[anti'patiko]

egoísta (m)	egoista (m)	[ego'ista]
egoísta (adj)	egoistico	[ego'istiko]
covarde (m)	codardo (m)	[ko'dardo]
covarde (adj)	codardo	[ko'dardo]

63. O sono. Sonhos

dormir (vi)	dormire (vi)	[dor'mire]
sono (m)	sonno (m)	['sonno]
sonho (m)	sogno (m)	['soɲo]
sonhar (ver sonhos)	sognare (vi)	[so'ɲare]
sonolento (adj)	sonnolento	[sonno'lento]

cama (f)	letto (m)	['letto]
colchão (m)	materasso (m)	[mate'rasso]
cobertor (m)	coperta (f)	[ko'perta]
travesseiro (m)	cuscino (m)	[ku'ʃino]
lençol (m)	lenzuolo (m)	[lentsu'olo]

insônia (f)	insonnia (f)	[in'sonnia]
sem sono (adj)	insonne	[in'sonne]
sonífero (m)	sonnifero (m)	[son'nifero]
tomar um sonífero	prendere il sonnifero	['prendere il son'nifero]
estar sonolento	avere sonno	[a'vere 'sonno]

bocejar (vi)	sbadigliare (vi)	[zbadiʎ'ʎare]
ir para a cama	andare a letto	[an'dare a 'letto]
fazer a cama	fare il letto	['fare il 'letto]
adormecer (vi)	addormentarsi (vr)	[addormen'tarsi]
pesadelo (m)	incubo (m)	['inkubo]
ronco (m)	russare (m)	[rus'sare]
roncar (vi)	russare (vi)	[rus'sare]
despertador (m)	sveglia (f)	['zveʎʎa]
acordar, despertar (vt)	svegliare (vt)	[zveʎ'ʎare]
acordar (vi)	svegliarsi (vr)	[zveʎ'ʎarsi]
levantar-se (vr)	alzarsi (vr)	[al'tsarsi]
lavar-se (vr)	lavarsi (vr)	[la'varsi]

64. Humor. Riso. Alegria

humor (m)	umorismo (m)	[umo'rizmo]
senso (m) de humor	senso (m) dello humour	['senso 'dello u'mur]
divertir-se (vr)	divertirsi (vr)	[diver'tirsi]
alegre (adj)	allegro	[al'legro]
diversão (f)	allegria (f)	[alle'gria]
sorriso (m)	sorriso (m)	[sor'rizo]
sorrir (vi)	sorridere (vi)	[sor'ridere]
começar a rir	mettersi a ridere	['mettersi a 'ridere]
rir (vi)	ridere (vi)	['ridere]
riso (m)	riso (m)	['rizo]
anedota (f)	aneddoto (m)	[a'neddoto]
engraçado (adj)	divertente	[diver'tente]
ridículo, cômico (adj)	ridicolo	[ri'dikolo]
brincar (vi)	scherzare (vi)	[sker'tsare]
piada (f)	scherzo (m)	['skertso]
alegria (f)	gioia (f)	['dʒoja]
regozijar-se (vr)	rallegrarsi (vr)	[ralle'grarsi]
alegre (adj)	allegro	[al'legro]

65. Discussão, conversação. Parte 1

comunicação (f)	comunicazione (f)	[komunika'tsjone]
comunicar-se (vr)	comunicare (vi)	[komuni'kare]
conversa (f)	conversazione (f)	[konversa'tsjone]
diálogo (m)	dialogo (m)	[di'alogo]
discussão (f)	discussione (f)	[diskus'sjone]
debate (m)	dibattito (m)	[di'battito]
debater (vt)	discutere (vi)	[di'skutere]
interlocutor (m)	interlocutore (m)	[interloku'tore]
tema (m)	tema (m)	['tema]

ponto (m) de vista	punto (m) di vista	['punto di 'vista]
opinião (f)	opinione (f)	[opi'njone]
discurso (m)	discorso (m)	[di'skorso]
discussão (f)	discussione (f)	[diskus'sjone]
discutir (vt)	discutere (vt)	[di'skutere]
conversa (f)	conversazione (f)	[konversa'tsjone]
conversar (vi)	conversare (vi)	[konver'sare]
reunião (f)	incontro (m)	[in'kontro]
encontrar-se (vr)	incontrarsi (vr)	[inkon'trarsi]
provérbio (m)	proverbio (m)	[pro'verbio]
ditado, provérbio (m)	detto (m)	['detto]
adivinha (f)	indovinello (m)	[indovi'nello]
dizer uma adivinha	fare un indovinello	['fare un indovi'nello]
senha (f)	parola (f) d'ordine	[pa'rola 'dordine]
segredo (m)	segreto (m)	[se'greto]
juramento (m)	giuramento (m)	[dʒura'mento]
jurar (vi)	giurare (vi)	[dʒu'rare]
promessa (f)	promessa (f)	[pro'messa]
prometer (vt)	promettere (vt)	[pro'mettere]
conselho (m)	consiglio (m)	[kon'siʎʎo]
aconselhar (vt)	consigliare (vt)	[konsiʎ'ʎare]
escutar (~ os conselhos)	ubbidire (vi)	[ubi'dire]
novidade, notícia (f)	notizia (f)	[no'titsia]
sensação (f)	sensazione (f)	[sensa'tsjone]
informação (f)	informazioni (f pl)	[informa'tsjoni]
conclusão (f)	conclusione (f)	[konklu'zjone]
voz (f)	voce (f)	['votʃe]
elogio (m)	complimento (m)	[kompli'mento]
amável, querido (adj)	gentile	[dʒen'tile]
palavra (f)	parola (f)	[pa'rola]
frase (f)	frase (f)	['fraze]
resposta (f)	risposta (f)	[ris'posta]
verdade (f)	verità (f)	[veri'ta]
mentira (f)	menzogna (f)	[men'tsoɲa]
pensamento (m)	pensiero (m)	[pen'sjero]
ideia (f)	idea (f), pensiero (m)	[i'dea], [pen'sjero]
fantasia (f)	fantasia (f)	[fanta'zia]

66. Discussão, conversação. Parte 2

estimado, respeitado (adj)	rispettato	[rispet'tato]
respeitar (vt)	rispettare (vt)	[rispet'tare]
respeito (m)	rispetto (m)	[ris'petto]
Estimado ..., Caro ...	Egregio ...	[e'gredʒo]
apresentar (alguém a alguém)	presentare (vt)	[prezen'tare]

intenção (f)	intenzione (f)	[inten'tsjone]
tencionar (~ fazer algo)	avere intenzione	[a'vere inten'tsjone]
desejo (de boa sorte)	augurio (m)	[au'gurio]
desejar (ex. ~ boa sorte)	augurare (vt)	[augu'rare]
surpresa (f)	sorpresa (f)	[sor'preza]
surpreender (vt)	sorprendere (vt)	[sor'prendere]
surpreender-se (vr)	stupirsi (vr)	[stu'pirsi]
dar (vt)	dare (vt)	['dare]
pegar (tomar)	prendere (vt)	['prendere]
devolver (vt)	rendere (vt)	['rendere]
retornar (vt)	restituire (vt)	[restitu'ire]
desculpar-se (vr)	scusarsi (vr)	[sku'zarsi]
desculpa (f)	scusa (f)	['skuza]
perdoar (vt)	perdonare (vt)	[perdo'nare]
falar (vi)	parlare (vi, vt)	[par'lare]
escutar (vt)	ascoltare (vi)	[askol'tare]
ouvir até o fim	ascoltare fino in fondo	[askol'tare 'fino in 'fondo]
entender (compreender)	capire (vt)	[ka'pire]
mostrar (vt)	mostrare (vt)	[mo'strare]
olhar para ...	guardare (vt)	[gwar'dare]
chamar (alguém para ...)	chiamare (vt)	[kja'mare]
perturbar (vt)	disturbare (vt)	[distur'bare]
entregar (~ em mãos)	consegnare (vt)	[konse'ɲare]
pedido (m)	richiesta (f)	[ri'kjesta]
pedir (ex. ~ ajuda)	chiedere (vt)	['kjedere]
exigência (f)	esigenza (f)	[ezi'dʒentsa]
exigir (vt)	esigere (vt)	[e'zidʒere]
insultar (chamar nomes)	stuzzicare (vt)	[stuttsi'kare]
zombar (vt)	canzonare (vt)	[kantso'nare]
zombaria (f)	burla (f), beffa (f)	['burla], ['beffa]
alcunha (f), apelido (m)	soprannome (m)	[sopran'nome]
insinuação (f)	allusione (f)	[allu'zjone]
insinuar (vt)	alludere (vi)	[al'ludere]
querer dizer	intendere (vt)	[in'tendere]
descrição (f)	descrizione (f)	[deskri'tsjone]
descrever (vt)	descrivere (vt)	[de'skrivere]
elogio (m)	lode (f)	['lode]
elogiar (vt)	lodare (vt)	[lo'dare]
desapontamento (m)	delusione (f)	[delu'zjone]
desapontar (vt)	deludere (vt)	[de'ludere]
desapontar-se (vr)	rimanere deluso	[rima'nere de'luzo]
suposição (f)	supposizione (f)	[suppozi'tsjone]
supor (vt)	supporre (vt)	[sup'porre]
advertência (f)	avvertimento (m)	[avverti'mento]
advertir (vt)	avvertire (vt)	[avver'tire]

67. Discussão, conversação. Parte 3

convencer (vt)	persuadere (vt)	[persua'dere]
acalmar (vt)	tranquillizzare (vt)	[trankwillid'dzare]
silêncio (o ~ é de ouro)	silenzio (m)	[si'lentsio]
ficar em silêncio	tacere (vi)	[ta'tʃere]
sussurrar (vt)	sussurrare (vt)	[sussur'rare]
sussurro (m)	sussurro (m)	[sus'surro]
francamente	francamente	[franka'mente]
na minha opinião ...	secondo me ...	[se'kondo me]
detalhe (~ da história)	dettaglio (m)	[det'taʎʎo]
detalhado (adj)	dettagliato	[dettaʎ'ʎato]
detalhadamente	dettagliatamente	[dettaʎʎata'mente]
dica (f)	suggerimento (m)	[sudʒeri'mento]
dar uma dica	suggerire (vt)	[sudʒe'rire]
olhar (m)	sguardo (m)	['zgwardo]
dar uma olhada	gettare uno sguardo	[dʒet'tare 'uno 'zgwardo]
fixo (olhada ~a)	fisso	['fisso]
piscar (vi)	battere le palpebre	['battere le 'palpebre]
piscar (vt)	ammiccare (vi)	[ammik'kare]
acenar com a cabeça	accennare col capo	[atʃen'nare kol 'kapo]
suspiro (m)	sospiro (m)	[sos'piro]
suspirar (vi)	sospirare (vi)	[sospi'rare]
estremecer (vi)	sussultare (vi)	[sussul'tare]
gesto (m)	gesto (m)	['dʒesto]
tocar (com as mãos)	toccare (vt)	[tok'kare]
agarrar (~ pelo braço)	afferrare (vt)	[affer'rare]
bater de leve	picchiettare (vt)	[pikjet'tare]
Cuidado!	Attenzione!	[atten'tsjone]
Sério?	Davvero?	[dav'vero]
Tem certeza?	Sei sicuro?	[sej si'kuro]
Boa sorte!	Buona fortuna!	[bu'ona for'tuna]
Entendi!	Capito!	[ka'pito]
Que pena!	Peccato!	[pek'kato]

68. Acordo. Recusa

consentimento (~ mútuo)	accordo (m)	[ak'kordo]
consentir (vi)	essere d'accordo	['essere dak'kordo]
aprovação (f)	approvazione (f)	[approva'tsjone]
aprovar (vt)	approvare (vt)	[appro'vare]
recusa (f)	rifiuto (m)	[ri'fjuto]
negar-se a ...	rifiutarsi (vr)	[rifju'tarsi]
Ótimo!	Perfetto!	[per'fetto]
Tudo bem!	Va bene!	[va 'bene]

Está bem! De acordo!	D'accordo!	[dak'kordo]
proibido (adj)	vietato, proibito	[vje'tato], [proi'bito]
é proibido	è proibito	[e proi'bito]
é impossível	è impossibile	[e impos'sibile]
incorreto (adj)	sbagliato	[zbaʎ'ʎato]
rejeitar (~ um pedido)	respingere (vt)	[re'spindʒere]
apoiar (vt)	sostenere (vt)	[soste'nere]
aceitar (desculpas, etc.)	accettare (vt)	[atʃet'tare]
confirmar (vt)	confermare (vt)	[konfer'mare]
confirmação (f)	conferma (f)	[kon'ferma]
permissão (f)	permesso (m)	[per'messo]
permitir (vt)	permettere (vt)	[per'mettere]
decisão (f)	decisione (f)	[detʃi'zjone]
não dizer nada	non dire niente	[non 'dire 'njente]
condição (com uma ~)	condizione (f)	[kondi'tsjone]
pretexto (m)	pretesto (m)	[pre'testo]
elogio (m)	lode (f)	['lode]
elogiar (vt)	lodare (vt)	[lo'dare]

69. Sucesso. Boa sorte. Insucesso

êxito, sucesso (m)	successo (m)	[su'tʃesso]
com êxito	con successo	[kon su'tʃesso]
bem sucedido (adj)	ben riuscito	[ben riu'ʃito]
sorte (fortuna)	fortuna (f)	[for'tuna]
Boa sorte!	Buona fortuna!	[bu'ona for'tuna]
de sorte	felice, fortunato	[fe'litʃe], [fortu'nato]
sortudo, felizardo (adj)	fortunato	[fortu'nato]
fracasso (m)	fiasco (m)	[fi'asko]
pouca sorte (f)	disdetta (f)	[diz'detta]
azar (m), má sorte (f)	sfortuna (f)	[sfor'tuna]
mal sucedido (adj)	fallito	[fal'lito]
catástrofe (f)	disastro (m)	[di'zastro]
orgulho (m)	orgoglio (m)	[or'goʎʎo]
orgulhoso (adj)	orgoglioso	[orgoʎ'ʎozo]
estar orgulhoso, -a	essere fiero di ...	['essere 'fjero di]
vencedor (m)	vincitore (m)	[vintʃi'tore]
vencer (vi, vt)	vincere (vi)	['vintʃere]
perder (vt)	perdere (vi)	['perdere]
tentativa (f)	tentativo (m)	[tenta'tivo]
tentar (vt)	tentare (vi)	[ten'tare]
chance (m)	chance (f)	[ʃans]

70. Conflitos. Emoções negativas

grito (m)	grido (m)	['grido]
gritar (vi)	gridare (vi)	[gri'dare]

começar a gritar	mettersi a gridare	['mettersi a gri'dare]
discussão (f)	litigio (m)	[li'tidʒo]
brigar (discutir)	litigare (vi)	[liti'gare]
escândalo (m)	lite (f)	['lite]
criar escândalo	litigare (vi)	[liti'gare]
conflito (m)	conflitto (m)	[kon'flitto]
mal-entendido (m)	fraintendimento (m)	[fraintendi'mento]

insulto (m)	insulto (m)	[in'sulto]
insultar (vt)	insultare (vt)	[insul'tare]
insultado (adj)	offeso	[of'fezo]
ofensa (f)	offesa (f)	[of'feza]
ofender (vt)	offendere (vt)	[of'fendere]
ofender-se (vr)	offendersi (vr)	[of'fendersi]

indignação (f)	indignazione (f)	[indiɲa'tsjone]
indignar-se (vr)	indignarsi (vr)	[indi'ɲarsi]
queixa (f)	lamentela (f)	[lamen'tela]
queixar-se (vr)	lamentarsi (vr)	[lamen'tarsi]

desculpa (f)	scusa (f)	['skuza]
desculpar-se (vr)	scusarsi (vr)	[sku'zarsi]
pedir perdão	chiedere scusa	['kjedere 'skuza]

crítica (f)	critica (f)	['kritika]
criticar (vt)	criticare (vt)	[kriti'kare]
acusação (f)	accusa (f)	[ak'kuza]
acusar (vt)	accusare (vt)	[akku'zare]

vingança (f)	vendetta (f)	[ven'detta]
vingar (vt)	vendicare (vt)	[vendi'kare]
vingar-se de	vendicarsi (vr)	[vendi'karsi]

desprezo (m)	disprezzo (m)	[dis'prettso]
desprezar (vt)	disprezzare (vt)	[dispret'tsare]
ódio (m)	odio (m)	['odio]
odiar (vt)	odiare (vt)	[odi'are]

nervoso (adj)	nervoso	[ner'vozo]
estar nervoso	essere nervoso	['essere ner'vozo]
zangado (adj)	arrabbiato	[arrab'bjato]
zangar (vt)	fare arrabbiare	['fare arrab'bjare]

humilhação (f)	umiliazione (f)	[umilja'tsjone]
humilhar (vt)	umiliare (vt)	[umi'ljare]
humilhar-se (vr)	umiliarsi (vr)	[umi'ljarsi]

| choque (m) | shock (m) | [ʃok] |
| chocar (vt) | scandalizzare (vt) | [skandalid'dzare] |

| aborrecimento (m) | problema (m) | [pro'blema] |
| desagradável (adj) | spiacevole | [spja'tʃevole] |

medo (m)	spavento (m), paura (f)	[spa'vento], [pa'ura]
terrível (tempestade, etc.)	terribile	[ter'ribile]
assustador (ex. história ~a)	spaventoso	[spaven'toso]

Portuguese	Italian	Pronunciation
horror (m)	orrore (m)	[or'rore]
horrível (crime, etc.)	orrendo	[orrendo]
começar a tremer	cominciare a tremare	[komin'tʃare a tre'mare]
chorar (vi)	piangere (vi)	['pjandʒere]
começar a chorar	mettersi a piangere	['mettersi a 'pjandʒere]
lágrima (f)	lacrima (f)	['lakrima]
falta (f)	colpa (f)	['kolpa]
culpa (f)	senso (m) di colpa	['senso di 'kolpa]
desonra (f)	vergogna (f)	[ver'goɲa]
protesto (m)	protesta (f)	[pro'testa]
estresse (m)	stress (m)	['stress]
perturbar (vt)	disturbare (vt)	[distur'bare]
zangar-se com ...	essere arrabbiato	['essere arrab'bjato]
zangado (irritado)	arrabbiato	[arrab'bjato]
terminar (vt)	porre fine a ...	['porre 'fine a]
praguejar	rimproverare (vt)	[rimprove'rare]
assustar-se	spaventarsi (vr)	[spaven'tarsi]
golpear (vt)	colpire (vt)	[kol'pire]
brigar (na rua, etc.)	picchiarsi (vr)	[pik'kjarsi]
resolver (o conflito)	regolare (vt)	[rego'lare]
descontente (adj)	scontento	[skon'tento]
furioso (adj)	furioso	[fu'rjozo]
Não está bem!	Non sta bene!	[non sta 'bene]
É ruim!	Fa male!	[fa 'male]

Medicina

71. Doenças

doença (f)	malattia (f)	[malat'tia]
estar doente	essere malato	['essere ma'lato]
saúde (f)	salute (f)	[sa'lute]

nariz (m) escorrendo	raffreddore (m)	[raffred'dore]
amigdalite (f)	tonsillite (f)	[tonsil'lite]
resfriado (m)	raffreddore (m)	[raffred'dore]
ficar resfriado	raffreddarsi (vr)	[raffred'darsi]

bronquite (f)	bronchite (f)	[bron'kite]
pneumonia (f)	polmonite (f)	[polmo'nite]
gripe (f)	influenza (f)	[influ'entsa]

míope (adj)	miope	['miope]
presbita (adj)	presbite	['prezbite]
estrabismo (m)	strabismo (m)	[stra'bizmo]
estrábico, vesgo (adj)	strabico	['strabiko]
catarata (f)	cateratta (f)	[kate'ratta]
glaucoma (m)	glaucoma (m)	[glau'koma]

AVC (m), apoplexia (f)	ictus (m) cerebrale	['iktus ʧere'brale]
ataque (m) cardíaco	attacco (m) di cuore	[at'tako di ku'ore]
enfarte (m) do miocárdio	infarto (m) miocardico	[in'farto miokar'diko]
paralisia (f)	paralisi (f)	[pa'ralizi]
paralisar (vt)	paralizzare (vt)	[paralid'dzare]

alergia (f)	allergia (f)	[aller'dʒia]
asma (f)	asma (f)	['azma]
diabetes (f)	diabete (m)	[dia'bete]

dor (f) de dente	mal (m) di denti	[mal di 'denti]
cárie (f)	carie (f)	['karie]

diarreia (f)	diarrea (f)	[diar'rea]
prisão (f) de ventre	stitichezza (f)	[stiti'kettsa]
desarranjo (m) intestinal	disturbo (m) gastrico	[di'sturbo 'gastriko]
intoxicação (f) alimentar	intossicazione (f) alimentare	[intossika'tsjone alimen'tare]
intoxicar-se	intossicarsi (vr)	[intossi'karsi]

artrite (f)	artrite (f)	[ar'trite]
raquitismo (m)	rachitide (f)	[ra'kitide]
reumatismo (m)	reumatismo (m)	[reuma'tizmo]
arteriosclerose (f)	aterosclerosi (f)	[ateroskle'rozi]

gastrite (f)	gastrite (f)	[ga'strite]
apendicite (f)	appendicite (f)	[appendi'ʧite]

| colecistite (f) | colecistite (f) | [koletʃi'stite] |
| úlcera (f) | ulcera (f) | ['ultʃera] |

sarampo (m)	morbillo (m)	[mor'billo]
rubéola (f)	rosolia (f)	[rozo'lia]
icterícia (f)	itterizia (f)	[itte'ritsia]
hepatite (f)	epatite (f)	[epa'tite]

esquizofrenia (f)	schizofrenia (f)	[skidzofre'nia]
raiva (f)	rabbia (f)	['rabbia]
neurose (f)	nevrosi (f)	[ne'vrozi]
contusão (f) cerebral	commozione (f) cerebrale	[kommo'tsjone tʃere'brale]

câncer (m)	cancro (m)	['kankro]
esclerose (f)	sclerosi (f)	[skle'rozi]
esclerose (f) múltipla	sclerosi (f) multipla	[skle'rozi 'multipla]

alcoolismo (m)	alcolismo (m)	[alko'lizmo]
alcoólico (m)	alcolizzato (m)	[alkolid'dzato]
sífilis (f)	sifilide (f)	[si'filide]
AIDS (f)	AIDS (m)	['aids]

tumor (m)	tumore (m)	[tu'more]
maligno (adj)	maligno	[ma'liɲo]
benigno (adj)	benigno	[be'niɲo]
febre (f)	febbre (f)	['febbre]
malária (f)	malaria (f)	[ma'laria]
gangrena (f)	cancrena (f)	[kan'krena]
enjoo (m)	mal (m) di mare	[mal di 'mare]
epilepsia (f)	epilessia (f)	[epiles'sia]

epidemia (f)	epidemia (f)	[epide'mia]
tifo (m)	tifo (m)	['tifo]
tuberculose (f)	tubercolosi (f)	[tuberko'lozi]
cólera (f)	colera (m)	[ko'lera]
peste (f) bubônica	peste (f)	['peste]

72. Sintomas. Tratamentos. Parte 1

sintoma (m)	sintomo (m)	['sintomo]
temperatura (f)	temperatura (f)	[tempera'tura]
febre (f)	febbre (f) alta	['febbre 'alta]
pulso (m)	polso (m)	['polso]

vertigem (f)	capogiro (m)	[kapo'dʒiro]
quente (testa, etc.)	caldo	['kaldo]
calafrio (m)	brivido (m)	['brivido]
pálido (adj)	pallido	['pallido]

tosse (f)	tosse (f)	['tosse]
tossir (vi)	tossire (vi)	[tos'sire]
espirrar (vi)	starnutire (vi)	[starnu'tire]
desmaio (m)	svenimento (m)	[zveni'mento]
desmaiar (vi)	svenire (vi)	[zve'nire]

mancha (f) preta	livido (m)	['livido]
galo (m)	bernoccolo (m)	[ber'nokkolo]
machucar-se (vr)	farsi un livido	['farsi un 'livido]
contusão (f)	contusione (f)	[kontu'zjone]
machucar-se (vr)	farsi male	['farsi 'male]
mancar (vi)	zoppicare (vi)	[dzoppi'kare]
deslocamento (f)	slogatura (f)	[zloga'tura]
deslocar (vt)	slogarsi (vr)	[zlo'garsi]
fratura (f)	frattura (f)	[frat'tura]
fraturar (vt)	fratturarsi (vr)	[frattu'rarsi]
corte (m)	taglio (m)	['taʎʎo]
cortar-se (vr)	tagliarsi (vr)	[taʎ'ʎarsi]
hemorragia (f)	emorragia (f)	[emorra'dʒia]
queimadura (f)	scottatura (f)	[skotta'tura]
queimar-se (vr)	scottarsi (vr)	[skot'tarsi]
picar (vt)	pungere (vt)	['pundʒere]
picar-se (vr)	pungersi (vr)	['pundʒersi]
lesionar (vt)	ferire (vt)	[fe'rire]
lesão (m)	ferita (f)	[fe'rita]
ferida (f), ferimento (m)	lesione (f)	[le'zjone]
trauma (m)	trauma (m)	['trauma]
delirar (vi)	delirare (vi)	[deli'rare]
gaguejar (vi)	tartagliare (vi)	[tartaʎ'ʎare]
insolação (f)	colpo (m) di sole	['kolpo di 'sole]

73. Sintomas. Tratamentos. Parte 2

dor (f)	dolore (m), male (m)	[do'lore], ['male]
farpa (no dedo, etc.)	scheggia (f)	['skedʒa]
suor (m)	sudore (m)	[su'dore]
suar (vi)	sudare (vi)	[su'dare]
vômito (m)	vomito (m)	['vomito]
convulsões (f pl)	convulsioni (f pl)	[konvul'sjoni]
grávida (adj)	incinta	[in'tʃinta]
nascer (vi)	nascere (vi)	['naʃere]
parto (m)	parto (m)	['parto]
dar à luz	essere in travaglio	['essere in tra'vaʎʎo]
aborto (m)	aborto (m)	[a'borto]
respiração (f)	respirazione (f)	[respira'tsjone]
inspiração (f)	inspirazione (f)	[inspira'tsjone]
expiração (f)	espirazione (f)	[espira'tsjone]
expirar (vi)	espirare (vi)	[espi'rare]
inspirar (vi)	inspirare (vi)	[inspi'rare]
inválido (m)	invalido (m)	[in'valido]
aleijado (m)	storpio (m)	['storpjo]

drogado (m)	battaglia (f)	[bat'taʎʎa]
surdo (adj)	sordo	['sordo]
mudo (adj)	muto	['muto]
surdo-mudo (adj)	sordomuto	[sordo'muto]
louco, insano (adj)	matto	['matto]
louco (m)	matto (m)	['matto]
louca (f)	matta (f)	['matta]
ficar louco	impazzire (vi)	[impat'tsire]
gene (m)	gene (m)	['dʒene]
imunidade (f)	immunità (f)	[immuni'ta]
hereditário (adj)	ereditario	[eredi'tario]
congênito (adj)	innato	[in'nato]
vírus (m)	virus (m)	['virus]
micróbio (m)	microbo (m)	['mikrobo]
bactéria (f)	batterio (m)	[bat'terio]
infecção (f)	infezione (f)	[infe'tsjone]

74. Sintomas. Tratamentos. Parte 3

hospital (m)	ospedale (m)	[ospe'dale]
paciente (m)	paziente (m)	[pa'tsjente]
diagnóstico (m)	diagnosi (f)	[di'aɲozi]
cura (f)	cura (f)	['kura]
tratamento (m) médico	trattamento (m)	[tratta'mento]
curar-se (vr)	curarsi (vr)	[ku'rarsi]
tratar (vt)	curare (vt)	[ku'rare]
cuidar (pessoa)	accudire	[akku'dire]
cuidado (m)	assistenza (f)	[assi'stentsa]
operação (f)	operazione (f)	[opera'tsjone]
enfaixar (vt)	bendare (vt)	[ben'dare]
enfaixamento (m)	fasciatura (f)	[faʃa'tura]
vacinação (f)	vaccinazione (f)	[vatʧina'tsjone]
vacinar (vt)	vaccinare (vt)	[vatʧi'nare]
injeção (f)	iniezione (f)	[inje'tsjone]
dar uma injeção	fare una puntura	['fare 'una pun'tura]
ataque (~ de asma, etc.)	attacco (m)	[at'takko]
amputação (f)	amputazione (f)	[amputa'tsjone]
amputar (vt)	amputare (vt)	[ampu'tare]
coma (f)	coma (m)	['koma]
estar em coma	essere in coma	['essere in 'koma]
reanimação (f)	rianimazione (f)	[rianima'tsjone]
recuperar-se (vr)	guarire (vi)	[gwa'rire]
estado (~ de saúde)	stato (f)	['stato]
consciência (perder a ~)	conoscenza (f)	[kono'ʃentsa]
memória (f)	memoria (f)	[me'moria]
tirar (vt)	estrarre (vt)	[e'strarre]

| obturação (f) | otturazione (f) | [ottura'tsjone] |
| obturar (vt) | otturare (vt) | [ottu'rare] |

| hipnose (f) | ipnosi (f) | [ip'nozi] |
| hipnotizar (vt) | ipnotizzare (vt) | [ipnotid'dzare] |

75. Médicos

médico (m)	medico (m)	['mediko]
enfermeira (f)	infermiera (f)	[infer'mjera]
médico (m) pessoal	medico (m) personale	['mediko perso'nale]

dentista (m)	dentista (m)	[den'tista]
oculista (m)	oculista (m)	[oku'lista]
terapeuta (m)	internista (m)	[inter'nista]
cirurgião (m)	chirurgo (m)	[ki'rurgo]

psiquiatra (m)	psichiatra (m)	[psiki'atra]
pediatra (m)	pediatra (m)	[pedi'atra]
psicólogo (m)	psicologo (m)	[psi'kologo]
ginecologista (m)	ginecologo (m)	[dʒine'kologo]
cardiologista (m)	cardiologo (m)	[kar'djologo]

76. Medicina. Drogas. Acessórios

medicamento (m)	medicina (f)	[medi'tʃina]
remédio (m)	rimedio (m)	[ri'medjo]
receitar (vt)	prescrivere (vt)	[pres'krivere]
receita (f)	prescrizione (f)	[preskri'tsjone]

comprimido (m)	compressa (f)	[kom'pressa]
unguento (m)	unguento (m)	[un'gwento]
ampola (f)	fiala (f)	[fi'ala]
solução, preparado (m)	pozione (f)	[po'tsjone]
xarope (m)	sciroppo (m)	[ʃi'roppo]
cápsula (f)	pillola (f)	['pillola]
pó (m)	polverina (f)	[polve'rina]

atadura (f)	benda (f)	['benda]
algodão (m)	ovatta (f)	[o'vatta]
iodo (m)	iodio (m)	[i'odio]

curativo (m) adesivo	cerotto (m)	[tʃe'rotto]
conta-gotas (m)	contagocce (m)	[konta'gotʃe]
termômetro (m)	termometro (m)	[ter'mometro]
seringa (f)	siringa (f)	[si'ringa]

| cadeira (f) de rodas | sedia (f) a rotelle | ['sedia a ro'telle] |
| muletas (f pl) | stampelle (f pl) | [stam'pelle] |

| analgésico (m) | analgesico (m) | [anal'dʒeziko] |
| laxante (m) | lassativo (m) | [lassa'tivo] |

álcool (m)	alcol (m)	[al'kol]
ervas (f pl) medicinais	erba (f) officinale	['erba offitʃi'nale]
de ervas (chá ~)	d'erbe	['derbe]

77. Fumar. Produtos tabágicos

tabaco (m)	tabacco (m)	[ta'bakko]
cigarro (m)	sigaretta (f)	[siga'retta]
charuto (m)	sigaro (m)	['sigaro]
cachimbo (m)	pipa (f)	['pipa]
maço (~ de cigarros)	pacchetto (m)	[pak'ketto]
fósforos (m pl)	fiammiferi (m pl)	[fjam'miferi]
caixa (f) de fósforos	scatola (f) di fiammiferi	['skatola di fjam'miferi]
isqueiro (m)	accendino (m)	[atʃen'dino]
cinzeiro (m)	portacenere (m)	[porta·'tʃenere]
cigarreira (f)	portasigarette (m)	[porta·siga'rette]
piteira (f)	bocchino (m)	[bok'kino]
filtro (m)	filtro (m)	['filtro]
fumar (vi, vt)	fumare (vi, vt)	[fu'mare]
acender um cigarro	accendere una sigaretta	[a'tʃendere 'una siga'retta]
tabagismo (m)	fumo (m)	['fumo]
fumante (m)	fumatore (m)	[fuma'tore]
bituca (f)	cicca (f)	['tʃikka]
fumaça (f)	fumo (m)	['fumo]
cinza (f)	cenere (f)	['tʃenere]

HABITAT HUMANO

Cidade

78. Cidade. Vida na cidade

cidade (f)	città (f)	[ʧit'ta]
capital (f)	capitale (f)	[kapi'tale]
aldeia (f)	villaggio (m)	[vil'ladʒo]
mapa (m) da cidade	mappa (f) della città	['mappa 'della ʧit'ta]
centro (m) da cidade	centro (m) della città	['ʧentro 'della ʧit'ta]
subúrbio (m)	sobborgo (m)	[sob'borgo]
suburbano (adj)	suburbano	[subur'bano]
periferia (f)	periferia (f)	[perife'ria]
arredores (m pl)	dintorni (m pl)	[din'torni]
quarteirão (m)	isolato (m)	[izo'lato]
quarteirão (m) residencial	quartiere (m) residenziale	[kwar'tjere rezidentsjale]
tráfego (m)	traffico (m)	['traffiko]
semáforo (m)	semaforo (m)	[se'maforo]
transporte (m) público	trasporti (m pl) urbani	[tras'porti ur'bani]
cruzamento (m)	incrocio (m)	[in'krotʃo]
faixa (f)	passaggio (m) pedonale	[pas'sadʒo pedo'nale]
túnel (m) subterrâneo	sottopassaggio (m)	[sotto·pas'sadʒo]
cruzar, atravessar (vt)	attraversare (vt)	[attraver'sare]
pedestre (m)	pedone (m)	[pe'done]
calçada (f)	marciapiede (m)	[marʧa'pjede]
ponte (f)	ponte (m)	['ponte]
margem (f) do rio	banchina (f)	[baŋ'kina]
fonte (f)	fontana (f)	[fon'tana]
alameda (f)	vialetto (m)	[via'letto]
parque (m)	parco (m)	['parko]
bulevar (m)	boulevard (m)	[bul'var]
praça (f)	piazza (f)	['pjattsa]
avenida (f)	viale (m), corso (m)	[vi'ale], ['korso]
rua (f)	via (f), strada (f)	['via], ['strada]
travessa (f)	vicolo (m)	['vikolo]
beco (m) sem saída	vicolo (m) cieco	['vikolo 'ʧjeko]
casa (f)	casa (f)	['kaza]
edifício, prédio (m)	edificio (m)	[edi'fiʧo]
arranha-céu (m)	grattacielo (m)	[gratta'ʧelo]
fachada (f)	facciata (f)	[fa'ʧata]
telhado (m)	tetto (m)	['tetto]

janela (f)	finestra (f)	[fi'nestra]
arco (m)	arco (m)	['arko]
coluna (f)	colonna (f)	[ko'lonna]
esquina (f)	angolo (m)	['angolo]
vitrine (f)	vetrina (f)	[ve'trina]
letreiro (m)	insegna (f)	[in'seɲa]
cartaz (do filme, etc.)	cartellone (m)	[kartel'lone]
cartaz (m) publicitário	cartellone (m) pubblicitario	[kartel'lone pubblitʃi'tario]
painel (m) publicitário	tabellone (m) pubblicitario	[tabel'lone pubblitʃi'tario]
lixo (m)	pattume (m), spazzatura (f)	[pat'tume], [spattsa'tura]
lata (f) de lixo	pattumiera (f)	[pattu'mjera]
jogar lixo na rua	sporcare (vi)	[spor'kare]
aterro (m) sanitário	discarica (f) di rifiuti	[dis'karika di ri'fjuti]
orelhão (m)	cabina (f) telefonica	[ka'bina tele'fonika]
poste (m) de luz	lampione (m)	[lam'pjone]
banco (m)	panchina (f)	[paŋ'kina]
polícia (m)	poliziotto (m)	[poli'tsjotto]
polícia (instituição)	polizia (f)	[poli'tsia]
mendigo, pedinte (m)	mendicante (m)	[mendi'kante]
desabrigado (m)	barbone (m)	[bar'bone]

79. Instituições urbanas

loja (f)	negozio (m)	[ne'gotsio]
drogaria (f)	farmacia (f)	[farma'tʃia]
ótica (f)	ottica (f)	['ottika]
centro (m) comercial	centro (m) commerciale	['tʃentro kommer'tʃale]
supermercado (m)	supermercato (m)	[supermer'kato]
padaria (f)	panetteria (f)	[panette'ria]
padeiro (m)	fornaio (m)	[for'najo]
pastelaria (f)	pasticceria (f)	[pastitʃe'ria]
mercearia (f)	drogheria (f)	[droge'ria]
açougue (m)	macelleria (f)	[matʃelle'ria]
fruteira (f)	fruttivendolo (m)	[frutti'vendolo]
mercado (m)	mercato (m)	[mer'kato]
cafeteria (f)	caffè (m)	[kaf'fe]
restaurante (m)	ristorante (m)	[risto'rante]
bar (m)	birreria (f), pub (m)	[birre'ria], [pab]
pizzaria (f)	pizzeria (f)	[pittse'ria]
salão (m) de cabeleireiro	salone (m) di parrucchiere	[sa'lone di parruk'kjere]
agência (f) dos correios	ufficio (m) postale	[uf'fitʃo po'stale]
lavanderia (f)	lavanderia (f) a secco	[lavande'ria a 'sekko]
estúdio (m) fotográfico	studio (m) fotografico	['studio foto'grafiko]
sapataria (f)	negozio (m) di scarpe	[ne'gotsio di 'skarpe]
livraria (f)	libreria (f)	[libre'ria]

loja (f) de artigos esportivos	negozio (m) sportivo	[ne'gotsio spor'tivo]
costureira (m)	riparazione (f) di abiti	[ripara'tsjone di 'abiti]
aluguel (m) de roupa	noleggio (m) di abiti	[no'ledʒo di 'abiti]
videolocadora (f)	noleggio (m) di film	[no'ledʒo di film]
circo (m)	circo (m)	['tʃirko]
jardim (m) zoológico	zoo (m)	['dzoo]
cinema (m)	cinema (m)	['tʃinema]
museu (m)	museo (m)	[mu'zeo]
biblioteca (f)	biblioteca (f)	[biblio'teka]
teatro (m)	teatro (m)	[te'atro]
ópera (f)	teatro (m) dell'opera	[te'atro dell 'opera]
boate (casa noturna)	locale notturno (m)	[lo'kale not'turno]
cassino (m)	casinò (m)	[kazi'no]
mesquita (f)	moschea (f)	[mos'kea]
sinagoga (f)	sinagoga (f)	[sina'goga]
catedral (f)	cattedrale (f)	[katte'drale]
templo (m)	tempio (m)	['tempjo]
igreja (f)	chiesa (f)	['kjeza]
faculdade (f)	istituto (m)	[isti'tuto]
universidade (f)	università (f)	[universi'ta]
escola (f)	scuola (f)	['skwola]
prefeitura (f)	prefettura (f)	[prefet'tura]
câmara (f) municipal	municipio (m)	[muni'tʃipio]
hotel (m)	albergo (m)	[al'bergo]
banco (m)	banca (f)	['banka]
embaixada (f)	ambasciata (f)	[amba'ʃata]
agência (f) de viagens	agenzia (f) di viaggi	[adʒen'tsia di 'vjadʒi]
agência (f) de informações	ufficio (m) informazioni	[uf'fitʃo informa'tsjoni]
casa (f) de câmbio	ufficio (m) dei cambi	[uf'fitʃo dei 'kambi]
metrô (m)	metropolitana (f)	[metropoli'tana]
hospital (m)	ospedale (m)	[ospe'dale]
posto (m) de gasolina	distributore (m) di benzina	[distribu'tore di ben'dzina]
parque (m) de estacionamento	parcheggio (m)	[par'kedʒo]

80. Sinais

letreiro (m)	insegna (f)	[in'seɲa]
aviso (m)	iscrizione (f)	[iskri'tsjone]
cartaz, pôster (m)	cartellone (m)	[kartel'lone]
placa (f) de direção	segnale (m) di direzione	[se'ɲale di dire'tsjone]
seta (f)	freccia (f)	['fretʃa]
aviso (advertência)	avvertimento (m)	[avverti'mento]
sinal (m) de aviso	avvertimento (m)	[avverti'mento]
avisar, advertir (vt)	avvertire (vt)	[avver'tire]
dia (m) de folga	giorno (m) di riposo	['dʒorno di ri'pozo]

Português	Italiano	Pronúncia
horário (~ dos trens, etc.)	orario (m)	[o'rario]
horário (m)	orario (m) di apertura	[o'rario di aper'tura]
BEM-VINDOS!	BENVENUTI!	[benve'nuti]
ENTRADA	ENTRATA	[en'trata]
SAÍDA	USCITA	[u'ʃita]
EMPURRE	SPINGERE	['spindʒere]
PUXE	TIRARE	[ti'rare]
ABERTO	APERTO	[a'perto]
FECHADO	CHIUSO	['kjuzo]
MULHER	DONNE	['donne]
HOMEM	UOMINI	[u'omini]
DESCONTOS	SCONTI	['skonti]
SALDOS, PROMOÇÃO	SALDI	['saldi]
NOVIDADE!	NOVITÀ!	[novi'ta]
GRÁTIS	GRATIS	['gratis]
ATENÇÃO!	ATTENZIONE!	[atten'tsjone]
NÃO HÁ VAGAS	COMPLETO	[kom'pleto]
RESERVADO	RISERVATO	[rizer'vato]
ADMINISTRAÇÃO	AMMINISTRAZIONE	[amministra'tsjone]
SOMENTE PESSOAL	RISERVATO	[rizer'vato
AUTORIZADO	AL PERSONALE	al perso'nale]
CUIDADO CÃO FEROZ	ATTENTI AL CANE	[at'tenti al 'kane]
PROIBIDO FUMAR!	VIETATO FUMARE!	[vje'tato fu'mare]
NÃO TOCAR	NON TOCCARE	[non tok'kare]
PERIGOSO	PERICOLOSO	[periko'lozo]
PERIGO	PERICOLO	[pe'rikolo]
ALTA TENSÃO	ALTA TENSIONE	['alta ten'sjone]
PROIBIDO NADAR	DIVIETO DI BALNEAZIONE	[di'vjeto di balnea'tsjone]
COM DEFEITO	GUASTO	['gwasto]
INFLAMÁVEL	INFIAMMABILE	[infjam'mabile]
PROIBIDO	VIETATO	[vje'tato]
ENTRADA PROIBIDA	VIETATO L'INGRESSO	[vje'tato lin'greso]
CUIDADO TINTA FRESCA	VERNICE FRESCA	[ver'nitʃe 'freska]

81. Transportes urbanos

Português	Italiano	Pronúncia
ônibus (m)	autobus (m)	['autobus]
bonde (m) elétrico	tram (m)	[tram]
trólebus (m)	filobus (m)	['filobus]
rota (f), itinerário (m)	itinerario (m)	[itine'rario]
número (m)	numero (m)	['numero]
ir de ... (carro, etc.)	andare in ...	[an'dare in]
entrar no ...	salire su ...	[sa'lire su]
descer do ...	scendere da ...	['ʃendere da]

parada (f)	fermata (f)	[fer'mata]
próxima parada (f)	prossima fermata (f)	['prossima fer'mata]
terminal (m)	capolinea (m)	[kapo'linea]
horário (m)	orario (m)	[o'rario]
esperar (vt)	aspettare (vt)	[aspet'tare]

| passagem (f) | biglietto (m) | [biʎ'ʎetto] |
| tarifa (f) | prezzo (m) del biglietto | ['prettso del biʎ'ʎetto] |

bilheteiro (m)	cassiere (m)	[kas'sjere]
controle (m) de passagens	controllo (m) dei biglietti	[kon'trollo dei biʎ'ʎeti]
revisor (m)	bigliettaio (m)	[biʎʎet'tajo]

atrasar-se (vr)	essere in ritardo	['essere in ri'tardo]
perder (o autocarro, etc.)	perdere (vt)	['perdere]
estar com pressa	avere fretta	[a'vere 'fretta]

táxi (m)	taxi (m)	['taksi]
taxista (m)	taxista (m)	[ta'ksista]
de táxi (ir ~)	in taxi	[in 'taksi]
ponto (m) de táxis	parcheggio (m) di taxi	[par'kedʒo di 'taksi]
chamar um táxi	chiamare un taxi	[kja'mare un 'taksi]
pegar um táxi	prendere un taxi	['prendere un 'taksi]

tráfego (m)	traffico (m)	['traffiko]
engarrafamento (m)	ingorgo (m)	[in'gorgo]
horas (f pl) de pico	ore (f pl) di punta	['ore di 'punta]
estacionar (vi)	parcheggiarsi (vr)	[parke'dʒarsi]
estacionar (vt)	parcheggiare (vt)	[parke'dʒare]
parque (m) de estacionamento	parcheggio (m)	[par'kedʒo]

metrô (m)	metropolitana (f)	[metropoli'tana]
estação (f)	stazione (f)	[sta'tsjone]
ir de metrô	prendere la metropolitana	['prendere la metropoli'tana]
trem (m)	treno (m)	['treno]
estação (f) de trem	stazione (f) ferroviaria	[sta'tsjone ferro'vjaria]

82. Turismo

monumento (m)	monumento (m)	[monu'mento]
fortaleza (f)	fortezza (f)	[for'tettsa]
palácio (m)	palazzo (m)	[pa'lattso]
castelo (m)	castello (m)	[ka'stello]
torre (f)	torre (f)	['torre]
mausoléu (m)	mausoleo (m)	[mauzo'leo]

arquitetura (f)	architettura (f)	[arkitet'tura]
medieval (adj)	medievale	[medje'vale]
antigo (adj)	antico	[an'tiko]
nacional (adj)	nazionale	[natsio'nale]
famoso, conhecido (adj)	famoso	[fa'mozo]

| turista (m) | turista (m) | [tu'rista] |
| guia (pessoa) | guida (f) | ['gwida] |

excursão (f)	escursione (f)	[eskur'sjone]
mostrar (vt)	fare vedere	['fare ve'dere]
contar (vt)	raccontare (vt)	[rakkon'tare]

encontrar (vt)	trovare (vt)	[tro'vare]
perder-se (vr)	perdersi (vr)	['perdersi]
mapa (~ do metrô)	mappa (f)	['mappa]
mapa (~ da cidade)	piantina (f)	[pjan'tina]

lembrança (f), presente (m)	souvenir (m)	[suve'nir]
loja (f) de presentes	negozio (m) di articoli da regalo	[ne'gotsio di ar'tikoli da re'galo]
tirar fotos, fotografar	fare foto	['fare 'foto]
fotografar-se (vr)	fotografarsi	[fotogra'farsi]

83. Compras

comprar (vt)	comprare (vt)	[kom'prare]
compra (f)	acquisto (m)	[a'kwisto]
fazer compras	fare acquisti	['fare a'kwisti]
compras (f pl)	shopping (m)	['ʃopping]

| estar aberta (loja) | essere aperto | ['essere a'perto] |
| estar fechada | essere chiuso | ['essere 'kjuzo] |

calçado (m)	calzature (f pl)	[kaltsa'ture]
roupa (f)	abbigliamento (m)	[abbiʎʎa'mento]
cosméticos (m pl)	cosmetica (f)	[ko'zmetika]
alimentos (m pl)	alimentari (m pl)	[alimen'tari]
presente (m)	regalo (m)	[re'galo]

| vendedor (m) | commesso (m) | [kom'messo] |
| vendedora (f) | commessa (f) | [kom'messa] |

caixa (f)	cassa (f)	['kassa]
espelho (m)	specchio (m)	['spekkio]
balcão (m)	banco (m)	['banko]
provador (m)	camerino (m)	[kame'rino]

provar (vt)	provare (vt)	[pro'vare]
servir (roupa, caber)	stare bene	['stare 'bene]
gostar (apreciar)	piacere (vi)	[pja'tʃere]

preço (m)	prezzo (m)	['prettso]
etiqueta (f) de preço	etichetta (f) del prezzo	[eti'ketta del 'prettso]
custar (vt)	costare (vt)	[ko'stare]
Quanto?	Quanto?	['kwanto]
desconto (m)	sconto (m)	['skonto]

não caro (adj)	no muy caro	[no muj 'karo]
barato (adj)	a buon mercato	[a bu'on mer'kato]
caro (adj)	caro	['karo]
É caro	È caro	[e 'karo]
aluguel (m)	noleggio (m)	[no'ledʒo]

alugar (roupas, etc.)	noleggiare (vt)	[nole'dʒare]
crédito (m)	credito (m)	['kredito]
a crédito	a credito	[a 'kredito]

84. Dinheiro

dinheiro (m)	soldi (m pl)	['soldi]
câmbio (m)	cambio (m)	['kambio]
taxa (f) de câmbio	corso (m) di cambio	['korso di 'kambio]
caixa (m) eletrônico	bancomat (m)	['bankomat]
moeda (f)	moneta (f)	[mo'neta]

dólar (m)	dollaro (m)	['dollaro]
euro (m)	euro (m)	['euro]

lira (f)	lira (f)	['lira]
marco (m)	marco (m)	['marko]
franco (m)	franco (m)	['franko]
libra (f) esterlina	sterlina (f)	[ster'lina]
iene (m)	yen (m)	[jen]

dívida (f)	debito (m)	['debito]
devedor (m)	debitore (m)	[debi'tore]
emprestar (vt)	prestare (vt)	[pre'stare]
pedir emprestado	prendere in prestito	['prendere in 'prestito]

banco (m)	banca (f)	['banka]
conta (f)	conto (m)	['konto]
depositar na conta	versare sul conto	[ver'sare sul 'konto]
sacar (vt)	prelevare dal conto	[prele'vare dal 'konto]

cartão (m) de crédito	carta (f) di credito	['karta di 'kredito]
dinheiro (m) vivo	contanti (m pl)	[kon'tanti]
cheque (m)	assegno (m)	[as'seɲo]
passar um cheque	emettere un assegno	[e'mettere un as'seɲo]
talão (m) de cheques	libretto (m) di assegni	[li'bretto di as'seɲi]

carteira (f)	portafoglio (m)	[porta·'foʎʎo]
niqueleira (f)	borsellino (m)	[borsel'lino]
cofre (m)	cassaforte (f)	[kassa'forte]

herdeiro (m)	erede (m)	[e'rede]
herança (f)	eredità (f)	[eredi'ta]
fortuna (riqueza)	fortuna (f)	[for'tuna]

arrendamento (m)	affitto (m)	[af'fitto]
aluguel (pagar o ~)	affitto (m)	[af'fitto]
alugar (vt)	affittare (vt)	[affit'tare]

preço (m)	prezzo (m)	['prettso]
custo (m)	costo (m), prezzo (m)	['kosto], ['prettso]
soma (f)	somma (f)	['somma]
gastar (vt)	spendere (vt)	['spendere]
gastos (m pl)	spese (f pl)	['speze]

| economizar (vi) | economizzare (vi, vt) | [ekonomid'dzare] |
| econômico (adj) | economico | [eko'nomiko] |

pagar (vt)	pagare (vi, vt)	[pa'gare]
pagamento (m)	pagamento (m)	[paga'mento]
troco (m)	resto (m)	['resto]

imposto (m)	imposta (f)	[im'posta]
multa (f)	multa (f), ammenda (f)	['multa], [am'menda]
multar (vt)	multare (vt)	[mul'tare]

85. Correios. Serviço postal

agência (f) dos correios	posta (f), ufficio (m) postale	['posta], [uf'fitʃo po'stale]
correio (m)	posta (f)	['posta]
carteiro (m)	postino (m)	[po'stino]
horário (m)	orario (m) di apertura	[o'rario di aper'tura]

carta (f)	lettera (f)	['lettera]
carta (f) registada	raccomandata (f)	[rakkoman'data]
cartão (m) postal	cartolina (f)	[karto'lina]
telegrama (m)	telegramma (m)	[tele'gramma]
encomenda (f)	pacco (m) postale	['pakko po'stale]
transferência (f) de dinheiro	vaglia (m) postale	['vaʎʎa po'stale]

receber (vt)	ricevere (vt)	[ri'tʃevere]
enviar (vt)	spedire (vt)	[spe'dire]
envio (m)	invio (m)	[in'vio]

endereço (m)	indirizzo (m)	[indi'rittso]
código (m) postal	codice (m) postale	['koditʃe po'stale]
remetente (m)	mittente (m)	[mit'tente]
destinatário (m)	destinatario (m)	[destina'tario]

| nome (m) | nome (m) | ['nome] |
| sobrenome (m) | cognome (m) | [ko'ɲome] |

tarifa (f)	tariffa (f)	[ta'riffa]
ordinário (adj)	ordinario	[ordi'nario]
econômico (adj)	standard	['standar]

peso (m)	peso (m)	['pezo]
pesar (estabelecer o peso)	pesare (vt)	[pe'zare]
envelope (m)	busta (f)	['busta]
selo (m) postal	francobollo (m)	[franko'bollo]

Moradia. Casa. Lar

86. Casa. Habitação

casa (f)	casa (f)	['kaza]
em casa	a casa	[a 'kaza]
pátio (m), quintal (f)	cortile (m)	[kor'tile]
cerca, grade (f)	recinto (m)	[re'tʃinto]
tijolo (m)	mattone (m)	[mat'tone]
de tijolos	di mattoni	[di mat'toni]
pedra (f)	pietra (f)	['pjetra]
de pedra	di pietra	[di 'pjetra]
concreto (m)	beton (m)	[be'ton]
concreto (adj)	di beton	[di be'ton]
novo (adj)	nuovo	[nu'ovo]
velho (adj)	vecchio	['vekkio]
decrépito (adj)	fatiscente	[fati'ʃente]
moderno (adj)	moderno	[mo'derno]
de vários andares	a molti piani	[a 'molti 'pjani]
alto (adj)	alto	['alto]
andar (m)	piano (m)	['pjano]
de um andar	di un piano	[di un 'pjano]
térreo (m)	pianoterra (m)	[pjano'terra]
andar (m) de cima	ultimo piano (m)	['ultimo 'pjano]
telhado (m)	tetto (m)	['tetto]
chaminé (f)	ciminiera (f)	[tʃimi'njera]
telha (f)	tegola (f)	['tegola]
de telha	di tegole	[di 'tegole]
sótão (m)	soffitta (f)	[sof'fitta]
janela (f)	finestra (f)	[fi'nestra]
vidro (m)	vetro (m)	['vetro]
parapeito (m)	davanzale (m)	[davan'tsale]
persianas (f pl)	imposte (f pl)	[im'poste]
parede (f)	muro (m)	['muro]
varanda (f)	balcone (m)	[bal'kone]
calha (f)	tubo (m) pluviale	['tubo plu'vjale]
em cima	su, di sopra	[su], [di 'sopra]
subir (vi)	andare di sopra	[an'dare di 'sopra]
descer (vi)	scendere (vi)	['ʃendere]
mudar-se (vr)	trasferirsi (vr)	[trasfe'rirsi]

87. Casa. Entrada. Elevador

entrada (f)	entrata (f)	[en'trata]
escada (f)	scala (f)	['skala]
degraus (m pl)	gradini (m pl)	[gra'dini]
corrimão (m)	ringhiera (f)	[rin'gjera]
hall (m) de entrada	hall (f)	[oll]
caixa (f) de correio	cassetta (f) della posta	[kas'setta 'della 'posta]
lata (f) do lixo	secchio (m) della spazzatura	['sekkio 'della spattsa'tura]
calha (f) de lixo	scivolo (m) per la spazzatura	['ʃivolo per la spattsa'tura]
elevador (m)	ascensore (m)	[aʃen'sore]
elevador (m) de carga	montacarichi (m)	[monta'kariki]
cabine (f)	cabina (f) di ascensore	[ka'bina de aʃen'sore]
pegar o elevador	prendere l'ascensore	['prendere laʃen'sore]
apartamento (m)	appartamento (m)	[apparta'mento]
residentes (pl)	inquilini (m pl)	[inkwi'lini]
vizinho (m)	vicino (m)	[vi'tʃino]
vizinha (f)	vicina (f)	[vi'tʃina]
vizinhos (pl)	vicini (m pl)	[vi'tʃini]

88. Casa. Eletricidade

eletricidade (f)	elettricità (f)	[elettritʃi'ta]
lâmpada (f)	lampadina (f)	[lampa'dina]
interruptor (m)	interruttore (m)	[interrut'tore]
fusível, disjuntor (m)	fusibile (m)	[fu'zibile]
fio, cabo (m)	filo (m)	['filo]
instalação (f) elétrica	impianto (m) elettrico	[im'pjanto e'lettriko]
medidor (m) de eletricidade	contatore (m) dell'elettricità	[konta'tore dell elettritʃi'ta]
indicação (f), registro (m)	lettura, indicazione (f)	[let'tura], [indika'tsjone]

89. Casa. Portas. Fechaduras

porta (f)	porta (f)	['porta]
portão (m)	cancello (m)	[kan'tʃello]
maçaneta (f)	maniglia (f)	[ma'niʎʎa]
destrancar (vt)	togliere il catenaccio	['toʎʎere il kate'natʃo]
abrir (vt)	aprire (vt)	[a'prire]
fechar (vt)	chiudere (vt)	['kjudere]
chave (f)	chiave (f)	['kjave]
molho (m)	mazzo (m)	['mattso]
ranger (vi)	cigolare (vi)	[tʃigo'lare]
rangido (m)	cigolio (m)	[tʃigo'lio]
dobradiça (f)	cardine (m)	['kardine]
capacho (m)	zerbino (m)	[dzer'bino]
fechadura (f)	serratura (f)	[serra'tura]

buraco (m) da fechadura	buco (m) della serratura	['buko 'della serra'tura]
barra (f)	chiavistello (m)	[kjavi'stello]
fecho (ferrolho pequeno)	catenaccio (m)	[kate'natʃo]
cadeado (m)	lucchetto (m)	[luk'ketto]

tocar (vt)	suonare (vt)	[suo'nare]
toque (m)	suono (m)	[su'ono]
campainha (f)	campanello (m)	[kampa'nello]
botão (m)	pulsante (m)	[pul'sante]
batida (f)	bussata (f)	[bus'sata]
bater (vi)	bussare (vi)	[bus'sare]

código (m)	codice (m)	['koditʃe]
fechadura (f) de código	serratura (f) a codice	[serra'tura a 'koditʃe]
interfone (m)	citofono (m)	[tʃi'tofono]
número (m)	numero (m)	['numero]
placa (f) de porta	targhetta (f)	[tar'getta]
olho (m) mágico	spioncino (m)	[spion'tʃino]

90. Casa de campo

aldeia (f)	villaggio (m)	[vil'ladʒo]
horta (f)	orto (m)	['orto]
cerca (f)	recinto (m)	[re'tʃinto]
cerca (f) de piquete	steccato (m)	[stek'kato]
portão (f) do jardim	cancelletto (m)	[kantʃel'letto]

celeiro (m)	granaio (m)	[gra'najo]
adega (f)	cantina (f), scantinato (m)	[kan'tina], [skanti'nato]
galpão, barracão (m)	capanno (m)	[ka'panno]
poço (m)	pozzo (m)	['pottso]

fogão (m)	stufa (f)	['stufa]
atiçar o fogo	attizzare (vt)	[attid'dzare]
lenha (carvão ou ~)	legna (f) da ardere	['leɲa da 'ardere]
acha, lenha (f)	ciocco (m)	['tʃokko]

varanda (f)	veranda (f)	[ve'randa]
alpendre (m)	terrazza (f)	[ter'rattsa]
degraus (m pl) de entrada	scala (f) d'ingresso	['skala din'gresso]
balanço (m)	altalena (f)	[alta'lena]

91. Moradia. Mansão

casa (f) de campo	casa (f) di campagna	['kaza di kam'paɲa]
vila (f)	villa (f)	['villa]
ala (~ do edifício)	ala (f)	['ala]

jardim (m)	giardino (m)	[dʒar'dino]
parque (m)	parco (m)	['parko]
estufa (f)	serra (f)	['serra]
cuidar de ...	prendersi cura di	['prendersi 'kura di]

piscina (f)	piscina (f)	[pi'ʃina]
academia (f) de ginástica	palestra (f)	[pa'lestra]
quadra (f) de tênis	campo (m) da tennis	['kampo da 'tennis]
cinema (m)	home cinema (m)	['om 'tʃinema]
garagem (f)	garage (m)	[ga'raʒ]
propriedade (f) privada	proprietà (f) privata	[proprie'ta pri'vata]
terreno (m) privado	terreno (m) privato	[ter'reno pri'vato]
advertência (f)	avvertimento (m)	[avverti'mento]
sinal (m) de aviso	cartello (m) di avvertimento	['kartello di avverti'mento]
guarda (f)	sicurezza (f)	[siku'rettsa]
guarda (m)	guardia (f) giurata	['gwardia dʒu'rata]
alarme (m)	allarme (f) antifurto	[al'larme anti'furto]

92. Castelo. Palácio

castelo (m)	castello (m)	[ka'stello]
palácio (m)	palazzo (m)	[pa'lattso]
fortaleza (f)	fortezza (f)	[for'tettsa]
muralha (f)	muro (m)	['muro]
torre (f)	torre (f)	['torre]
calabouço (m)	torre (f) principale	['torre printʃi'pale]
grade (f) levadiça	saracinesca (f)	[saratʃi'neska]
passagem (f) subterrânea	tunnel (m)	['tunnel]
fosso (m)	fossato (m)	[fos'sato]
corrente, cadeia (f)	catena (f)	[ka'tena]
seteira (f)	feritoia (f)	[feri'toja]
magnífico (adj)	magnifico	[ma'ɲifiko]
majestoso (adj)	maestoso	[mae'stozo]
inexpugnável (adj)	inespugnabile	[inespu'ɲabile]
medieval (adj)	medievale	[medje'vale]

93. Apartamento

apartamento (m)	appartamento (m)	[apparta'mento]
quarto, cômodo (m)	camera (f), stanza (f)	['kamera], ['stantsa]
quarto (m) de dormir	camera (f) da letto	['kamera da 'letto]
sala (f) de jantar	sala (f) da pranzo	['sala da 'prantso]
sala (f) de estar	salotto (m)	[sa'lotto]
escritório (m)	studio (m)	['studio]
sala (f) de entrada	ingresso (m)	[in'gresso]
banheiro (m)	bagno (m)	['baɲo]
lavabo (m)	gabinetto (m)	[gabi'netto]
teto (m)	soffitto (m)	[sof'fitto]
chão, piso (m)	pavimento (m)	[pavi'mento]
canto (m)	angolo (m)	['angolo]

94. Apartamento. Limpeza

arrumar, limpar (vt)	pulire (vt)	[pu'lire]
guardar (no armário, etc.)	mettere via	['mettere 'via]
pó (m)	polvere (f)	['polvere]
empoeirado (adj)	impolverato	[impolve'rato]
tirar o pó	spolverare (vt)	[spolve'rare]
aspirador (m)	aspirapolvere (m)	[aspira·'polvere]
aspirar (vt)	passare l'aspirapolvere	[pas'sare laspira·'polvere]
varrer (vt)	spazzare (vi, vt)	[spat'tsare]
sujeira (f)	spazzatura (f)	[spattsa'tura]
arrumação, ordem (f)	ordine (m)	['ordine]
desordem (f)	disordine (m)	[di'sordine]
esfregão (m)	frettazzo (m)	[fret'tattso]
pano (m), trapo (m)	strofinaccio (m)	[strofi'natʃo]
vassoura (f)	scopa (f)	['skopa]
pá (f) de lixo	paletta (f)	[pa'letta]

95. Mobiliário. Interior

mobiliário (m)	mobili (m pl)	['mobili]
mesa (f)	tavolo (m)	['tavolo]
cadeira (f)	sedia (f)	['sedia]
cama (f)	letto (m)	['letto]
sofá, divã (m)	divano (m)	[di'vano]
poltrona (f)	poltrona (f)	[pol'trona]
estante (f)	libreria (f)	[libre'ria]
prateleira (f)	ripiano (m)	[ri'pjano]
guarda-roupas (m)	armadio (m)	[ar'madio]
cabide (m) de parede	attaccapanni (m) da parete	[attakka'panni da pa'rete]
cabideiro (m) de pé	appendiabiti (m) da terra	[apen'djabiti da terra]
cômoda (f)	comò (m)	[ko'mo]
mesinha (f) de centro	tavolino (m) da salotto	[tavo'lina da sa'lotto]
espelho (m)	specchio (m)	['spekkio]
tapete (m)	tappeto (m)	[tap'peto]
tapete (m) pequeno	tappetino (m)	[tappe'tino]
lareira (f)	camino (m)	[ka'mino]
vela (f)	candela (f)	[kan'dela]
castiçal (m)	candeliere (m)	[kande'ljere]
cortinas (f pl)	tende (f pl)	['tende]
papel (m) de parede	carta (f) da parati	['karta da pa'rati]
persianas (f pl)	tende (f pl) alla veneziana	['tende alla vene'tsjana]
luminária (f) de mesa	lampada (f) da tavolo	['lampada da 'tavolo]
luminária (f) de parede	lampada (f) da parete	['lampada da pa'rete]

abajur (m) de pé	lampada (f) a stelo	['lampada a 'stelo]
lustre (m)	lampadario (m)	[lampa'dario]
pé (de mesa, etc.)	gamba (f)	['gamba]
braço, descanso (m)	bracciolo (m)	['bratʃolo]
costas (f pl)	spalliera (f)	[spal'ljera]
gaveta (f)	cassetto (m)	[kas'setto]

96. Quarto de dormir

roupa (f) de cama	biancheria (f) da letto	[bjanke'ria da 'letto]
travesseiro (m)	cuscino (m)	[ku'ʃino]
fronha (f)	federa (f)	['federa]
cobertor (m)	coperta (f)	[ko'perta]
lençol (m)	lenzuolo (m)	[lentsu'olo]
colcha (f)	copriletto (m)	[kopri'letto]

97. Cozinha

cozinha (f)	cucina (f)	[ku'tʃina]
gás (m)	gas (m)	[gas]
fogão (m) a gás	fornello (m) a gas	[for'nello a gas]
fogão (m) elétrico	fornello (m) elettrico	[for'nello e'lettriko]
forno (m)	forno (m)	['forno]
forno (m) de micro-ondas	forno (m) a microonde	['forno a mikro'onde]
geladeira (f)	frigorifero (m)	[frigo'rifero]
congelador (m)	congelatore (m)	[kondʒela'tore]
máquina (f) de lavar louça	lavastoviglie (f)	[lavasto'viʎʎe]
moedor (m) de carne	tritacarne (m)	[trita'karne]
espremedor (m)	spremifrutta (m)	[spremi'frutta]
torradeira (f)	tostapane (m)	[tosta'pane]
batedeira (f)	mixer (m)	['mikser]
máquina (f) de café	macchina (f) da caffè	['makkina da kaf'fe]
cafeteira (f)	caffettiera (f)	[kaffet'tjera]
moedor (m) de café	macinacaffè (m)	[matʃinakaf'fe]
chaleira (f)	bollitore (m)	[bolli'tore]
bule (m)	teiera (f)	[te'jera]
tampa (f)	coperchio (m)	[ko'perkio]
coador (m) de chá	colino (m) da tè	[ko'lino da te]
colher (f)	cucchiaio (m)	[kuk'kjajo]
colher (f) de chá	cucchiaino (m) da tè	[kuk'kjajno da 'te]
colher (f) de sopa	cucchiaio (m)	[kuk'kjajo]
garfo (m)	forchetta (f)	[for'ketta]
faca (f)	coltello (m)	[kol'tello]
louça (f)	stoviglie (f pl)	[sto'viʎʎe]
prato (m)	piatto (m)	['pjatto]

pires (m)	piattino (m)	[pjat'tino]
cálice (m)	cicchetto (m)	[tʃik'ketto]
copo (m)	bicchiere (m)	[bik'kjere]
xícara (f)	tazzina (f)	[tat'tsina]
açucareiro (m)	zuccheriera (f)	[dzukke'rjera]
saleiro (m)	saliera (f)	[sa'ljera]
pimenteiro (m)	pepiera (f)	[pe'pjera]
manteigueira (f)	burriera (f)	[bur'rjera]
panela (f)	pentola (f)	['pentola]
frigideira (f)	padella (f)	[pa'della]
concha (f)	mestolo (m)	['mestolo]
coador (m)	colapasta (m)	[kola'pasta]
bandeja (f)	vassoio (m)	[vas'sojo]
garrafa (f)	bottiglia (f)	[bot'tiʎʎa]
pote (m) de vidro	barattolo (m) di vetro	[ba'rattolo di 'vetro]
lata (~ de cerveja)	latta (f), lattina (f)	['latta], [lat'tina]
abridor (m) de garrafa	apribottiglie (m)	[apribot'tiʎʎe]
abridor (m) de latas	apriscatole (m)	[apri'skatole]
saca-rolhas (m)	cavatappi (m)	[kava'tappi]
filtro (m)	filtro (m)	['filtro]
filtrar (vt)	filtrare (vt)	[fil'trare]
lixo (m)	spazzatura (f)	[spattsa'tura]
lixeira (f)	pattumiera (f)	[pattu'mjera]

98. Casa de banho

banheiro (m)	bagno (m)	['baɲo]
água (f)	acqua (f)	['akwa]
torneira (f)	rubinetto (m)	[rubi'netto]
água (f) quente	acqua (f) calda	['akwa 'kalda]
água (f) fria	acqua (f) fredda	['akwa 'fredda]
pasta (f) de dente	dentifricio (m)	[denti'fritʃo]
escovar os dentes	lavarsi i denti	[la'varsi i 'denti]
escova (f) de dente	spazzolino (m) da denti	[spatso'lino da 'denti]
barbear-se (vr)	rasarsi (vr)	[ra'zarsi]
espuma (f) de barbear	schiuma (f) da barba	['skjuma da 'barba]
gilete (f)	rasoio (m)	[ra'zojo]
lavar (vt)	lavare (vt)	[la'vare]
tomar banho	fare un bagno	['fare un 'baɲo]
chuveiro (m), ducha (f)	doccia (f)	['dotʃa]
tomar uma ducha	fare una doccia	['fare 'una 'dotʃa]
banheira (f)	vasca (f) da bagno	['vaska da 'baɲo]
vaso (m) sanitário	water (m)	['vater]
pia (f)	lavandino (m)	[lavan'dino]
sabonete (m)	sapone (m)	[sa'pone]

saboneteira (f)	porta (m) sapone	['porta sa'pone]
esponja (f)	spugna (f)	['spuɲa]
xampu (m)	shampoo (m)	['ʃampo]
toalha (f)	asciugamano (m)	[aʃuga'mano]
roupão (m) de banho	accappatoio (m)	[akkappa'tojo]
lavagem (f)	bucato (m)	[bu'kato]
lavadora (f) de roupas	lavatrice (f)	[lava'tritʃe]
lavar a roupa	fare il bucato	['fare il bu'kato]
detergente (m)	detersivo (m) per il bucato	[deter'sivo per il bu'kato]

99. Eletrodomésticos

televisor (m)	televisore (m)	[televi'zore]
gravador (m)	registratore (m) a nastro	[redʒistra'tore a 'nastro]
videogravador (m)	videoregistratore (m)	[video·redʒistra'tore]
rádio (m)	radio (f)	['radio]
leitor (m)	lettore (m)	[let'tore]
projetor (m)	videoproiettore (m)	[video·projet'tore]
cinema (m) em casa	home cinema (m)	['om 'tʃinema]
DVD Player (m)	lettore (m) DVD	[let'tore divu'di]
amplificador (m)	amplificatore (m)	[amplifika'tore]
console (f) de jogos	console (f) video giochi	['konsole 'video 'dʒoki]
câmera (f) de vídeo	videocamera (f)	[video·'kamera]
máquina (f) fotográfica	macchina (f) fotografica	['makkina foto'grafika]
câmera (f) digital	fotocamera (f) digitale	[foto'kamera didʒi'tale]
aspirador (m)	aspirapolvere (m)	[aspira·'polvere]
ferro (m) de passar	ferro (m) da stiro	['ferro da 'stiro]
tábua (f) de passar	asse (f) da stiro	['asse da 'stiro]
telefone (m)	telefono (m)	[te'lefono]
celular (m)	telefonino (m)	[telefo'nino]
máquina (f) de escrever	macchina (f) da scrivere	['makkina da 'skrivere]
máquina (f) de costura	macchina (f) da cucire	['makkina da ku'tʃire]
microfone (m)	microfono (m)	[mi'krofono]
fone (m) de ouvido	cuffia (f)	['kuffia]
controle remoto (m)	telecomando (m)	[teleko'mando]
CD (m)	CD (m)	[tʃi'di]
fita (f) cassete	cassetta (f)	[kas'setta]
disco (m) de vinil	disco (m)	['disko]

100. Reparações. Renovação

renovação (f)	lavori (m pl) di restauro	[la'vori di re'stauro]
renovar (vt), fazer obras	rinnovare (vt)	[rinno'vare]
reparar (vt)	riparare (vt)	[ripa'rare]
consertar (vt)	mettere in ordine	['mettere in 'ordine]

refazer (vt)	rifare (vt)	[ri'fare]
tinta (f)	vernice (f), pittura (f)	[ver'niʧe], [pit'tura]
pintar (vt)	pitturare (vt)	[pittu'rare]
pintor (m)	imbianchino (m)	[imbjaŋ'kino]
pincel (m)	pennello (m)	[pen'nello]
cal (f)	imbiancatura (f)	[imbjanka'tura]
caiar (vt)	imbiancare (vt)	[imbjan'kare]
papel (m) de parede	carta (f) da parati	['karta da pa'rati]
colocar papel de parede	tappezzare (vt)	[tappet'tsare]
verniz (m)	vernice (f)	[ver'niʧe]
envernizar (vt)	verniciare (vt)	[verni'ʧare]

101. Canalizações

água (f)	acqua (f)	['akwa]
água (f) quente	acqua (f) calda	['akwa 'kalda]
água (f) fria	acqua (f) fredda	['akwa 'fredda]
torneira (f)	rubinetto (m)	[rubi'netto]
gota (f)	goccia (f)	['goʧa]
gotejar (vi)	gocciolare (vi)	[goʧo'lare]
vazar (vt)	perdere (vi)	['perdere]
vazamento (m)	perdita (f)	['perdita]
poça (f)	pozza (f)	['pottsa]
tubo (m)	tubo (m)	['tubo]
válvula (f)	valvola (f)	['valvola]
entupir-se (vr)	intasarsi (vr)	[inta'zarsi]
ferramentas (f pl)	strumenti (m pl)	[stru'menti]
chave (f) inglesa	chiave (f) inglese	['kjave in'gleze]
desenroscar (vt)	svitare (vt)	[zvi'tare]
enroscar (vt)	avvitare (vt)	[avvi'tare]
desentupir (vt)	stasare (vt)	[sta'zare]
encanador (m)	idraulico (m)	[i'drauliko]
porão (m)	seminterrato (m)	[seminter'rato]
rede (f) de esgotos	fognatura (f)	[foɲa'tura]

102. Fogo. Deflagração

incêndio (m)	fuoco (m)	[fu'oko]
chama (f)	fiamma (f)	['fjamma]
faísca (f)	scintilla (f)	[ʃin'tilla]
fumaça (f)	fumo (m)	['fumo]
tocha (f)	fiaccola (f)	['fjakkola]
fogueira (f)	falò (m)	[fa'lo]
gasolina (f)	benzina (f)	[ben'dzina]
querosene (m)	cherosene (m)	[kero'zene]

inflamável (adj)	combustibile	[kombu'stibile]
explosivo (adj)	esplosivo	[esplo'zivo]
PROIBIDO FUMAR!	VIETATO FUMARE!	[vje'tato fu'mare]
segurança (f)	sicurezza (f)	[siku'rettsa]
perigo (m)	pericolo (m)	[pe'rikolo]
perigoso (adj)	pericoloso	[periko'lozo]
incendiar-se (vr)	prendere fuoco	['prendere fu'oko]
explosão (f)	esplosione (f)	[esplo'zjone]
incendiar (vt)	incendiare (vt)	[intʃen'djare]
incendiário (m)	incendiario (m)	[intʃen'djario]
incêndio (m) criminoso	incendio (m) doloso	[in'tʃendio do'lozo]
flamejar (vi)	divampare (vi)	[divam'pare]
queimar (vi)	bruciare (vi)	[bru'tʃare]
queimar tudo (vi)	bruciarsi (vr)	[bru'tʃarsi]
chamar os bombeiros	chiamare i pompieri	[kja'mare i pom'pjeri]
bombeiro (m)	pompiere (m)	[pom'pjere]
caminhão (m) de bombeiros	autopompa (f)	[auto'pompa]
corpo (m) de bombeiros	corpo (m) dei pompieri	['korpo dei pom'pjeri]
escada (f) extensível	autoscala (f) da pompieri	[auto'skala da pom'pjeri]
mangueira (f)	manichetta (f)	[mani'ketta]
extintor (m)	estintore (m)	[estin'tore]
capacete (m)	casco (m)	['kasko]
sirene (f)	sirena (f)	[si'rena]
gritar (vi)	gridare (vi)	[gri'dare]
chamar por socorro	chiamare in aiuto	[kja'mare in a'juto]
socorrista (m)	soccorritore (m)	[sokkorri'tore]
salvar, resgatar (vt)	salvare (vt)	[sal'vare]
chegar (vi)	arrivare (vi)	[arri'vare]
apagar (vt)	spegnere (vt)	['speɲere]
água (f)	acqua (f)	['akwa]
areia (f)	sabbia (f)	['sabbia]
ruínas (f pl)	rovine (f pl)	[ro'vine]
ruir (vi)	crollare (vi)	[krol'lare]
desmoronar (vi)	cadere (vi)	[ka'dere]
desabar (vi)	collassare (vi)	[kolla'sare]
fragmento (m)	frammento (m)	[fram'mento]
cinza (f)	cenere (f)	['tʃenere]
sufocar (vi)	asfissiare (vi)	[asfis'sjare]
perecer (vi)	morire, perire (vi)	[mo'rire], [pe'rire]

ATIVIDADES HUMANAS

Emprego. Negócios. Parte 1

103. Escritório. O trabalho no escritório

escritório (~ de advogados)	ufficio (m)	[uf'fitʃo]
escritório (do diretor, etc.)	ufficio (m)	[uf'fitʃo]
recepção (f)	portineria (f)	[portine'ria]
secretário (m)	segretario (m)	[segre'tario]
secretária (f)	segretaria (f)	[segre'taria]
diretor (m)	direttore (m)	[diret'tore]
gerente (m)	manager (m)	['menedʒer]
contador (m)	contabile (m)	[kon'tabile]
empregado (m)	impiegato (m)	[impje'gato]
mobiliário (m)	mobili (m pl)	['mobili]
mesa (f)	scrivania (f)	[skriva'nia]
cadeira (f)	poltrona (f)	[pol'trona]
gaveteiro (m)	cassettiera (f)	[kasset'tjera]
cabideiro (m) de pé	appendiabiti (m) da terra	[apen'djabiti da terra]
computador (m)	computer (m)	[kom'pjuter]
impressora (f)	stampante (f)	[stam'pante]
fax (m)	fax (m)	[faks]
fotocopiadora (f)	fotocopiatrice (f)	[fotokopja'tritʃe]
papel (m)	carta (f)	['karta]
artigos (m pl) de escritório	cancelleria (f)	[kantʃelle'ria]
tapete (m) para mouse	tappetino (m) del mouse	[tappe'tino del 'maus]
folha (f)	foglio (m)	['foλλo]
pasta (f)	cartella (f)	[kar'tella]
catálogo (m)	catalogo (m)	[ka'talogo]
lista (f) telefônica	elenco (m) del telefono	[e'lenko del te'lefono]
documentação (f)	documentazione (f)	[dokumenta'tsjone]
brochura (f)	opuscolo (m)	[o'puskolo]
panfleto (m)	volantino (m)	[volan'tino]
amostra (f)	campione (m)	[kam'pjone]
formação (f)	formazione (f)	[forma'tsjone]
reunião (f)	riunione (f)	[riu'njone]
hora (f) de almoço	pausa (f) pranzo	['pauza 'prantso]
fazer uma cópia	copiare (vt)	[ko'pjare]
tirar cópias	fare copie	['fare 'kopje]
receber um fax	ricevere un fax	[ri'tʃevere un faks]
enviar um fax	spedire un fax	[spe'dire un faks]

fazer uma chamada	telefonare (vi, vt)	[telefo'nare]
responder (vt)	rispondere (vi, vt)	[ris'pondere]
passar (vt)	passare (vt)	[pas'sare]

marcar (vt)	fissare (vt)	[fis'sare]
demonstrar (vt)	dimostrare (vt)	[dimo'strare]
estar ausente	essere assente	['essere as'sente]
ausência (f)	assenza (f)	[as'sentsa]

104. Processos negociais. Parte 1

ocupação (f)	occupazione (f)	[okkupa'tsjone]
firma, empresa (f)	ditta (f)	['ditta]
companhia (f)	compagnia (f)	[kompa'ɲia]
corporação (f)	corporazione (f)	[korpora'tsjone]
empresa (f)	impresa (f)	[im'preza]
agência (f)	agenzia (f)	[adʒen'tsia]

acordo (documento)	accordo (m)	[ak'kordo]
contrato (m)	contratto (m)	[kon'tratto]
acordo (transação)	affare (m)	[af'fare]
pedido (m)	ordine (m)	['ordine]
termos (m pl)	termine (m) dell'accordo	['termine dell ak'kordo]

por atacado	all'ingrosso	[all in'grosso]
por atacado (adj)	all'ingrosso	[all in'grosso]
venda (f) por atacado	vendita (f) all'ingrosso	['vendita all in'grosso]
a varejo	al dettaglio	[al det'taʎʎo]
venda (f) a varejo	vendita (f) al dettaglio	['vendita al det'taʎʎo]

concorrente (m)	concorrente (m)	[konkor'rente]
concorrência (f)	concorrenza (f)	[konkor'rentsa]
competir (vi)	competere (vi)	[kom'petere]

| sócio (m) | socio (m), partner (m) | ['sotʃo], ['partner] |
| parceria (f) | partenariato (m) | [partena'rjato] |

crise (f)	crisi (f)	['krizi]
falência (f)	bancarotta (f)	[banka'rotta]
entrar em falência	fallire (vi)	[fal'lire]
dificuldade (f)	difficoltà (f)	[diffikol'ta]
problema (m)	problema (m)	[pro'blema]
catástrofe (f)	disastro (m)	[di'zastro]

economia (f)	economia (f)	[ekono'mia]
econômico (adj)	economico	[eko'nomiko]
recessão (f) econômica	recessione (f) economica	[retʃes'sjone eko'nomika]

| objetivo (m) | scopo (m), obiettivo (m) | ['skopo], [objet'tivo] |
| tarefa (f) | incarico (m) | [in'kariko] |

comerciar (vi, vt)	commerciare (vi)	[kommer'tʃare]
rede (de distribuição)	rete (f)	['rete]
estoque (m)	giacenza (f)	[dʒia'tʃentsa]

sortimento (m)	assortimento (m)	[assorti'mento]
líder (m)	leader (m), capo (m)	['lider], ['kapo]
grande (~ empresa)	grande	['grande]
monopólio (m)	monopolio (m)	[mono'polio]

teoria (f)	teoria (f)	[teo'ria]
prática (f)	pratica (f)	['pratika]
experiência (f)	esperienza (f)	[espe'rjentsa]
tendência (f)	tendenza (f)	[ten'dentsa]
desenvolvimento (m)	sviluppo (m)	[zvi'luppo]

105. Processos negociais. Parte 2

| rentabilidade (f) | profitto (m) | [pro'fitto] |
| rentável (adj) | profittevole | [profit'tevole] |

delegação (f)	delegazione (f)	[delega'tsjone]
salário, ordenado (m)	stipendio (m)	[sti'pendio]
corrigir (~ um erro)	correggere (vt)	[kor'redʒere]
viagem (f) de negócios	viaggio (m) d'affari	['vjadʒo daf'fari]
comissão (f)	commissione (f)	[kommi'sjone]

controlar (vt)	controllare (vt)	[kontrol'lare]
conferência (f)	conferenza (f)	[konfe'rentsa]
licença (f)	licenza (f)	[li'ʧentsa]
confiável (adj)	affidabile	[affi'dabile]

empreendimento (m)	iniziativa (f)	[initsja'tiva]
norma (f)	norma (f)	['norma]
circunstância (f)	circostanza (f)	[ʧirko'stantsa]
dever (do empregado)	mansione (f)	[man'sjone]

empresa (f)	impresa (f)	[im'preza]
organização (f)	organizzazione (f)	[organiddza'tsjone]
organizado (adj)	organizzato	[organid'dzato]
anulação (f)	annullamento (m)	[annulla'mento]
anular, cancelar (vt)	annullare (vt)	[annul'lare]
relatório (m)	rapporto (m)	[rap'porto]

patente (f)	brevetto (m)	[bre'vetto]
patentear (vt)	brevettare (vt)	[brevet'tare]
planejar (vt)	pianificare (vt)	[pjanifi'kare]

bônus (m)	premio (m)	['premio]
profissional (adj)	professionale	[professjo'nale]
procedimento (m)	procedura (f)	[proʧe'dura]

examinar (~ a questão)	esaminare (vt)	[ezami'nare]
cálculo (m)	calcolo (m)	['kalkolo]
reputação (f)	reputazione (f)	[reputa'tsjone]
risco (m)	rischio (m)	['riskio]

| dirigir (~ uma empresa) | dirigere (vt) | [di'ridʒere] |
| informação (f) | informazioni (f pl) | [informa'tsjoni] |

propriedade (f)	proprietà (f)	[proprie'ta]
união (f)	unione (f)	[uni'one]
seguro (m) de vida	assicurazione (f) sulla vita	[assikura'tsjone 'sulla 'vita]
fazer um seguro	assicurare (vt)	[assiku'rare]
seguro (m)	assicurazione (f)	[assikura'tsjone]
leilão (m)	asta (f)	['asta]
notificar (vt)	avvisare (vt)	[avvi'zare]
gestão (f)	gestione (f)	[dʒes'tjone]
serviço (indústria de ~s)	servizio (m)	[ser'vitsio]
fórum (m)	forum (m)	['forum]
funcionar (vi)	funzionare (vi)	[funtsjo'nare]
estágio (m)	stadio (m)	['stadio]
jurídico, legal (adj)	giuridico	[dʒu'ridiko]
advogado (m)	esperto (m) legale	[e'sperto le'gale]

106. Produção. Trabalhos

usina (f)	stabilimento (m)	[stabili'mento]
fábrica (f)	fabbrica (f)	['fabbrika]
oficina (f)	officina (f) di produzione	[offi'tʃina di produ'tsjone]
local (m) de produção	stabilimento (m)	[stabili'mento]
indústria (f)	industria (f)	[in'dustria]
industrial (adj)	industriale	[industri'ale]
indústria (f) pesada	industria (f) pesante	[in'dustria pe'zante]
indústria (f) ligeira	industria (f) leggera	[in'dustria le'dʒera]
produção (f)	prodotti (m pl)	[pro'dotti]
produzir (vt)	produrre (vt)	[pro'durre]
matérias-primas (f pl)	materia (f) prima	[ma'teria 'prima]
chefe (m) de obras	caposquadra (m)	[kapo'skwadra]
equipe (f)	squadra (f)	['skwadra]
operário (m)	operaio (m)	[ope'rajo]
dia (m) de trabalho	giorno (m) lavorativo	['dʒorno lavora'tivo]
intervalo (m)	pausa (f)	['pauza]
reunião (f)	riunione (f)	[riu'njone]
discutir (vt)	discutere (vt)	[di'skutere]
plano (m)	piano (m)	['pjano]
cumprir o plano	eseguire il piano	[eze'gwire il 'pjano]
taxa (f) de produção	tasso (m) di produzione	['tasso di produ'tsjone]
qualidade (f)	qualità (f)	[kwali'ta]
controle (m)	controllo (m)	[kon'trollo]
controle (m) da qualidade	controllo (m) di qualità	[kon'trollo di kwali'ta]
segurança (f) no trabalho	sicurezza (f) sul lavoro	[siku'rettsa sul la'voro]
disciplina (f)	disciplina (f)	[diʃi'plina]
infração (f)	infrazione (f)	[infra'tsjone]
violar (as regras)	violare (vt)	[vio'lare]

greve (f)	sciopero (m)	['ʃopero]
grevista (m)	scioperante (m)	[ʃope'rante]
estar em greve	fare sciopero	['fare 'ʃopero]
sindicato (m)	sindacato (m)	[sinda'kato]

inventar (vt)	inventare (vt)	[inven'tare]
invenção (f)	invenzione (f)	[inven'tsjone]
pesquisa (f)	ricerca (f)	[ri'tʃerka]
melhorar (vt)	migliorare (vt)	[miʎʎo'rare]
tecnologia (f)	tecnologia (f)	[teknolo'dʒia]
desenho (m) técnico	disegno (m) tecnico	[di'zeɲo 'tekniko]

carga (f)	carico (m)	['kariko]
carregador (m)	caricatore (m)	[karika'tore]
carregar (o caminhão, etc.)	caricare (vt)	[kari'kare]
carregamento (m)	caricamento (m)	[karika'mento]
descarregar (vt)	scaricare (vt)	[skari'kare]
descarga (f)	scarico (m)	['skariko]

transporte (m)	trasporto (m)	[tras'porto]
companhia (f) de transporte	società (f) di trasporti	[sotʃe'ta di tras'porti]
transportar (vt)	trasportare (vt)	[traspor'tare]

vagão (m) de carga	vagone (m) merci	[va'gone 'mertʃi]
tanque (m)	cisterna (f)	[tʃi'sterna]
caminhão (m)	camion (m)	['kamjon]

máquina (f) operatriz	macchina (f) utensile	['makkina u'tensile]
mecanismo (m)	meccanismo (m)	[mekka'nizmo]

resíduos (m pl) industriais	rifiuti (m pl) industriali	[ri'fjuti industri'ali]
embalagem (f)	imballaggio (m)	[imbal'ladʒo]
embalar (vt)	imballare (vt)	[imbal'lare]

107. Contrato. Acordo

contrato (m)	contratto (m)	[kon'tratto]
acordo (m)	accordo (m)	[ak'kordo]
adendo, anexo (m)	allegato (m)	[alle'gato]

assinar o contrato	firmare un contratto	[fir'mare un kon'tratto]
assinatura (f)	firma (f)	['firma]
assinar (vt)	firmare (vt)	[fir'mare]
carimbo (m)	timbro (m)	['timbro]

objeto (m) do contrato	oggetto (m) del contratto	[o'dʒetto del kon'tratto]
cláusula (f)	clausola (f)	['klauzola]
partes (f pl)	parti (f pl)	['parti]
domicílio (m) legal	sede (f) legale	['sede le'gale]

violar o contrato	sciogliere un contratto	['ʃoʎʎere un kon'tratto]
obrigação (f)	obbligo (m)	['obbligo]
responsabilidade (f)	responsabilità (f)	[responsabili'ta]
força (f) maior	forza (f) maggiore	['fortsa ma'dʒore]

litígio (m), disputa (f) discussione (f) [diskus'sjone]
multas (f pl) sanzioni (f pl) [san'tsjoni]

108. Importação & Exportação

importação (f)	importazione (f)	[importa'tsjone]
importador (m)	importatore (m)	[importa'tore]
importar (vt)	importare (vt)	[impor'tare]
de importação	d'importazione	[dimporta'tsjone]
exportação (f)	esportazione (f)	[esporta'tsjone]
exportador (m)	esportatore (m)	[esporta'tore]
exportar (vt)	esportare (vt)	[espor'tare]
de exportação	d'esportazione	[desporta'tsjone]
mercadoria (f)	merce (f)	['mertʃe]
lote (de mercadorias)	carico (m)	['kariko]
peso (m)	peso (m)	['pezo]
volume (m)	volume (m)	[vo'lume]
metro (m) cúbico	metro (m) cubo	['metro 'kubo]
produtor (m)	produttore (m)	[produt'tore]
companhia (f) de transporte	società (f) di trasporti	[sotʃe'ta di tras'porti]
contêiner (m)	container (m)	[kon'tejner]
fronteira (f)	frontiera (f)	[fron'tjera]
alfândega (f)	dogana (f)	[do'gana]
taxa (f) alfandegária	dazio (m) doganale	['datsio doga'nale]
funcionário (m) da alfândega	doganiere (m)	[doga'njere]
contrabando (atividade)	contrabbando (m)	[kontrab'bando]
contrabando (produtos)	merci (f pl) contrabbandate	['mertʃi kontrabban'date]

109. Finanças

ação (f)	azione (f)	[a'tsjone]
obrigação (f)	obbligazione (f)	[obbliga'tsjone]
nota (f) promissória	cambiale (f)	[kam'bjale]
bolsa (f) de valores	borsa (f)	['borsa]
cotação (m) das ações	quotazione (f)	[kwota'tsjone]
tornar-se mais barato	diminuire di prezzo	[diminu'ire di 'prettso]
tornar-se mais caro	aumentare di prezzo	[aumen'tare di 'prettso]
parte (f)	quota (f)	['kwota]
participação (f) majoritária	pacchetto (m) di maggioranza	[pak'ketto di madʒo'rantsa]
investimento (m)	investimento (m)	[investi'mento]
investir (vt)	investire (vt)	[inve'stire]
porcentagem (f)	percento (m)	[per'tʃento]

juros (m pl)	interessi (m pl)	[inte'ressi]
lucro (m)	profitto (m)	[pro'fitto]
lucrativo (adj)	redditizio	[redi'titsio]
imposto (m)	imposta (f)	[im'posta]

divisa (f)	valuta (f)	[va'luta]
nacional (adj)	nazionale	[natsio'nale]
câmbio (m)	cambio (m)	['kambio]

| contador (m) | contabile (m) | [kon'tabile] |
| contabilidade (f) | ufficio (m) contabilità | [uf'fitʃo kontabili'ta] |

falência (f)	bancarotta (f)	[banka'rotta]
falência, quebra (f)	fallimento (m)	[falli'mento]
ruína (f)	rovina (f)	[ro'vina]
estar quebrado	andare in rovina	[an'dare in ro'vina]
inflação (f)	inflazione (f)	[infla'tsjone]
desvalorização (f)	svalutazione (f)	[zvaluta'tsjone]

capital (m)	capitale (m)	[kapi'tale]
rendimento (m)	reddito (m)	['reddito]
volume (m) de negócios	giro (m) di affari	['dʒiro di af'fari]
recursos (m pl)	risorse (f pl)	[ri'sorse]
recursos (m pl) financeiros	mezzi (m pl) finanziari	['meddzi finan'tsjari]

| despesas (f pl) gerais | spese (f pl) generali | ['speze dʒene'rali] |
| reduzir (vt) | ridurre (vt) | [ri'durre] |

110. Marketing

marketing (m)	marketing (m)	['marketing]
mercado (m)	mercato (m)	[mer'kato]
segmento (m) do mercado	segmento (m) di mercato	[seg'mento di mer'kato]
produto (m)	prodotto (m)	[pro'dotto]
mercadoria (f)	merce (f)	['mertʃe]

marca (f)	brand (m)	[brend]
marca (f) registrada	marchio (m) di fabbrica	['markio di 'fabbrika]
logotipo (m)	logotipo (m)	[logo'tipo]
logo (m)	logo (m)	[logo]

demanda (f)	domanda (f)	[do'manda]
oferta (f)	offerta (f)	[of'ferta]
necessidade (f)	bisogno (m)	[bi'zoɲo]
consumidor (m)	consumatore (m)	[konsuma'tore]

análise (f)	analisi (f)	[a'nalizi]
analisar (vt)	analizzare (vt)	[analid'dzare]
posicionamento (m)	posizionamento (m)	[pozitsjona'mento]
posicionar (vt)	posizionare (vt)	[pozitsjo'nare]

preço (m)	prezzo (m)	['prettso]
política (f) de preços	politica (f) dei prezzi	[po'litika 'dei 'prettsi]
formação (f) de preços	determinazione (f) dei prezzi	[determina'tsjone del 'prettsi]

111. Publicidade

publicidade (f)	pubblicità (f)	[pubbliˈtʃita]
fazer publicidade	pubblicizzare (vt)	[pubblitʃidˈdzare]
orçamento (m)	bilancio (m)	[biˈlantʃo]

anúncio (m)	annuncio (m)	[anˈnuntʃo]
publicidade (f) na TV	pubblicità (f) televisiva	[pubbliˈtʃita televiˈziva]
publicidade (f) na rádio	pubblicità (f) radiofonica	[pubbliˈtʃita radioˈfonika]
publicidade (f) exterior	pubblicità (f) esterna	[pubbliˈtʃita esˈterna]

comunicação (f) de massa	mass media (m pl)	[mass ˈmedia]
periódico (m)	periodico (m)	[peˈrjodiko]
imagem (f)	immagine (f)	[imˈmadʒine]

slogan (m)	slogan (m)	[zlogan]
mote (m), lema (f)	motto (m)	[ˈmotto]

campanha (f)	campagna (f)	[kamˈpaɲa]
campanha (f) publicitária	campagna (f) pubblicitaria	[kamˈpaɲa pubblitʃiˈtaria]
grupo (m) alvo	gruppo (m) di riferimento	[ˈgruppo de riferiˈmento]

cartão (m) de visita	biglietto (m) da visita	[biʎˈʎetto da ˈvizita]
panfleto (m)	volantino (m)	[volanˈtino]
brochura (f)	opuscolo (m)	[oˈpuskolo]
folheto (m)	pieghevole (m)	[pjeˈgevole]
boletim (~ informativo)	bollettino (m)	[bolletˈtino]

letreiro (m)	insegna (f)	[inˈseɲa]
cartaz, pôster (m)	cartellone (m)	[kartelˈlone]
painel (m) publicitário	tabellone (m) pubblicitario	[tabelˈlone pubblitʃiˈtario]

112. Banca

banco (m)	banca (f)	[ˈbanka]
balcão (f)	filiale (f)	[fiˈljale]

consultor (m) bancário	consulente (m)	[konsuˈlente]
gerente (m)	direttore (m)	[diretˈtore]

conta (f)	conto (m) bancario	[ˈkonto banˈkario]
número (m) da conta	numero (m) del conto	[ˈnumero del ˈkonto]
conta (f) corrente	conto (m) corrente	[ˈkonto korˈrente]
conta (f) poupança	conto (m) di risparmio	[ˈkonto di risˈparmio]

abrir uma conta	aprire un conto	[aˈprire un ˈkonto]
fechar uma conta	chiudere il conto	[ˈkjudere il ˈkonto]
depositar na conta	versare sul conto	[verˈsare sul ˈkonto]
sacar (vt)	prelevare dal conto	[preleˈvare dal ˈkonto]

depósito (m)	deposito (m)	[deˈpozito]
fazer um depósito	depositare (vt)	[depoziˈtare]
transferência (f) bancária	trasferimento (m) telegrafico	[trasferiˈmento teleˈgrafiko]

transferir (vt)	rimettere i soldi	[ri'mettere i 'soldi]
soma (f)	somma (f)	['somma]
Quanto?	Quanto?	['kwanto]

| assinatura (f) | firma (f) | ['firma] |
| assinar (vt) | firmare (vt) | [fir'mare] |

cartão (m) de crédito	carta (f) di credito	['karta di 'kredito]
senha (f)	codice (m)	['koditʃe]
número (m) do cartão de crédito	numero (m) della carta di credito	['numero 'della 'karta di 'kredito]
caixa (m) eletrônico	bancomat (m)	['bankomat]

cheque (m)	assegno (m)	[as'seɲo]
passar um cheque	emettere un assegno	[e'mettere un as'seɲo]
talão (m) de cheques	libretto (m) di assegni	[li'bretto di as'seɲi]

empréstimo (m)	prestito (m)	['prestito]
pedir um empréstimo	fare domanda per un prestito	['fare do'manda per un 'prestito]
obter empréstimo	ottenere un prestito	[otte'nere un 'prestito]
dar um empréstimo	concedere un prestito	[kon'tʃedere un 'prestito]
garantia (f)	garanzia (f)	[garan'tsia]

113. Telefone. Conversação telefônica

telefone (m)	telefono (m)	[te'lefono]
celular (m)	telefonino (m)	[telefo'nino]
secretária (f) eletrônica	segreteria (f) telefonica	[segrete'ria tele'fonika]

| fazer uma chamada | telefonare (vi, vt) | [telefo'nare] |
| chamada (f) | chiamata (f) | [kja'mata] |

discar um número	comporre un numero	[kom'porre un 'numero]
Alô!	Pronto!	['pronto]
perguntar (vt)	chiedere, domandare	['kjedere], [doman'dare]
responder (vt)	rispondere (vi, vt)	[ris'pondere]

ouvir (vt)	udire, sentire (vt)	[u'dire], [sen'tire]
bem	bene	['bene]
mal	male	['male]
ruído (m)	disturbi (m pl)	[di'sturbi]

fone (m)	cornetta (f)	[kor'netta]
pegar o telefone	alzare la cornetta	[al'tsare la kor'netta]
desligar (vi)	riattaccare la cornetta	[riattak'kare la kor'netta]

ocupado (adj)	occupato	[okku'pato]
tocar (vi)	squillare (vi)	[skwil'lare]
lista (f) telefônica	elenco (m) telefonico	[e'lenko tele'foniko]

local (adj)	locale	[lo'kale]
chamada (f) local	chiamata (f) locale	[kja'mata lo'kale]
de longa distância	interurbano	[interur'bano]

chamada (f) de longa distância	chiamata (f) interurbana	[kja'mata interur'bana]
internacional (adj)	internazionale	[internatsjo'nale]
chamada (f) internacional	chiamata (f) internazionale	[kja'mata internatsjo'nale]

114. Telefone móvel

celular (m)	telefonino (m)	[telefo'nino]
tela (f)	schermo (m)	['skermo]
botão (m)	tasto (m)	['tasto]
cartão SIM (m)	scheda SIM (f)	['skeda 'sim]
bateria (f)	pila (f)	['pila]
descarregar-se (vr)	essere scarico	['essere 'skariko]
carregador (m)	caricabatteria (m)	[karika·batte'ria]
menu (m)	menù (m)	[me'nu]
configurações (f pl)	impostazioni (f pl)	[imposta'tsjoni]
melodia (f)	melodia (f)	[melo'dia]
escolher (vt)	scegliere (vt)	['ʃeʎʎere]
calculadora (f)	calcolatrice (f)	[kalkola'tritʃe]
correio (m) de voz	segreteria (f) telefonica	[segrete'ria tele'fonika]
despertador (m)	sveglia (f)	['zveʎʎa]
contatos (m pl)	contatti (m pl)	[kon'tatti]
mensagem (f) de texto	messaggio (m) SMS	[mes'sadʒo ese'mese]
assinante (m)	abbonato (m)	[abbo'nato]

115. Estacionário

caneta (f)	penna (f) a sfera	[penna a 'sfera]
caneta (f) tinteiro	penna (f) stilografica	['penna stilo'grafika]
lápis (m)	matita (f)	[ma'tita]
marcador (m) de texto	evidenziatore (m)	[evidentsja'tore]
caneta (f) hidrográfica	pennarello (m)	[penna'rello]
bloco (m) de notas	taccuino (m)	[tak'kwino]
agenda (f)	agenda (f)	[a'dʒenda]
régua (f)	righello (m)	[ri'gello]
calculadora (f)	calcolatrice (f)	[kalkola'tritʃe]
borracha (f)	gomma (f) per cancellare	['gomma per kantʃel'lare]
alfinete (m)	puntina (f)	[pun'tina]
clipe (m)	graffetta (f)	[graf'fetta]
cola (f)	colla (f)	['kolla]
grampeador (m)	pinzatrice (f)	[pintsa'tritʃe]
furador (m) de papel	perforatrice (f)	[perfora'tritʃe]
apontador (m)	temperamatite (m)	[temperama'tite]

116. Vários tipos de documentos

relatório (m)	resoconto (m)	[rezo'konto]
acordo (m)	accordo (m)	[ak'kordo]
ficha (f) de inscrição	modulo (m) di richiesta	['modulo di ri'kjesta]
autêntico (adj)	autentico	[au'tentiko]
crachá (m)	tesserino (m)	[tesse'rino]
cartão (m) de visita	biglietto (m) da visita	[biʎ'ʎetto da 'vizita]
certificado (m)	certificato (m)	[tʃertifi'kato]
cheque (m)	assegno (m)	[as'seɲo]
conta (f)	conto (m)	['konto]
constituição (f)	costituzione (f)	[kostitu'tsjone]
contrato (m)	contratto (m)	[kon'tratto]
cópia (f)	copia (f)	['kopia]
exemplar (~ assinado)	copia (f)	['kopia]
declaração (f) alfandegária	dichiarazione (f)	[dikjara'tsjone]
documento (m)	documento (m)	[doku'mento]
carteira (f) de motorista	patente (f) di guida	[pa'tente di 'gwida]
adendo, anexo (m)	allegato (m)	[alle'gato]
questionário (m)	modulo (m)	['modulo]
carteira (f) de identidade	carta (f) d'identità	['karta didenti'ta]
inquérito (m)	richiesta (f) di informazioni	[ri'kjesta di informa'tsjoni]
convite (m)	biglietto (m) d'invito	[biʎ'ʎetto din'vito]
fatura (f)	fattura (f)	[fat'tura]
lei (f)	legge (f)	['ledʒe]
carta (correio)	lettera (f)	['lettera]
papel (m) timbrado	carta (f) intestata	['karta inte'stata]
lista (f)	lista (f)	['lista]
manuscrito (m)	manoscritto (m)	[mano'skritto]
boletim (~ informativo)	bollettino (m)	[bollet'tino]
bilhete (mensagem breve)	appunto (m), nota (f)	[ap'punto], ['nota]
passe (m)	lasciapassare (m)	[laʃapas'sare]
passaporte (m)	passaporto (m)	[passa'porto]
permissão (f)	permesso (m)	[per'messo]
currículo (m)	curriculum vitae (f)	[kur'rikulum 'vite]
nota (f) promissória	nota (f) di addebito	['nota di ad'debito]
recibo (m)	ricevuta (f)	[ritʃe'vuta]
talão (f)	scontrino (m)	[skon'trino]
relatório (m)	rapporto (m)	[rap'porto]
mostrar (vt)	mostrare (vt)	[mo'strare]
assinar (vt)	firmare (vt)	[fir'mare]
assinatura (f)	firma (f)	['firma]
carimbo (m)	timbro (m)	['timbro]
texto (m)	testo (m)	['testo]
ingresso (m)	biglietto (m)	[biʎ'ʎetto]
riscar (vt)	cancellare (vt)	[kantʃel'lare]
preencher (vt)	riempire (vt)	[riem'pire]

carta (f) de porte	bolla (f) di consegna	['bolla di kon'seɲa]
testamento (m)	testamento (m)	[testa'mento]

117. Tipos de negócios

serviços (m pl) de contabilidade	servizi (m pl) di contabilità	[ser'vitsi di kontabili'ta]
publicidade (f)	pubblicità (f)	[pubblitʃi'ta]
agência (f) de publicidade	agenzia (f) pubblicitaria	[adʒen'tsia pubblitʃi'taria]
ar (m) condicionado	condizionatori (m pl) d'aria	[konditsjona'tori 'daria]
companhia (f) aérea	compagnia (f) aerea	[kompa'ɲia a'erea]
bebidas (f pl) alcoólicas	bevande (f pl) alcoliche	[be'vande al'kolike]
comércio (m) de antiguidades	antiquariato (m)	[antikwa'rjato]
galeria (f) de arte	galleria (f) d'arte	[galle'ria 'darte]
serviços (m pl) de auditoria	società (f) di revisione contabile	[sotʃe'ta di revi'zone kon'tabile]
negócios (m pl) bancários	imprese (f pl) bancarie	[im'preze ban'karie]
bar (m)	bar (m)	[bar]
salão (m) de beleza	salone (m) di bellezza	[sa'lone di bel'lettsa]
livraria (f)	libreria (f)	[libre'ria]
cervejaria (f)	birreria (f)	[birre'ria]
centro (m) de escritórios	business centro (m)	['biznes 'tʃentro]
escola (f) de negócios	scuola (f) di commercio	['skwola di kom'mertʃo]
cassino (m)	casinò (m)	[kazi'no]
construção (f)	edilizia (f)	[edi'litsia]
consultoria (f)	consulenza (f)	[konsu'lentsa]
clínica (f) dentária	odontoiatria (f)	[odontoja'tria]
design (m)	design (m)	[di'zajn]
drogaria (f)	farmacia (f)	[farma'tʃia]
lavanderia (f)	lavanderia (f) a secco	[lavande'ria a 'sekko]
agência (f) de emprego	agenzia (f) di collocamento	[adʒen'tsia di kolloka'mento]
serviços (m pl) financeiros	servizi (m pl) finanziari	[ser'vitsi finan'tsjari]
alimentos (m pl)	industria (f) alimentare	[in'dustria alimen'tare]
funerária (f)	agenzia (f) di pompe funebri	[adʒen'tsia di 'pompe 'funebri]
mobiliário (m)	mobili (m pl)	['mobili]
roupa (f)	abbigliamento (m)	[abbiλλa'mento]
hotel (m)	albergo, hotel (m)	[al'bergo], [o'tel]
sorvete (m)	gelato (m)	[dʒe'lato]
indústria (f)	industria (f)	[in'dustria]
seguro (~ de vida, etc.)	assicurazione (f)	[assikura'tsjone]
internet (f)	internet (f)	['internet]
investimento (m)	investimenti (m pl)	[investi'menti]
joalheiro (m)	gioielliere (m)	[dʒojel'ljere]
joias (f pl)	gioielli (m pl)	[dʒo'jelli]
lavanderia (f)	lavanderia (f)	[lavande'ria]
assessorias (f pl) jurídicas	consulente (m) legale	[konsu'lente le'gale]
indústria (f) ligeira	industria (f) leggera	[in'dustria le'dʒera]

revista (f)	rivista (f)	[ri'vista]
vendas (f pl) por catálogo	vendite (f pl) per corrispondenza	['vendite per korrispon'dentsa]
medicina (f)	medicina (f)	[medi'tʃina]
cinema (m)	cinema (m)	['tʃinema]
museu (m)	museo (m)	[mu'zeo]
agência (f) de notícias	agenzia (f) di stampa	[adʒen'tsia di 'stampa]
jornal (m)	giornale (m)	[dʒor'nale]
boate (casa noturna)	locale notturno (m)	[lo'kale not'turno]
petróleo (m)	petrolio (m)	[pe'trolio]
serviços (m pl) de remessa	corriere (m) espresso	[kor'rjere e'spresso]
indústria (f) farmacêutica	farmaci (m pl)	['farmatʃi]
tipografia (f)	stampa (f)	['stampa]
editora (f)	casa (f) editrice	['kaza edi'tritʃe]
rádio (m)	radio (f)	['radio]
imobiliário (m)	beni (m pl) immobili	['beni im'mobili]
restaurante (m)	ristorante (m)	[risto'rante]
empresa (f) de segurança	agenzia (f) di sicurezza	[adʒen'tsia di siku'rettsa]
esporte (m)	sport (m)	[sport]
bolsa (f) de valores	borsa (f)	['borsa]
loja (f)	negozio (m)	[ne'gotsio]
supermercado (m)	supermercato (m)	[supermer'kato]
piscina (f)	piscina (f)	[pi'ʃina]
alfaiataria (f)	sartoria (f)	[sarto'ria]
televisão (f)	televisione (f)	[televi'zjone]
teatro (m)	teatro (m)	[te'atro]
comércio (m)	commercio (m)	[kom'mertʃo]
serviços (m pl) de transporte	mezzi (m pl) di trasporto	['meddzi di tras'porto]
viagens (f pl)	viaggio (m)	['vjadʒo]
veterinário (m)	veterinario (m)	[veteri'nario]
armazém (m)	deposito, magazzino (m)	[de'pozito], [magad'dzino]
recolha (f) do lixo	trattamento (m) dei rifiuti	[tratta'mento dei ri'fjuti]

Emprego. Negócios. Parte 2

118. Espetáculo. Feira

feira, exposição (f)	fiera (f)	['fjera]
feira (f) comercial	fiera (f) campionaria	['fjera kampjo'naria]
participação (f)	partecipazione (f)	[partetʃipa'tsjone]
participar (vi)	partecipare (vi)	[partetʃi'pare]
participante (m)	partecipante (m)	[partetʃi'pante]
diretor (m)	direttore (m)	[diret'tore]
direção (f)	ufficio (m) organizzativo	[uf'fitʃo organiddza'tivo]
organizador (m)	organizzatore (m)	[organiddza'tore]
organizar (vt)	organizzare (vt)	[organid'dzare]
ficha (f) de inscrição	domanda (f) di partecipazione	[do'manda di partetʃipa'tsjone]
preencher (vt)	riempire (vt)	[riem'pire]
detalhes (m pl)	dettagli (m pl)	[det'taʎʎi]
informação (f)	informazione (f)	[informa'tsjone]
preço (m)	prezzo (m)	['prettso]
incluindo	incluso	[in'kluzo]
incluir (vt)	includere (vt)	[in'kludere]
pagar (vt)	pagare (vi, vt)	[pa'gare]
taxa (f) de inscrição	quota (f) d'iscrizione	['kwota diskri'tsjone]
entrada (f)	entrata (f)	[en'trata]
pavilhão (m), salão (f)	padiglione (m)	[padiʎ'ʎone]
inscrever (vt)	registrare (vt)	[redʒi'strare]
crachá (m)	tesserino (m)	[tesse'rino]
stand (m)	stand (m)	[stend]
reservar (vt)	prenotare, riservare	[preno'tare], [rizer'vare]
vitrine (f)	vetrina (f)	[ve'trina]
lâmpada (f)	faretto (m)	[fa'retto]
design (m)	design (m)	[di'zajn]
pôr (posicionar)	collocare (vt)	[kollo'kare]
ser colocado, -a	collocarsi (vr)	[kollo'karsi]
distribuidor (m)	distributore (m)	[distribu'tore]
fornecedor (m)	fornitore (m)	[forni'tore]
fornecer (vt)	fornire (vt)	[for'nire]
país (m)	paese (m)	[pa'eze]
estrangeiro (adj)	straniero	[stra'njero]
produto (m)	prodotto (m)	[pro'dotto]
associação (f)	associazione (f)	[assotʃa'tsjone]

sala (f) de conferência   sala (f) conferenze   ['sala konfe'rentse]
congresso (m)   congresso (m)   [kon'gresso]
concurso (m)   concorso (m)   [kon'korso]

visitante (m)   visitatore (m)   [vizita'tore]
visitar (vt)   visitare (vt)   [vizi'tare]
cliente (m)   cliente (m)   [kli'ente]

119. Media

jornal (m)   giornale (m)   [dʒor'nale]
revista (f)   rivista (f)   [ri'vista]
imprensa (f)   stampa (f)   ['stampa]
rádio (m)   radio (f)   ['radio]
estação (f) de rádio   stazione (f) radio   [sta'tsjone 'radio]
televisão (f)   televisione (f)   [televi'zjone]

apresentador (m)   presentatore (m)   [prezenta'tore]
locutor (m)   annunciatore (m)   [annuntʃa'tore]
comentarista (m)   commentatore (m)   [kommenta'tore]

jornalista (m)   giornalista (m)   [dʒorna'lista]
correspondente (m)   corrispondente (m)   [korrispon'dente]
repórter (m) fotográfico   fotocronista (m)   [fotokro'nista]
repórter (m)   cronista (m)   [kro'nista]

redator (m)   redattore (m)   [redat'tore]
redator-chefe (m)   redattore capo (m)   [redat'tore 'kapo]

assinar a ...   abbonarsi a ...   [abbo'narsi]
assinatura (f)   abbonamento (m)   [abbona'mento]
assinante (m)   abbonato (m)   [abbo'nato]
ler (vt)   leggere (vi, vt)   ['ledʒere]
leitor (m)   lettore (m)   [let'tore]

tiragem (f)   tiratura (f)   [tira'tura]
mensal (adj)   mensile   [men'sile]
semanal (adj)   settimanale   [settima'nale]
número (jornal, revista)   numero (m)   ['numero]
recente, novo (adj)   fresco (m)   ['fresko]

manchete (f)   testata (f)   [te'stata]
pequeno artigo (m)   trafiletto (m)   [trafi'letto]
coluna (~ semanal)   rubrica (f)   [ru'brika]
artigo (m)   articolo (m)   [ar'tikolo]
página (f)   pagina (f)   ['padʒina]

reportagem (f)   servizio (m)   [ser'vitsio]
evento (festa, etc.)   evento (m)   [e'vento]
sensação (f)   sensazione (f)   [sensa'tsjone]
escândalo (m)   scandalo (m)   ['skandalo]
escandaloso (adj)   scandaloso   [skanda'lozo]
grande (adj)   enorme, grande   [e'norme], ['grande]
programa (m)   trasmissione (f)   [trazmis'sjone]

entrevista (f)	intervista (f)	[inter'vista]
transmissão (f) ao vivo	trasmissione (f) in diretta	[trazmis'sjone in di'retta]
canal (m)	canale (m)	[ka'nale]

120. Agricultura

agricultura (f)	agricoltura (f)	[agrikol'tura]
camponês (m)	contadino (m)	[konta'dino]
camponesa (f)	contadina (f)	[konta'dina]
agricultor, fazendeiro (m)	fattore (m)	[fat'tore]

| trator (m) | trattore (m) | [trat'tore] |
| colheitadeira (f) | mietitrebbia (f) | [mjeti'trebbia] |

arado (m)	aratro (m)	[a'ratro]
arar (vt)	arare (vt)	[a'rare]
campo (m) lavrado	terreno (m) coltivato	[ter'reno kolti'vato]
sulco (m)	solco (m)	['solko]

semear (vt)	seminare (vt)	[semi'nare]
plantadeira (f)	seminatrice (f)	[semina'tritʃe]
semeadura (f)	semina (f)	['semina]

| foice (m) | falce (f) | ['faltʃe] |
| cortar com foice | falciare (vt) | [fal'tʃare] |

| pá (f) | pala (f) | ['pala] |
| cavar (vt) | scavare (vt) | [ska'vare] |

enxada (f)	zappa (f)	['tsappa]
capinar (vt)	zappare (vt)	[tsap'pare]
erva (f) daninha	erbaccia (f)	[er'batʃa]

regador (m)	innaffiatoio (m)	[innaffja'tojo]
regar (plantas)	innaffiare (vt)	[innaf'fjare]
rega (f)	innaffiamento (m)	[innaffja'mento]

| forquilha (f) | forca (f) | ['forka] |
| ancinho (m) | rastrello (m) | [ra'strello] |

fertilizante (m)	concime (m)	[kon'tʃime]
fertilizar (vt)	concimare (vt)	[kontʃi'mare]
estrume, esterco (m)	letame (m)	[le'tame]

campo (m)	campo (m)	['kampo]
prado (m)	prato (m)	['prato]
horta (f)	orto (m)	['orto]
pomar (m)	frutteto (m)	[frut'teto]

pastar (vt)	pascolare (vt)	[pasko'lare]
pastor (m)	pastore (m)	[pa'store]
pastagem (f)	pascolo (m)	['paskolo]
pecuária (f)	allevamento (m) di bestiame	[alleva'mento di bes'tjame]
criação (f) de ovelhas	allevamento (m) di pecore	[alleva'mento di 'pekore]

plantação (f)	piantagione (f)	[pjanta'dʒone]
canteiro (m)	filare (m)	[fi'lare]
estufa (f)	serra (f) da orto	['serra da 'orto]

| seca (f) | siccità (f) | [sitʃi'ta] |
| seco (verão ~) | secco, arido | ['sekko], ['arrido] |

| cereais (m pl) | cereali (m pl) | [tʃere'ali] |
| colher (vt) | raccogliere (vt) | [rak'koʎʎere] |

moleiro (m)	mugnaio (m)	[mu'ɲajo]
moinho (m)	mulino (m)	[mu'lino]
moer (vt)	macinare (vt)	[matʃi'nare]
farinha (f)	farina (f)	[fa'rina]
palha (f)	paglia (f)	['paʎʎa]

121. Construção. Processo de construção

canteiro (m) de obras	cantiere (m) edile	[kan'tjere 'edile]
construir (vt)	costruire (vt)	[kostru'ire]
construtor (m)	operaio (m) edile	[ope'rajo e'dile]

projeto (m)	progetto (m)	[pro'dʒetto]
arquiteto (m)	architetto (m)	[arki'tetto]
operário (m)	operaio (m)	[ope'rajo]

fundação (f)	fondamenta (f pl)	[fonda'menta]
telhado (m)	tetto (m)	['tetto]
estaca (f)	palo (m) di fondazione	['palo di fonda'tsjone]
parede (f)	muro (m)	['muro]

| colunas (f pl) de sustentação | barre (f pl) di rinforzo | ['barre di rin'fortso] |
| andaime (m) | impalcatura (f) | [impalka'tura] |

concreto (m)	beton (m)	[be'ton]
granito (m)	granito (m)	[gra'nito]
pedra (f)	pietra (f)	['pjetra]
tijolo (m)	mattone (m)	[mat'tone]

areia (f)	sabbia (f)	['sabbia]
cimento (m)	cemento (m)	[tʃe'mento]
emboço, reboco (m)	intonaco (m)	[in'tonako]
emboçar, rebocar (vt)	intonacare (vt)	[intona'kare]

tinta (f)	pittura (f)	[pit'tura]
pintar (vt)	pitturare (vt)	[pittu'rare]
barril (m)	botte (f)	['botte]

grua (f), guindaste (m)	gru (f)	[gru]
erguer (vt)	sollevare (vt)	[solle'vare]
baixar (vt)	abbassare (vt)	[abbas'sare]

| buldózer (m) | bulldozer (m) | [bulldo'dzer] |
| escavadora (f) | scavatrice (f) | [skava'tritʃe] |

caçamba (f)	cucchiaia (f)	[kuk'kjaja]
escavar (vt)	scavare (vt)	[ska'vare]
capacete (m) de proteção	casco (m)	['kasko]

122. Ciência. Investigação. Cientistas

ciência (f)	scienza (f)	[ʃi'entsa]
científico (adj)	scientifico	[ʃien'tifiko]
cientista (m)	scienziato (m)	[ʃien'tsjato]
teoria (f)	teoria (f)	[teo'ria]
axioma (m)	assioma (m)	[as'sjoma]
análise (f)	analisi (f)	[a'nalizi]
analisar (vt)	analizzare (vt)	[analid'dzare]
argumento (m)	argomento (m)	[argo'mento]
substância (f)	sostanza (f)	[so'stantsa]
hipótese (f)	ipotesi (f)	[i'potezi]
dilema (m)	dilemma (m)	[di'lemma]
tese (f)	tesi (f)	['tezi]
dogma (m)	dogma (m)	['dogma]
doutrina (f)	dottrina (f)	[dot'trina]
pesquisa (f)	ricerca (f)	[ri'tʃerka]
pesquisar (vt)	fare ricerche	['fare ri'tʃerke]
testes (m pl)	prova (f)	['prova]
laboratório (m)	laboratorio (m)	[labora'torio]
método (m)	metodo (m)	['metodo]
molécula (f)	molecola (f)	[mo'lekola]
monitoramento (m)	monitoraggio (m)	[monito'radʒo]
descoberta (f)	scoperta (f)	[sko'perta]
postulado (m)	postulato (m)	[postu'lato]
princípio (m)	principio (m)	[prin'tʃipjo]
prognóstico (previsão)	previsione (f)	[previ'zjone]
prognosticar (vt)	fare previsioni	[fare previ'zjoni]
síntese (f)	sintesi (f)	['sintezi]
tendência (f)	tendenza (f)	[ten'dentsa]
teorema (m)	teorema (m)	[teo'rema]
ensinamentos (m pl)	insegnamento (m)	[inse'ɲamento]
fato (m)	fatto (m)	['fatto]
expedição (f)	spedizione (f)	[spedi'tsjone]
experiência (f)	esperimento (m)	[esperi'mento]
acadêmico (m)	accademico (m)	[akka'demiko]
bacharel (m)	laureato (m)	[laure'ato]
doutor (m)	dottore (m)	[dot'tore]
professor (m) associado	professore (m) associato	[profes'sore assotʃi'ato]
mestrado (m)	Master (m)	['master]
professor (m)	professore (m)	[profes'sore]

Profissões e ocupações

123. Procura de emprego. Demissão

trabalho (m)	lavoro (m)	[la'voro]
equipe (f)	organico (m)	[or'ganiko]
pessoal (m)	personale (m)	[perso'nale]
carreira (f)	carriera (f)	[kar'rjera]
perspectivas (f pl)	prospettiva (f)	[prospet'tiva]
habilidades (f pl)	abilità (f pl)	[abili'ta]
seleção (f)	selezione (f)	[sele'tsjone]
agência (f) de emprego	agenzia (f) di collocamento	[adʒen'tsia di kolloka'mento]
currículo (m)	curriculum vitae (f)	[kur'rikulum 'vite]
entrevista (f) de emprego	colloquio (m)	[kol'lokwio]
vaga (f)	posto (m) vacante	['posto va'kante]
salário (m)	salario (m)	[sa'lario]
salário (m) fixo	stipendio (m) fisso	[sti'pendio 'fisso]
pagamento (m)	compenso (m)	[kom'penso]
cargo (m)	carica (f)	['karika]
dever (do empregado)	mansione (f)	[man'sjone]
gama (f) de deveres	mansioni (f pl) di lavoro	[man'sjoni di la'voro]
ocupado (adj)	occupato	[okku'pato]
despedir, demitir (vt)	licenziare (vt)	[litʃen'tsjare]
demissão (f)	licenziamento (m)	[litʃentsja'mento]
desemprego (m)	disoccupazione (f)	[disokkupa'tsjone]
desempregado (m)	disoccupato (m)	[disokku'pato]
aposentadoria (f)	pensionamento (m)	[pensjona'mento]
aposentar-se (vr)	andare in pensione	[an'dare in pen'sjone]

124. Gente de negócios

diretor (m)	direttore (m)	[diret'tore]
gerente (m)	dirigente (m)	[diri'dʒente]
patrão, chefe (m)	capo (m)	['kapo]
superior (m)	capo (m), superiore (m)	['kapo], [supe'rjore]
superiores (m pl)	capi (m pl)	['kapi]
presidente (m)	presidente (m)	[prezi'dente]
chairman (m)	presidente (m)	[prezi'dente]
substituto (m)	vice (m)	['vitʃe]
assistente (m)	assistente (m)	[assi'stente]

secretário (m)	segretario (m)	[segre'tario]
secretário (m) pessoal	assistente (m) personale	[assi'stente perso'nale]
homem (m) de negócios	uomo (m) d'affari	[u'omo daf'fari]
empreendedor (m)	imprenditore (m)	[imprendi'tore]
fundador (m)	fondatore (m)	[fonda'tore]
fundar (vt)	fondare (vt)	[fon'dare]
principiador (m)	socio (m)	['sotʃo]
parceiro, sócio (m)	partner (m)	['partner]
acionista (m)	azionista (m)	[atsio'nista]
milionário (m)	milionario (m)	[miljo'nario]
bilionário (m)	miliardario (m)	[miljar'dario]
proprietário (m)	proprietario (m)	[proprie'tario]
proprietário (m) de terras	latifondista (m)	[latifon'dista]
cliente (m)	cliente (m)	[kli'ente]
cliente (m) habitual	cliente (m) abituale	[kli'ente abitu'ale]
comprador (m)	compratore (m)	[kompra'tore]
visitante (m)	visitatore (m)	[vizita'tore]
profissional (m)	professionista (m)	[professjo'nista]
perito (m)	esperto (m)	[e'sperto]
especialista (m)	specialista (m)	[spetʃa'lista]
banqueiro (m)	banchiere (m)	[baŋ'kjere]
corretor (m)	broker (m)	['broker]
caixa (m, f)	cassiere (m)	[kas'sjere]
contador (m)	contabile (m)	[kon'tabile]
guarda (m)	guardia (f) giurata	['gwardia dʒu'rata]
investidor (m)	investitore (m)	[investi'tore]
devedor (m)	debitore (m)	[debi'tore]
credor (m)	creditore (m)	[kredi'tore]
mutuário (m)	mutuatario (m)	[mutua'tario]
importador (m)	importatore (m)	[importa'tore]
exportador (m)	esportatore (m)	[esporta'tore]
produtor (m)	produttore (m)	[produt'tore]
distribuidor (m)	distributore (m)	[distribu'tore]
intermediário (m)	intermediario (m)	[interme'djario]
consultor (m)	consulente (m)	[konsu'lente]
representante comercial	rappresentante (m)	[rapprezen'tante]
agente (m)	agente (m)	[a'dʒente]
agente (m) de seguros	assicuratore (m)	[assikura'tore]

125. Profissões de serviços

cozinheiro (m)	cuoco (m)	[ku'oko]
chefe (m) de cozinha	capocuoco (m)	[kapo·ku'oko]

padeiro (m)	fornaio (m)	[for'najo]
barman (m)	barista (m)	[ba'rista]
garçom (m)	cameriere (m)	[kame'rjere]
garçonete (f)	cameriera (f)	[kame'rjera]

advogado (m)	avvocato (m)	[avvo'kato]
jurista (m)	esperto (m) legale	[e'sperto le'gale]
notário (m)	notaio (m)	[no'tajo]

eletricista (m)	elettricista (m)	[elettri'tʃista]
encanador (m)	idraulico (m)	[i'drauliko]
carpinteiro (m)	falegname (m)	[fale'ɲame]

massagista (m)	massaggiatore (m)	[massadʒa'tore]
massagista (f)	massaggiatrice (f)	[massadʒa'tritʃe]
médico (m)	medico (m)	['mediko]

taxista (m)	taxista (m)	[ta'ksista]
condutor (automobilista)	autista (m)	[au'tista]
entregador (m)	fattorino (m)	[fatto'rino]

camareira (f)	cameriera (f)	[kame'rjera]
guarda (m)	guardia (f) giurata	['gwardia dʒu'rata]
aeromoça (f)	hostess (f)	['ostess]

professor (m)	insegnante (m, f)	[inse'ɲante]
bibliotecário (m)	bibliotecario (m)	[bibliote'kario]
tradutor (m)	traduttore (m)	[tradut'tore]
intérprete (m)	interprete (m)	[in'terprete]
guia (m)	guida (f)	['gwida]

cabeleireiro (m)	parrucchiere (m)	[parruk'kjere]
carteiro (m)	postino (m)	[po'stino]
vendedor (m)	commesso (m)	[kom'messo]

jardineiro (m)	giardiniere (m)	[dʒardi'njere]
criado (m)	domestico (m)	[do'mestiko]
criada (f)	domestica (f)	[do'mestika]
empregada (f) de limpeza	donna (f) delle pulizie	['donna 'delle puli'tsie]

126. Profissões militares e postos

soldado (m) raso	soldato (m) semplice	[sol'dato 'semplitʃe]
sargento (m)	sergente (m)	[ser'dʒente]
tenente (m)	tenente (m)	[te'nente]
capitão (m)	capitano (m)	[kapi'tano]

major (m)	maggiore (m)	[ma'dʒore]
coronel (m)	colonnello (m)	[kolon'nello]
general (m)	generale (m)	[dʒene'rale]
marechal (m)	maresciallo (m)	[mare'ʃallo]
almirante (m)	ammiraglio (m)	[ammi'raʎʎo]
militar (m)	militare (m)	[mili'tare]
soldado (m)	soldato (m)	[sol'dato]

oficial (m)	ufficiale (m)	[uffi'tʃale]
comandante (m)	comandante (m)	[koman'dante]
guarda (m) de fronteira	guardia (f) di frontiera	['gwardia di fron'tjera]
operador (m) de rádio	marconista (m)	[marko'nista]
explorador (m)	esploratore (m)	[esplora'tore]
sapador-mineiro (m)	geniere (m)	[dʒe'njere]
atirador (m)	tiratore (m)	[tira'tore]
navegador (m)	navigatore (m)	[naviga'tore]

127. Oficiais. Padres

rei (m)	re (m)	[re]
rainha (f)	regina (f)	[re'dʒina]
príncipe (m)	principe (m)	['printʃipe]
princesa (f)	principessa (f)	[printʃi'pessa]
czar (m)	zar (m)	[tsar]
czarina (f)	zarina (f)	[tsa'rina]
presidente (m)	presidente (m)	[prezi'dente]
ministro (m)	ministro (m)	[mi'nistro]
primeiro-ministro (m)	primo ministro (m)	['primo mi'nistro]
senador (m)	senatore (m)	[sena'tore]
diplomata (m)	diplomatico (m)	[diplo'matiko]
cônsul (m)	console (m)	['konsole]
embaixador (m)	ambasciatore (m)	[ambaʃa'tore]
conselheiro (m)	consigliere (m)	[konsiʎ'ʎere]
funcionário (m)	funzionario (m)	[funtsio'nario]
prefeito (m)	prefetto (m)	[pre'fetto]
Presidente (m) da Câmara	sindaco (m)	['sindako]
juiz (m)	giudice (m)	['dʒuditʃe]
procurador (m)	procuratore (m)	[prokura'tore]
missionário (m)	missionario (m)	[missio'nario]
monge (m)	monaco (m)	['monako]
abade (m)	abate (m)	[a'bate]
rabino (m)	rabbino (m)	[rab'bino]
vizir (m)	visir (m)	[vi'zir]
xá (m)	scià (m)	['ʃa]
xeique (m)	sceicco (m)	[ʃe'ikko]

128. Profissões agrícolas

abelheiro (m)	apicoltore (m)	[apikol'tore]
pastor (m)	pastore (m)	[pa'store]
agrônomo (m)	agronomo (m)	[a'gronomo]

criador (m) de gado   allevatore (m) di bestiame   [alleva'tore di bes'tjame]
veterinário (m)   veterinario (m)   [veteri'nario]

agricultor, fazendeiro (m)   fattore (m)   [fat'tore]
vinicultor (m)   vinificatore (m)   [vinifika'tore]
zoólogo (m)   zoologo (m)   [dzo'ologo]
vaqueiro (m)   cowboy (m)   [kaw'boj]

129. Profissões artísticas

ator (m)   attore (m)   [at'tore]
atriz (f)   attrice (f)   [at'tritʃe]

cantor (m)   cantante (m)   [kan'tante]
cantora (f)   cantante (f)   [kan'tante]

bailarino (m)   danzatore (m)   [dantsa'tore]
bailarina (f)   ballerina (f)   [balle'rina]

artista (m)   artista (m)   [ar'tista]
artista (f)   artista (f)   [ar'tista]

músico (m)   musicista (m)   [muzi'tʃista]
pianista (m)   pianista (m)   [pia'nista]
guitarrista (m)   chitarrista (m)   [kitar'rista]

maestro (m)   direttore (m) d'orchestra   [diret'tore dor'kestra]
compositor (m)   compositore (m)   [kompozi'tore]
empresário (m)   impresario (m)   [impre'zario]

diretor (m) de cinema   regista (m)   [re'dʒista]
produtor (m)   produttore (m)   [produt'tore]
roteirista (m)   sceneggiatore (m)   [ʃenedʒa'tore]
crítico (m)   critico (m)   ['kritiko]

escritor (m)   scrittore (m)   [skrit'tore]
poeta (m)   poeta (m)   [po'eta]
escultor (m)   scultore (m)   [skul'tore]
pintor (m)   pittore (m)   [pit'tore]

malabarista (m)   giocoliere (m)   [dʒoko'ljere]
palhaço (m)   pagliaccio (m)   [paʎ'ʎatʃo]
acrobata (m)   acrobata (m)   [a'krobata]
ilusionista (m)   prestigiatore (m)   [prestidʒa'tore]

130. Várias profissões

médico (m)   medico (m)   ['mediko]
enfermeira (f)   infermiera (f)   [infer'mjera]
psiquiatra (m)   psichiatra (m)   [psiki'atra]
dentista (m)   dentista (m)   [den'tista]
cirurgião (m)   chirurgo (m)   [ki'rurgo]

astronauta (m)	astronauta (m)	[astro'nauta]
astrônomo (m)	astronomo (m)	[a'stronomo]
motorista (m)	autista (m)	[au'tista]
maquinista (m)	macchinista (m)	[makki'nista]
mecânico (m)	meccanico (m)	[mek'kaniko]
mineiro (m)	minatore (m)	[mina'tore]
operário (m)	operaio (m)	[ope'rajo]
serralheiro (m)	operaio (m) metallurgico	[ope'rajo metal'lurdʒiko]
marceneiro (m)	falegname (m)	[fale'ɲame]
torneiro (m)	tornitore (m)	[torni'tore]
construtor (m)	operaio (m) edile	[ope'rajo e'dile]
soldador (m)	saldatore (m)	[salda'tore]
professor (m)	professore (m)	[profes'sore]
arquiteto (m)	architetto (m)	[arki'tetto]
historiador (m)	storico (m)	['storiko]
cientista (m)	scienziato (m)	[ʃien'tsjato]
físico (m)	fisico (m)	['fiziko]
químico (m)	chimico (m)	['kimiko]
arqueólogo (m)	archeologo (m)	[arke'ologo]
geólogo (m)	geologo (m)	[dʒe'ologo]
pesquisador (cientista)	ricercatore (m)	[ritʃerka'tore]
babysitter, babá (f)	baby-sitter (f)	[bebi'siter]
professor (m)	insegnante (m, f)	[inse'ɲante]
redator (m)	redattore (m)	[redat'tore]
redator-chefe (m)	redattore capo (m)	[redat'tore 'kapo]
correspondente (m)	corrispondente (m)	[korrispon'dente]
datilógrafa (f)	dattilografa (f)	[datti'lografa]
designer (m)	designer (m)	[di'zajner]
especialista (m) em informática	esperto (m) informatico	[e'sperto infor'matiko]
programador (m)	programmatore (m)	[programma'tore]
engenheiro (m)	ingegnere (m)	[indʒe'ɲere]
marujo (m)	marittimo (m)	[ma'rittimo]
marinheiro (m)	marinaio (m)	[mari'najo]
socorrista (m)	soccorritore (m)	[sokkorri'tore]
bombeiro (m)	pompiere (m)	[pom'pjere]
polícia (m)	poliziotto (m)	[poli'tsjotto]
guarda-noturno (m)	guardiano (m)	[gwar'djano]
detetive (m)	detective (m)	[de'tektiv]
funcionário (m) da alfândega	doganiere (m)	[doga'njere]
guarda-costas (m)	guardia (f) del corpo	['gwardia del 'korpo]
guarda (m) prisional	guardia (f) carceraria	['gwardia kartʃe'raria]
inspetor (m)	ispettore (m)	[ispet'tore]
esportista (m)	sportivo (m)	[spor'tivo]
treinador (m)	allenatore (m)	[allena'tore]

açougueiro (m)	macellaio (m)	[matʃel'lajo]
sapateiro (m)	calzolaio (m)	[kaltso'lajo]
comerciante (m)	uomo (m) d'affari	[u'omo daf'fari]
carregador (m)	caricatore (m)	[karika'tore]
estilista (m)	stilista (m)	[sti'lista]
modelo (f)	modella (f)	[mo'della]

131. Ocupações. Estatuto social

estudante (~ de escola)	scolaro (m)	[sko'laro]
estudante (~ universitária)	studente (m)	[stu'dente]
filósofo (m)	filosofo (m)	[fi'lozofo]
economista (m)	economista (m)	[ekono'mista]
inventor (m)	inventore (m)	[inven'tore]
desempregado (m)	disoccupato (m)	[disokku'pato]
aposentado (m)	pensionato (m)	[pensjo'nato]
espião (m)	spia (f)	['spia]
preso, prisioneiro (m)	detenuto (m)	[dete'nuto]
grevista (m)	scioperante (m)	[ʃope'rante]
burocrata (m)	burocrate (m)	[bu'rokrate]
viajante (m)	viaggiatore (m)	[vjadʒa'tore]
homossexual (m)	omosessuale (m)	[omosessu'ale]
hacker (m)	hacker (m)	['aker]
hippie (m, f)	hippy	['ippi]
bandido (m)	bandito (m)	[ban'dito]
assassino (m)	sicario (m)	[si'kario]
drogado (m)	drogato (m)	[dro'gato]
traficante (m)	trafficante (m) di droga	[traffi'kante di 'droga]
prostituta (f)	prostituta (f)	[prosti'tuta]
cafetão (m)	magnaccia (m)	[ma'ɲatʃa]
bruxo (m)	stregone (m)	[stre'gone]
bruxa (f)	strega (f)	['strega]
pirata (m)	pirata (m)	[pi'rata]
escravo (m)	schiavo (m)	['skjavo]
samurai (m)	samurai (m)	[samu'raj]
selvagem (m)	selvaggio (m)	[sel'vadʒo]

Desportos

132. Tipos de desportos. Desportistas

esportista (m)	sportivo (m)	[spor'tivo]
tipo (m) de esporte	sport (m)	[sport]
basquete (m)	pallacanestro (m)	[pallaka'nestro]
jogador (m) de basquete	cestista (m)	[tʃes'tista]
beisebol (m)	baseball (m)	['bejzbol]
jogador (m) de beisebol	giocatore (m) di baseball	[dʒoka'tore di 'bejzbol]
futebol (m)	calcio (m)	['kaltʃo]
jogador (m) de futebol	calciatore (m)	[kaltʃa'tore]
goleiro (m)	portiere (m)	[por'tjere]
hóquei (m)	hockey (m)	['okkej]
jogador (m) de hóquei	hockeista (m)	[okke'ista]
vôlei (m)	pallavolo (m)	[palla'volo]
jogador (m) de vôlei	pallavolista (m)	[pallavo'lista]
boxe (m)	pugilato (m)	[pudʒi'lato]
boxeador (m)	pugile (m)	['pudʒile]
luta (f)	lotta (f)	['lotta]
lutador (m)	lottatore (m)	[lotta'tore]
caratê (m)	karate (m)	[ka'rate]
carateca (m)	karateka (m)	[kara'teka]
judô (m)	judo (m)	['dʒudo]
judoca (m)	judoista (m)	[dʒudo'ista]
tênis (m)	tennis (m)	['tennis]
tenista (m)	tennista (m)	[ten'nista]
natação (f)	nuoto (m)	[nu'oto]
nadador (m)	nuotatore (m)	[nuota'tore]
esgrima (f)	scherma (f)	['skerma]
esgrimista (m)	schermitore (m)	[skermi'tore]
xadrez (m)	scacchi (m pl)	['skakki]
jogador (m) de xadrez	scacchista (m)	[skak'kista]
alpinismo (m)	alpinismo (m)	[alpi'nizmo]
alpinista (m)	alpinista (m)	[alpi'nista]
corrida (f)	corsa (f)	['korsa]

corredor (m)	corridore (m)	[korri'dore]
atletismo (m)	atletica (f) leggera	[a'tletika le'dʒera]
atleta (m)	atleta (m)	[a'tleta]

| hipismo (m) | ippica (f) | ['ippika] |
| cavaleiro (m) | fantino (m) | [fan'tino] |

patinação (f) artística	pattinaggio (m) artistico	[patti'nadʒo ar'tistiko]
patinador (m)	pattinatore (m)	[pattina'tore]
patinadora (f)	pattinatrice (f)	[pattina'tritʃe]

halterofilismo (m)	pesistica (f)	[pe'zistika]
halterofilista (m)	pesista (m)	[pe'zista]
corrida (f) de carros	automobilismo (m)	[automobi'lizmo]
piloto (m)	pilota (m)	[pi'lota]

| ciclismo (m) | ciclismo (m) | [tʃik'lizmo] |
| ciclista (m) | ciclista (m) | [tʃik'lista] |

salto (m) em distância	salto (m) in lungo	['salto in 'lungo]
salto (m) com vara	salto (m) con l'asta	['salto kon 'lasta]
atleta (m) de saltos	saltatore (m)	[salta'tore]

133. Tipos de desportos. Diversos

futebol (m) americano	football (m) americano	['futboll ameri'kano]
badminton (m)	badminton (m)	['badminton]
biatlo (m)	biathlon (m)	['biatlon]
bilhar (m)	biliardo (m)	[bi'ljardo]

bobsled (m)	bob (m)	[bob]
musculação (f)	culturismo (m)	[kultu'rizmo]
polo (m) aquático	pallanuoto (m)	[pallanu'oto]
handebol (m)	pallamano (m)	[palla'mano]
golfe (m)	golf (m)	[golf]

remo (m)	canottaggio (m)	[kanot'tadʒo]
mergulho (m)	immersione (f) subacquea	[immer'sjone su'bakvea]
corrida (f) de esqui	sci (m) di fondo	[ʃi di 'fondo]
tênis (m) de mesa	tennis (m) da tavolo	['tennis da 'tavolo]

vela (f)	vela (f)	['vela]
rali (m)	rally (m)	['relli]
rúgbi (m)	rugby (m)	['ragbi]
snowboard (m)	snowboard (m)	['znobord]
arco-e-flecha (m)	tiro (m) con l'arco	['tiro kon 'larko]

134. Ginásio

barra (f)	bilanciere (m)	[bilan'tʃere]
halteres (m pl)	manubri (m pl)	[ma'nubri]
aparelho (m) de musculação	attrezzo (m) sportivo	[at'trettso spor'tivo]

bicicleta (f) ergométrica	cyclette (f)	[si'klett]
esteira (f) de corrida	tapis roulant (m)	[ta'pi ru'lan]
barra (f) fixa	sbarra (f)	['zbarra]
barras (f pl) paralelas	parallele (f pl)	[paral'lele]
cavalo (m)	cavallo (m)	[ka'vallo]
tapete (m) de ginástica	materassino (m)	[materas'sino]
corda (f) de saltar	corda (f) per saltare	['korda per sal'tare]
aeróbica (f)	aerobica (f)	[ae'robika]
ioga, yoga (f)	yoga (m)	['joga]

135. Hóquei

hóquei (m)	hockey (m)	['okkej]
jogador (m) de hóquei	hockeista (m)	[okke'ista]
jogar hóquei	giocare a hockey	[dʒo'kare a 'okkej]
gelo (m)	ghiaccio (m)	['gjatʃo]
disco (m)	disco (m)	['disko]
taco (m) de hóquei	bastone (m) da hockey	[bas'tone da 'okkej]
patins (m pl) de gelo	pattini (m pl)	['pattini]
muro (m)	bordo (m)	['bordo]
tiro (m)	tiro (m)	['tiro]
goleiro (m)	portiere (m)	[por'tjere]
gol (m)	gol (m)	[gol]
marcar um gol	segnare un gol	[se'ɲare un gol]
tempo (m)	tempo (m)	['tempo]
segundo tempo (m)	secondo tempo (m)	[se'kondo 'tempro]
banco (m) de reservas	panchina (f)	[paŋ'kina]

136. Futebol

futebol (m)	calcio (m)	['kaltʃo]
jogador (m) de futebol	calciatore (m)	[kaltʃa'tore]
jogar futebol	giocare a calcio	[dʒo'kare a 'kaltʃo]
Time (m) Principal	La Prima Divisione	[la 'prima divi'zjone]
time (m) de futebol	società (f) calcistica	[sotʃe'ta kal'tʃistika]
treinador (m)	allenatore (m)	[allena'tore]
proprietário (m)	proprietario (m)	[proprie'tario]
equipe (f)	squadra (f)	['skwadra]
capitão (m)	capitano (m) di squadra	[kapi'tano di 'skwadra]
jogador (m)	giocatore (m)	[dʒoka'tore]
jogador (m) reserva	riserva (f)	[ri'zerva]
atacante (m)	attaccante (m)	[attak'kante]
centroavante (m)	centrocampista (m)	[tʃentro·kam'pista]

marcador (m)	bomber (m)	['bomber]
defesa (m)	terzino (m)	[ter'tsino]
meio-campo (m)	mediano (m)	[me'djano]
jogo (m), partida (f)	partita (f)	[par'tita]
encontrar-se (vr)	incontrarsi (vr)	[inkon'trarsi]
final (m)	finale (m)	[fi'nale]
semifinal (f)	semifinale (m)	[semifi'nale]
campeonato (m)	campionato (m)	[kampjo'nato]
tempo (m)	tempo (m)	['tempo]
primeiro tempo (m)	primo tempo (m)	['primo 'tempo]
intervalo (m)	intervallo (m)	[inter'vallo]
goleira (f)	porta (f)	['porta]
goleiro (m)	portiere (m)	[por'tjere]
trave (f)	palo (m)	['palo]
travessão (m)	traversa (f)	[tra'versa]
rede (f)	rete (f)	['rete]
tomar um gol	subire un gol	[su'bire un gol]
bola (f)	pallone (m)	[pal'lone]
passe (m)	passaggio (m)	[pas'sadʒo]
chute (m)	calcio (m), tiro (m)	['kaltʃo], ['tiro]
chutar (vt)	tirare un calcio	[ti'rare un 'kaltʃo]
pontapé (m)	calcio (m) di punizione	['kaltʃo di puni'tsjone]
escanteio (m)	calcio (m) d'angolo	['kaltʃo 'dangolo]
ataque (m)	attacco (m)	[at'takko]
contra-ataque (m)	contrattacco (m)	[kontrat'takko]
combinação (f)	combinazione (f)	[kombina'tsjone]
árbitro (m)	arbitro (m)	['arbitro]
apitar (vi)	fischiare (vi)	[fis'kjare]
apito (m)	fischio (m)	['fiskio]
falta (f)	fallo (m)	['fallo]
cometer a falta	fare un fallo	['fare un 'fallo]
expulsar (vt)	espellere dal campo	[e'spellere dal 'kampo]
cartão (m) amarelo	cartellino (m) giallo	[kartel'lino 'dʒallo]
cartão (m) vermelho	cartellino (m) rosso	[kartel'lino 'rosso]
desqualificação (f)	squalifica (f)	[skwa'lifika]
desqualificar (vt)	squalificare (vt)	[skwalifi'kare]
pênalti (m)	rigore (m)	[ri'gore]
barreira (f)	barriera (f)	[bar'rjera]
marcar (vt)	segnare (vt)	[se'ɲare]
gol (m)	gol (m)	[gol]
marcar um gol	segnare un gol	[se'ɲare un gol]
substituição (f)	sostituzione (f)	[sostitu'tsjone]
substituir (vt)	sostituire (vt)	[sostitu'ire]
regras (f pl)	regole (f pl)	['regole]
tática (f)	tattica (f)	['tattika]
estádio (m)	stadio (m)	['stadio]
arquibancadas (f pl)	tribuna (f)	[tri'buna]

fã, torcedor (m)	tifoso, fan (m)	[ti'fozo], [fan]
gritar (vi)	gridare (vi)	[gri'dare] |//

placar (m)	tabellone (m) segnapunti	[tabel'lone seɲa'punti]
resultado (m)	punteggio (m)	[pun'tedʒo]

derrota (f)	sconfitta (f)	[skon'fitta]
perder (vt)	perdere (vi)	['perdere]
empate (m)	pareggio (m)	[pa'redʒo]
empatar (vi)	pareggiare (vi)	[pare'dʒare]

vitória (f)	vittoria (f)	[vit'toria]
vencer (vi, vt)	vincere (vi)	['vintʃere]

campeão (m)	campione (m)	[kam'pjone]
melhor (adj)	migliore	[miʎ'ʎore]
felicitar (vt)	congratularsi (vr)	[kongratu'larsi]

comentarista (m)	commentatore (m)	[kommenta'tore]
comentar (vt)	commentare (vt)	[kommen'tare]
transmissão (f)	trasmissione (f)	[trazmis'sjone]

137. Esqui alpino

esqui (m)	sci (m pl)	[ʃi]
esquiar (vi)	sciare (vi)	[ʃi'are]
estação (f) de esqui	stazione (f) sciistica	[sta'tsjone ʃi'istika]
teleférico (m)	sciovia (f)	[ʃio'via]

bastões (m pl) de esqui	bastoni (m pl) da sci	[bas'toni da ʃi]
declive (m)	pendio (m)	[pen'dio]
slalom (m)	slalom (m)	['zlalom]

138. Tênis. Golfe

golfe (m)	golf (m)	[golf]
clube (m) de golfe	golf club (m)	[golf klab]
jogador (m) de golfe	golfista (m)	[gol'fista]

buraco (m)	buca (f)	['buka]
taco (m)	mazza (f) da golf	['mattsa da golf]
trolley (m)	carrello (m) da golf	[kar'rello da golf]

tênis (m)	tennis (m)	['tennis]
quadra (f) de tênis	campo (m) da tennis	['kampo da 'tennis]

saque (m)	battuta (f)	[bat'tuta]
sacar (vi)	servire (vt)	[ser'vire]

raquete (f)	racchetta (f)	[rak'ketta]
rede (f)	rete (f)	['rete]
bola (f)	palla (f)	['palla]

139. Xadrez

xadrez (m)	scacchi (m pl)	['skakki]
peças (f pl) de xadrez	pezzi (m pl) degli scacchi	['pettsi 'deʎʎi 'skakki]
jogador (m) de xadrez	scacchista (m)	[skak'kista]
tabuleiro (m) de xadrez	scacchiera (f)	[skak'kjera]
peça (f)	pezzo (m)	['pettso]
brancas (f pl)	Bianchi (m pl)	['bjaŋki]
pretas (f pl)	Neri (m pl)	['neri]
peão (m)	pedina (f)	[pe'dina]
bispo (m)	alfiere (m)	[al'fjere]
cavalo (m)	cavallo (m)	[ka'vallo]
torre (f)	torre (f)	['torre]
dama (f)	regina (f)	[re'dʒina]
rei (m)	re (m)	[re]
vez (f)	mossa (m)	['mossa]
mover (vt)	muovere (vt)	[mu'overe]
sacrificar (vt)	sacrificare (vt)	[sakrifi'kare]
roque (m)	arrocco (m)	[ar'rokko]
xeque (m)	scacco (m)	['skakko]
xeque-mate (m)	scacco matto (m)	['skakko 'matto]
torneio (m) de xadrez	torneo (m) di scacchi	[tor'neo di 'skakki]
grão-mestre (m)	gran maestro (m)	[gran ma'estro]
combinação (f)	combinazione (f)	[kombina'tsjone]
partida (f)	partita (f)	[par'tita]
jogo (m) de damas	dama (f)	['dama]

140. Boxe

boxe (m)	pugilato (m), boxe (f)	[pudʒi'lato], [boks]
combate (m)	incontro (m)	[in'kontro]
luta (f) de boxe	incontro (m) di boxe	[in'kontro di boks]
round (m)	round (m)	['raund]
ringue (m)	ring (m)	[ring]
gongo (m)	gong (m)	[gong]
murro, soco (m)	pugno (m)	['puɲo]
derrubada (f)	knock down (m)	[nok 'daun]
nocaute (m)	knock-out (m)	[nok 'aut]
nocautear (vt)	mettere knock-out	['mettere nok 'aut]
luva (f) de boxe	guantone (m) da pugile	[gwan'tone da 'pudʒile]
juiz (m)	arbitro (m)	['arbitro]
peso-pena (m)	peso (m) leggero	['pezo le'dʒero]
peso-médio (m)	peso (m) medio	['pezo 'medio]
peso-pesado (m)	peso (m) massimo	['pezo 'massimo]

141. Desportos. Diversos

Português	Italiano	Pronúncia
Jogos (m pl) Olímpicos	Giochi (m pl) Olimpici	['dʒoki o'limpitʃi]
vencedor (m)	vincitore (m)	[vintʃi'tore]
vencer (vi)	ottenere la vittoria	[otte'nere la vit'toria]
vencer (vi, vt)	vincere (vi)	['vintʃere]
líder (m)	leader (m), capo (m)	['lider], ['kapo]
liderar (vt)	essere alla guida	['essere 'alla 'gwida]
primeiro lugar (m)	primo posto (m)	['primo 'posto]
segundo lugar (m)	secondo posto (m)	[se'kondo 'posto]
terceiro lugar (m)	terzo posto (m)	['tertso 'posto]
medalha (f)	medaglia (f)	[me'daʎʎa]
troféu (m)	trofeo (m)	[tro'feo]
taça (f)	coppa (f)	['koppa]
prêmio (m)	premio (m)	['premio]
prêmio (m) principal	primo premio (m)	['primo 'premio]
recorde (m)	record (m)	['rekord]
estabelecer um recorde	stabilire un record	[stabi'lire un 'rekord]
final (m)	finale (m)	[fi'nale]
final (adj)	finale	[fi'nale]
campeão (m)	campione (m)	[kam'pjone]
campeonato (m)	campionato (m)	[kampjo'nato]
estádio (m)	stadio (m)	['stadio]
arquibancadas (f pl)	tribuna (f)	[tri'buna]
fã, torcedor (m)	tifoso, fan (m)	[ti'fozo], [fan]
adversário (m)	avversario (m)	[avver'sario]
partida (f)	partenza (f)	[par'tentsa]
linha (f) de chegada	traguardo (m)	[tra'gwardo]
derrota (f)	sconfitta (f)	[skon'fitta]
perder (vt)	perdere (vt)	['perdere]
árbitro, juiz (m)	arbitro (m)	['arbitro]
júri (m)	giuria (f)	[dʒu'ria]
resultado (m)	punteggio (m)	[pun'tedʒo]
empate (m)	pareggio (m)	[pa'redʒo]
empatar (vi)	pareggiare (vi)	[pare'dʒare]
ponto (m)	punto (m)	['punto]
resultado (m) final	risultato (m)	[rizul'tato]
tempo (m)	tempo (m)	['tempo]
intervalo (m)	intervallo (m)	[inter'vallo]
doping (m)	doping (m)	['doping]
penalizar (vt)	penalizzare (vt)	[penalid'dzare]
desqualificar (vt)	squalificare (vt)	[skwalifi'kare]
aparelho, aparato (m)	attrezzatura (f)	[attrettsa'tura]
dardo (m)	giavellotto (m)	[dʒavel'lotto]

| peso (m) | peso (m) | ['pezo] |
| bola (f) | biglia (f) | ['biʎʎa] |

alvo, objetivo (m)	obiettivo (m)	[objet'tivo]
alvo (~ de papel)	bersaglio (m)	[ber'saʎʎo]
disparar, atirar (vi)	sparare (vi)	[spa'rare]
preciso (tiro ~)	preciso	[pre'tʃizo]

treinador (m)	allenatore (m)	[allena'tore]
treinar (vt)	allenare (vt)	[alle'nare]
treinar-se (vr)	allenarsi (vr)	[alle'narsi]
treino (m)	allenamento (m)	[allena'mento]

academia (f) de ginástica	palestra (f)	[pa'lestra]
exercício (m)	esercizio (m)	[ezer'tʃitsio]
aquecimento (m)	riscaldamento (m)	[riskalda'mento]

Educação

142. Escola

escola (f)	scuola (f)	['skwola]
diretor (m) de escola	direttore (m) di scuola	[diret'tore di 'skwola]

aluno (m)	allievo (m)	[al'ljevo]
aluna (f)	allieva (f)	[al'ljeva]
estudante (m)	scolaro (m)	[sko'laro]
estudante (f)	scolara (f)	[sko'lara]

ensinar (vt)	insegnare	[inse'ɲare]
aprender (vt)	imparare (vt)	[impa'rare]
decorar (vt)	imparare a memoria	[impa'rare a me'moria]

estudar (vi)	studiare (vi)	[stu'djare]
estar na escola	frequentare la scuola	[frekwen'tare la 'skwola]
ir à escola	andare a scuola	[an'dare a 'skwola]

alfabeto (m)	alfabeto (m)	[alfa'beto]
disciplina (f)	materia (f)	[ma'teria]

sala (f) de aula	classe (f)	['klasse]
lição, aula (f)	lezione (f)	[le'tsjone]
recreio (m)	ricreazione (f)	[rikrea'tsjone]
toque (m)	campanella (f)	[kampa'nella]
classe (f)	banco (m)	['banko]
quadro (m) negro	lavagna (f)	[la'vaɲa]

nota (f)	voto (m)	['voto]
boa nota (f)	voto (m) alto	['voto 'alto]
nota (f) baixa	voto (m) basso	['voto 'basso]
dar uma nota	dare un voto	['dare un 'voto]

erro (m)	errore (m)	[er'rore]
errar (vi)	fare errori	['fare er'rori]
corrigir (~ um erro)	correggere (vt)	[kor'redʒere]
cola (f)	bigliettino (m)	[biʎʎet'tino]

dever (m) de casa	compiti (m pl)	['kompiti]
exercício (m)	esercizio (m)	[ezer'tʃitsio]

estar presente	essere presente	['essere pre'zente]
estar ausente	essere assente	['essere as'sente]
faltar às aulas	mancare le lezioni	[man'kare le le'tsjoni]

punir (vt)	punire (vt)	[pu'nire]
punição (f)	punizione (f)	[puni'tsjone]
comportamento (m)	comportamento (m)	[komporta'mento]

boletim (m) escolar	pagella (f)	[pa'dʒella]
lápis (m)	matita (f)	[ma'tita]
borracha (f)	gomma (f) per cancellare	['gomma per kantʃel'lare]
giz (m)	gesso (m)	['dʒesso]
porta-lápis (m)	astuccio (m) portamatite	[as'tutʃo portama'tite]
mala, pasta, mochila (f)	cartella (f)	[kar'tella]
caneta (f)	penna (f)	['penna]
caderno (m)	quaderno (m)	[kwa'derno]
livro (m) didático	manuale (m)	[manu'ale]
compasso (m)	compasso (m)	[kom'passo]
traçar (vt)	disegnare (vt)	[dize'ɲare]
desenho (m) técnico	disegno (m) tecnico	[di'zeɲo 'tekniko]
poesia (f)	poesia (f)	[poe'zia]
de cor	a memoria	[a me'moria]
decorar (vt)	imparare a memoria	[impa'rare a me'moria]
férias (f pl)	vacanze (f pl) scolastiche	[va'kantse sko'lastike]
estar de férias	essere in vacanza	['essere in va'kantsa]
passar as férias	passare le vacanze	[pas'sare le va'kantse]
teste (m), prova (f)	prova (f) scritta	['prova 'skritta]
redação (f)	composizione (f)	[kompozi'tsjone]
ditado (m)	dettato (m)	[det'tato]
exame (m), prova (f)	esame (m)	[e'zame]
fazer prova	sostenere un esame	[soste'neme un e'zame]
experiência (~ química)	esperimento (m)	[esperi'mento]

143. Colégio. Universidade

academia (f)	accademia (f)	[akka'demia]
universidade (f)	università (f)	[universi'ta]
faculdade (f)	facoltà (f)	[fakol'ta]
estudante (m)	studente (m)	[stu'dente]
estudante (f)	studentessa (f)	[studen'tessa]
professor (m)	docente (m, f)	[do'tʃente]
auditório (m)	aula (f)	['aula]
graduado (m)	diplomato (m)	[diplo'mato]
diploma (m)	diploma (m)	[di'ploma]
tese (f)	tesi (f)	['tezi]
estudo (obra)	ricerca (f)	[ri'tʃerka]
laboratório (m)	laboratorio (m)	[labora'torio]
palestra (f)	lezione (f)	[le'tsjone]
colega (m) de curso	compagno (m) di corso	[kom'paɲo di 'korso]
bolsa (f) de estudos	borsa (f) di studio	['borsa di 'studio]
grau (m) acadêmico	titolo (m) accademico	['titolo akka'demiko]

144. Ciências. Disciplinas

matemática (f)	matematica (f)	[mate'matika]
álgebra (f)	algebra (f)	['aldʒebra]
geometria (f)	geometria (f)	[dʒeome'tria]
astronomia (f)	astronomia (f)	[astrono'mia]
biologia (f)	biologia (f)	[biolo'dʒia]
geografia (f)	geografia (f)	[dʒeogra'fia]
geologia (f)	geologia (f)	[dʒeolo'dʒia]
história (f)	storia (f)	['storia]
medicina (f)	medicina (f)	[medi'tʃina]
pedagogia (f)	pedagogia (f)	[pedago'dʒia]
direito (m)	diritto (m)	[di'ritto]
física (f)	fisica (f)	['fizika]
química (f)	chimica (f)	['kimika]
filosofia (f)	filosofia (f)	[filozo'fia]
psicologia (f)	psicologia (f)	[psikolo'dʒia]

145. Sistema de escrita. Ortografia

gramática (f)	grammatica (f)	[gram'matika]
vocabulário (m)	lessico (m)	['lessiko]
fonética (f)	fonetica (f)	[fo'netika]
substantivo (m)	sostantivo (m)	[sostan'tivo]
adjetivo (m)	aggettivo (m)	[adʒet'tivo]
verbo (m)	verbo (m)	['verbo]
advérbio (m)	avverbio (m)	[av'verbio]
pronome (m)	pronome (m)	[pro'nome]
interjeição (f)	interiezione (f)	[interje'tsjone]
preposição (f)	preposizione (f)	[prepozi'tsjone]
raiz (f)	radice (f)	[ra'ditʃe]
terminação (f)	desinenza (f)	[dezi'nentsa]
prefixo (m)	prefisso (m)	[pre'fisso]
sílaba (f)	sillaba (f)	['sillaba]
sufixo (m)	suffisso (m)	[suf'fisso]
acento (m)	accento (m)	[a'tʃento]
apóstrofo (f)	apostrofo (m)	[a'postrofo]
ponto (m)	punto (m)	['punto]
vírgula (f)	virgola (f)	['virgola]
ponto e vírgula (m)	punto (m) e virgola	['punto e 'virgola]
dois pontos (m pl)	due punti	['due 'punti]
reticências (f pl)	puntini (m pl) di sospensione	[pun'tini di sospen'sjone]
ponto (m) de interrogação	punto (m) interrogativo	['punto interroga'tivo]
ponto (m) de exclamação	punto (m) esclamativo	['punto esklama'tivo]

aspas (f pl)	virgolette (f pl)	[virgo'lette]
entre aspas	tra virgolette	[tra virgo'lette]
parênteses (m pl)	parentesi (f pl)	[pa'rentezi]
entre parênteses	tra parentesi	[tra pa'rentezi]
hífen (m)	trattino (m)	[trat'tino]
travessão (m)	lineetta (f)	[line'etta]
espaço (m)	spazio (m)	['spatsio]
letra (f)	lettera (f)	['lettera]
letra (f) maiúscula	lettera (f) maiuscola	['lettera ma'juskola]
vogal (f)	vocale (f)	[vo'kale]
consoante (f)	consonante (f)	[konso'nante]
frase (f)	proposizione (f)	[propozi'tsjone]
sujeito (m)	soggetto (m)	[so'dʒetto]
predicado (m)	predicato (m)	[predi'kato]
linha (f)	riga (f)	['riga]
em uma nova linha	a capo	[a 'kapo]
parágrafo (m)	capoverso (m)	[kapo'verso]
palavra (f)	parola (f)	[pa'rola]
grupo (m) de palavras	gruppo (m) di parole	['gruppo di pa'role]
expressão (f)	espressione (f)	[espres'sjone]
sinônimo (m)	sinonimo (m)	[si'nonimo]
antônimo (m)	antonimo (m)	[an'tonimo]
regra (f)	regola (f)	['regola]
exceção (f)	eccezione (f)	[etʃe'tsjone]
correto (adj)	corretto	[kor'retto]
conjugação (f)	coniugazione (f)	[konjuga'tsjone]
declinação (f)	declinazione (f)	[deklina'tsjone]
caso (m)	caso (m) nominativo	['kazo nomina'tivo]
pergunta (f)	domanda (f)	[do'manda]
sublinhar (vt)	sottolineare (vt)	[sottoline'are]
linha (f) pontilhada	linea (f) tratteggiata	['linea tratte'dʒata]

146. Línguas estrangeiras

língua (f)	lingua (f)	['lingua]
estrangeiro (adj)	straniero	[stra'njero]
língua (f) estrangeira	lingua (f) straniera	['lingua stra'njera]
estudar (vt)	studiare (vt)	[stu'djare]
aprender (vt)	imparare (vt)	[impa'rare]
ler (vt)	leggere (vi, vt)	['ledʒere]
falar (vi)	parlare (vi, vt)	[par'lare]
entender (vt)	capire (vt)	[ka'pire]
escrever (vt)	scrivere (vi, vt)	['skrivere]
rapidamente	rapidamente	[rapida'mente]
devagar, lentamente	lentamente	[lenta'mente]

fluentemente	correntemente	[korrente'mente]
regras (f pl)	regole (f pl)	['regole]
gramática (f)	grammatica (f)	[gram'matika]
vocabulário (m)	lessico (m)	['lessiko]
fonética (f)	fonetica (f)	[fo'netika]
livro (m) didático	manuale (m)	[manu'ale]
dicionário (m)	dizionario (m)	[ditsjo'nario]
manual (m) autodidático	manuale (m) autodidattico	[manu'ale autodi'dattiko]
guia (m) de conversação	frasario (m)	[fra'zario]
fita (f) cassete	cassetta (f)	[kas'setta]
videoteipe (m)	videocassetta (f)	[video·kas'setta]
CD (m)	CD (m)	[tʃi'di]
DVD (m)	DVD (m)	[divu'di]
alfabeto (m)	alfabeto (m)	[alfa'beto]
soletrar (vt)	compitare (vt)	[kompi'tare]
pronúncia (f)	pronuncia (f)	[pro'nuntʃa]
sotaque (m)	accento (m)	[a'tʃento]
com sotaque	con un accento	[kon un a'tʃento]
sem sotaque	senza accento	['sentsa a'tʃento]
palavra (f)	vocabolo (m)	[vo'kabolo]
sentido (m)	significato (m)	[siɲifi'kato]
curso (m)	corso (m)	['korso]
inscrever-se (vr)	iscriversi (vr)	[is'kriversi]
professor (m)	insegnante (m, f)	[inse'ɲante]
tradução (processo)	traduzione (f)	[tradu'tsjone]
tradução (texto)	traduzione (f)	[tradu'tsjone]
tradutor (m)	traduttore (m)	[tradut'tore]
intérprete (m)	interprete (m)	[in'terprete]
poliglota (m)	poliglotta (m)	[poli'glotta]
memória (f)	memoria (f)	[me'moria]

147. Personagens de contos de fadas

Papai Noel (m)	Babbo Natale (m)	['babbo na'tale]
Cinderela (f)	Cenerentola (f)	[tʃene'rentola]
sereia (f)	sirena (f)	[si'rena]
Netuno (m)	Nettuno (m)	[net'tuno]
bruxo, feiticeiro (m)	mago (m)	['mago]
fada (f)	fata (f)	['fata]
mágico (adj)	magico	['madʒiko]
varinha (f) mágica	bacchetta (f) magica	[bak'ketta 'madʒika]
conto (m) de fadas	fiaba (f), favola (f)	['fjaba], ['favola]
milagre (m)	miracolo (m)	[mi'rakolo]
anão (m)	nano (m)	['nano]

transformar-se em ...	trasformarsi in ...	[trasfor'marsi in]
fantasma (m)	fantasma (m)	[fan'tazma]
fantasma (m)	spettro (m)	['spettro]
monstro (m)	mostro (m)	['mostro]
dragão (m)	drago (m)	['drago]
gigante (m)	gigante (m)	[dʒi'gante]

148. Signos do Zodíaco

Áries (f)	Ariete (m)	[a'rjete]
Touro (m)	Toro (m)	['toro]
Gêmeos (m pl)	Gemelli (m pl)	[dʒe'melli]
Câncer (m)	Cancro (m)	['kankro]
Leão (m)	Leone (m)	[le'one]
Virgem (f)	Vergine (f)	['verdʒine]
Libra (f)	Bilancia (f)	[bi'lantʃa]
Escorpião (m)	Scorpione (m)	[skor'pjone]
Sagitário (m)	Sagittario (m)	[sadʒit'tario]
Capricórnio (m)	Capricorno (m)	[kapri'korno]
Aquário (m)	Acquario (m)	[a'kwario]
Peixes (pl)	Pesci (m pl)	['peʃi]
caráter (m)	carattere (m)	[ka'rattere]
traços (m pl) do caráter	tratti (m pl) del carattere	['tratti del ka'rattere]
comportamento (m)	comportamento (m)	[komporta'mento]
prever a sorte	predire il futuro	[pre'dire il fu'turo]
adivinha (f)	cartomante (f)	[karto'mante]
horóscopo (m)	oroscopo (m)	[o'roskopo]

Artes

149. Teatro

Português	Italiano	Pronúncia
teatro (m)	teatro (m)	[te'atro]
ópera (f)	opera (f)	['opera]
opereta (f)	operetta (f)	[ope'retta]
balé (m)	balletto (m)	[bal'letto]
cartaz (m)	cartellone (m)	[kartel'lone]
companhia (f) de teatro	compagnia (f) teatrale	[kompa'ɲia tea'trale]
turnê (f)	tournée (f)	[tur'ne]
estar em turnê	andare in tournée	[an'dare in tur'ne]
ensaiar (vt)	fare le prove	['fare le 'prove]
ensaio (m)	prova (f)	['prova]
repertório (m)	repertorio (m)	[reper'torio]
apresentação (f)	rappresentazione (f)	[rapprezenta'tsjone]
espetáculo (m)	spettacolo (m)	[spet'takolo]
peça (f)	opera (f) teatrale	['opera tea'trale]
entrada (m)	biglietto (m)	[biʎ'ʎetto]
bilheteira (f)	botteghino (m)	[botte'gino]
hall (m)	hall (f)	[oll]
vestiário (m)	guardaroba (f)	[gwarda'roba]
senha (f) numerada	cartellino (m) del guardaroba	[kartel'lino del gwarda'roba]
binóculo (m)	binocolo (m)	[bi'nokolo]
lanterninha (m)	maschera (f)	['maskera]
plateia (f)	platea (f)	['platea]
balcão (m)	balconata (f)	[balko'nata]
primeiro balcão (m)	prima galleria (f)	['prima galle'ria]
camarote (m)	palco (m)	['palko]
fila (f)	fila (f)	['fila]
assento (m)	posto (m)	['posto]
público (m)	pubblico (m)	['pubbliko]
espectador (m)	spettatore (m)	[spetta'tore]
aplaudir (vt)	battere le mani	['battere le 'mani]
aplauso (m)	applauso (m)	[app'lauzo]
ovação (f)	ovazione (f)	[ova'tsjone]
palco (m)	palcoscenico (m)	[palko'ʃeniko]
cortina (f)	sipario (m)	[si'pario]
cenário (m)	scenografia (f)	[ʃenogra'fia]
bastidores (m pl)	quinte (f pl)	['kwinte]
cena (f)	scena (f)	['ʃena]
ato (m)	atto (m)	['atto]
intervalo (m)	intervallo (m)	[inter'vallo]

150. Cinema

ator (m)	attore (m)	[at'tore]
atriz (f)	attrice (f)	[at'tritʃe]
cinema (m)	cinema (m)	['tʃinema]
filme (m)	film (m)	[film]
episódio (m)	puntata (f)	[pun'tata]
filme (m) policial	film (m) giallo	[film 'dʒallo]
filme (m) de ação	film (m) d'azione	[film da'tsjone]
filme (m) de aventuras	film (m) d'avventure	[film davven'ture]
filme (m) de ficção científica	film (m) di fantascienza	['film de fanta'ʃentsa]
filme (m) de horror	film (m) d'orrore	[film dor'rore]
comédia (f)	film (m) comico	[film 'komiko]
melodrama (m)	melodramma (m)	[melo'dramma]
drama (m)	dramma (m)	['dramma]
filme (m) de ficção	film (m) a soggetto	[film a so'dʒetto]
documentário (m)	documentario (m)	[dokumen'tario]
desenho (m) animado	cartoni (m pl) animati	[kar'toni ani'mati]
cinema (m) mudo	cinema (m) muto	['tʃinema 'muto]
papel (m)	parte (f)	['parte]
papel (m) principal	parte (f) principale	['parte printʃi'pale]
representar (vt)	recitare (vi, vt)	[retʃi'tare]
estrela (f) de cinema	star (f), stella (f)	[star], ['stella]
conhecido (adj)	noto	['noto]
famoso (adj)	famoso	[fa'mozo]
popular (adj)	popolare	[popo'lare]
roteiro (m)	sceneggiatura (m)	[ʃenedʒa'tura]
roteirista (m)	sceneggiatore (m)	[ʃenedʒa'tore]
diretor (m) de cinema	regista (m)	[re'dʒista]
produtor (m)	produttore (m)	[produt'tore]
assistente (m)	assistente (m)	[assi'stente]
diretor (m) de fotografia	cameraman (m)	[kamera'men]
dublê (m)	cascatore (m)	[kaska'tore]
dublê (m) de corpo	controfigura (f)	[kontrofi'gura]
filmar (vt)	girare un film	[dʒi'rare un film]
audição (f)	provino (m)	[pro'vino]
filmagem (f)	ripresa (f)	[ri'preza]
equipe (f) de filmagem	troupe (f) cinematografica	[trup tʃinemato'grafika]
set (m) de filmagem	set (m)	[set]
câmera (f)	cinepresa (f)	[tʃine'preza]
cinema (m)	cinema (m)	['tʃinema]
tela (f)	schermo (m)	['skermo]
exibir um filme	proiettare un film	[projet'tare un film]
trilha (f) sonora	colonna (f) sonora	[ko'lonna so'nora]
efeitos (m pl) especiais	effetti (m pl) speciali	[ef'fetti spe'tʃali]

legendas (f pl)	sottotitoli (m pl)	[sotto'titoli]
crédito (m)	titoli (m pl) di coda	['titoli di 'koda]
tradução (f)	traduzione (f)	[tradu'tsjone]

151. Pintura

arte (f)	arte (f)	['arte]
belas-artes (f pl)	belle arti (f pl)	['belle 'arti]
galeria (f) de arte	galleria (f) d'arte	[galle'ria 'darte]
exibição (f) de arte	mostra (f)	['mostra]

pintura (f)	pittura (f)	[pit'tura]
arte (f) gráfica	grafica (f)	['grafika]
arte (f) abstrata	astrattismo (m)	[astrat'tizmo]
impressionismo (m)	impressionismo (m)	[impressio'nizmo]

pintura (f), quadro (m)	quadro (m)	['kwadro]
desenho (m)	disegno (m)	[di'zeɲo]
cartaz, pôster (m)	cartellone (m)	[kartel'lone]

ilustração (f)	illustrazione (f)	[illustra'tsjone]
miniatura (f)	miniatura (f)	[minia'tura]
cópia (f)	copia (f)	['kopia]
reprodução (f)	riproduzione (f)	[riprodu'tsjone]

mosaico (m)	mosaico (m)	[mo'zaiko]
vitral (m)	vetrata (f)	[ve'trata]
afresco (m)	affresco (m)	[af'fresko]
gravura (f)	incisione (f)	[intʃi'zjone]

busto (m)	busto (m)	['busto]
escultura (f)	scultura (f)	[skul'tura]
estátua (f)	statua (f)	['statua]
gesso (m)	gesso (m)	['dʒesso]
em gesso (adj)	in gesso	[in 'dʒesso]

retrato (m)	ritratto (m)	[ri'tratto]
autorretrato (m)	autoritratto (m)	[autori'tratto]
paisagem (f)	paesaggio (m)	[pae'zadʒo]
natureza (f) morta	natura (f) morta	[na'tura 'morta]
caricatura (f)	caricatura (f)	[karika'tura]
esboço (m)	abbozzo (m)	[ab'bottso]

tinta (f)	colore (m)	[ko'lore]
aquarela (f)	acquerello (m)	[akwe'rello]
tinta (f) a óleo	olio (m)	['oljo]
lápis (m)	matita (f)	[ma'tita]
tinta (f) nanquim	inchiostro (m) di china	[in'kjostro di 'kina]
carvão (m)	carbone (m)	[kar'bone]

desenhar (vt)	disegnare (vt)	[dize'ɲare]
pintar (vt)	dipingere (vt)	[di'pindʒere]
posar (vi)	posare (vi)	[po'zare]
modelo (m)	modello (m)	[mo'dello]

modelo (f)	modella (f)	[mo'della]
pintor (m)	pittore (m)	[pit'tore]
obra (f)	opera (f) d'arte	['opera 'darte]
obra-prima (f)	capolavoro (m)	[kapo·la'voro]
estúdio (m)	laboratorio (m)	[labora'torio]
tela (f)	tela (f)	['tela]
cavalete (m)	cavalletto (m)	[kaval'letto]
paleta (f)	tavolozza (f)	[tavo'lottsa]
moldura (f)	cornice (f)	[kor'nitʃe]
restauração (f)	restauro (m)	[re'stauro]
restaurar (vt)	restaurare (vt)	[restau'rare]

152. Literatura & Poesia

literatura (f)	letteratura (f)	[lettera'tura]
autor (m)	autore (m)	[au'tore]
pseudônimo (m)	pseudonimo (m)	[pseu'donimo]
livro (m)	libro (m)	['libro]
volume (m)	volume (m)	[vo'lume]
índice (m)	sommario (m), indice (m)	[som'mario], ['inditʃe]
página (f)	pagina (f)	['padʒina]
protagonista (m)	protagonista (m)	[protago'nista]
autógrafo (m)	autografo (m)	[au'tografo]
conto (m)	racconto (m)	[rak'konto]
novela (f)	romanzo (m) breve	[ro'mandzo 'breve]
romance (m)	romanzo (m)	[ro'mandzo]
obra (f)	opera (f)	['opera]
fábula (m)	favola (f)	['favola]
romance (m) policial	giallo (m)	['dʒallo]
verso (m)	verso (m)	['verso]
poesia (f)	poesia (f)	[poe'zia]
poema (m)	poema (m)	[po'ema]
poeta (m)	poeta (m)	[po'eta]
ficção (f)	narrativa (f)	[narra'tiva]
ficção (f) científica	fantascienza (f)	[fanta'ʃentsa]
aventuras (f pl)	avventure (f pl)	[avven'ture]
literatura (f) didática	letteratura (f) formativa	[lettera'tura forma'tiva]
literatura (f) infantil	libri (m pl) per l'infanzia	['libri per lin'fansia]

153. Circo

circo (m)	circo (m)	['tʃirko]
circo (m) ambulante	tendone (m) del circo	[ten'done del 'tʃirko]
programa (m)	programma (m)	[pro'gramma]
apresentação (f)	spettacolo (m)	[spet'takolo]
número (m)	numero (m)	['numero]

picadeiro (f)	arena (f)	[a'rena]
pantomima (f)	pantomima (m)	[panto'mima]
palhaço (m)	pagliaccio (m)	[paʎ'ʎatʃo]

acrobata (m)	acrobata (m)	[a'krobata]
acrobacia (f)	acrobatica (f)	[akro'batika]
ginasta (m)	ginnasta (m)	[dʒin'nasta]
ginástica (f)	ginnastica (m)	[dʒin'nastika]
salto (m) mortal	salto (m) mortale	['salto mor'tale]

homem (m) forte	forzuto (m)	[for'tsuto]
domador (m)	domatore (m)	[doma'tore]
cavaleiro (m) equilibrista	cavallerizzo (m)	[kavalle'riddzo]
assistente (m)	assistente (m)	[assi'stente]

truque (m)	acrobazia (f)	[akroba'tsia]
truque (m) de mágica	gioco (m) di prestigio	['dʒoko di pre'stidʒo]
ilusionista (m)	prestigiatore (m)	[prestidʒa'tore]

malabarista (m)	giocoliere (m)	[dʒoko'ljere]
fazer malabarismos	giocolare (vi)	[dʒoko'lare]
adestrador (m)	ammaestratore (m)	[ammaestra'tore]
adestramento (m)	ammaestramento (m)	[ammaestra'mento]
adestrar (vt)	ammaestrare (vt)	[ammae'strare]

154. Música. Música popular

música (f)	musica (f)	['muzika]
músico (m)	musicista (m)	[muzi'tʃista]
instrumento (m) musical	strumento (m) musicale	[stru'mento muzi'kale]
tocar ...	suonare ...	[suo'nare]

guitarra (f)	chitarra (f)	[ki'tarra]
violino (m)	violino (m)	[vio'lino]
violoncelo (m)	violoncello (m)	[violon'tʃello]
contrabaixo (m)	contrabbasso (m)	[kontrab'basso]
harpa (f)	arpa (f)	['arpa]

piano (m)	pianoforte (m)	[pjano'forte]
piano (m) de cauda	pianoforte (m) a coda	[pjano'forte a 'koda]
órgão (m)	organo (m)	['organo]

instrumentos (m pl) de sopro	strumenti (m pl) a fiato	[stru'menti a 'fjato]
oboé (m)	oboe (m)	['oboe]
saxofone (m)	sassofono (m)	[sas'sofono]
clarinete (m)	clarinetto (m)	[klari'netto]
flauta (f)	flauto (m)	['flauto]
trompete (m)	tromba (f)	['tromba]

| acordeão (m) | fisarmonica (f) | [fizar'monika] |
| tambor (m) | tamburo (m) | [tam'buro] |

| dueto (m) | duetto (m) | [du'etto] |
| trio (m) | trio (m) | ['trio] |

quarteto (m)	quartetto (m)	[kwar'tetto]
coro (m)	coro (m)	['koro]
orquestra (f)	orchestra (f)	[or'kestra]
música (f) pop	musica (f) pop	['muzika pop]
música (f) rock	musica (f) rock	['muzika rok]
grupo (m) de rock	gruppo (m) rock	['gruppo rok]
jazz (m)	jazz (m)	[dʒaz]
ídolo (m)	idolo (m)	['idolo]
fã, admirador (m)	ammiratore (m)	[ammira'tore]
concerto (m)	concerto (m)	[kon'tʃerto]
sinfonia (f)	sinfonia (f)	[sinfo'nia]
composição (f)	composizione (f)	[kompozi'tsjone]
compor (vt)	comporre (vt)	[kom'porre]
canto (m)	canto (m)	['kanto]
canção (f)	canzone (f)	[kan'tsone]
melodia (f)	melodia (f)	[melo'dia]
ritmo (m)	ritmo (m)	['ritmo]
blues (m)	blues (m)	[bluz]
notas (f pl)	note (f pl)	['note]
batuta (f)	bacchetta (f)	[bak'ketta]
arco (m)	arco (m)	['arko]
corda (f)	corda (f)	['korda]
estojo (m)	custodia (f)	[ku'stodia]

Descanso. Entretenimento. Viagens

155. Viagens

turismo (m)	turismo (m)	[tu'rizmo]
turista (m)	turista (m)	[tu'rista]
viagem (f)	viaggio (m)	['vjadʒo]
aventura (f)	avventura (f)	[avven'tura]
percurso (curta viagem)	viaggio (m)	['vjadʒo]
férias (f pl)	vacanza (f)	[va'kantsa]
estar de férias	essere in vacanza	['essere in va'kantsa]
descanso (m)	riposo (m)	[ri'pozo]
trem (m)	treno (m)	['treno]
de trem (chegar ~)	in treno	[in 'treno]
avião (m)	aereo (m)	[a'ereo]
de avião	in aereo	[in a'ereo]
de carro	in macchina	[in 'makkina]
de navio	in nave	[in 'nave]
bagagem (f)	bagaglio (m)	[ba'gaʎʎo]
mala (f)	valigia (f)	[va'lidʒa]
carrinho (m)	carrello (m)	[kar'rello]
passaporte (m)	passaporto (m)	[passa'porto]
visto (m)	visto (m)	['visto]
passagem (f)	biglietto (m)	[biʎ'ʎetto]
passagem (f) aérea	biglietto (m) aereo	[biʎ'ʎetto a'ereo]
guia (m) de viagem	guida (f)	['gwida]
mapa (m)	carta (f) geografica	['karta dʒeo'grafika]
área (f)	località (f)	[lokali'ta]
lugar (m)	luogo (m)	[lu'ogo]
exotismo (m)	ogetti (m pl) esotici	[o'dʒetti e'zotitʃi]
exótico (adj)	esotico	[e'zotiko]
surpreendente (adj)	sorprendente	[sorpren'dente]
grupo (m)	gruppo (m)	['gruppo]
excursão (f)	escursione (f)	[eskur'sjone]
guia (m)	guida (f)	['gwida]

156. Hotel

hotel (m)	albergo, hotel (m)	[al'bergo], [o'tel]
motel (m)	motel (m)	[mo'tel]
três estrelas	tre stelle	[tre 'stelle]

cinco estrelas	cinque stelle	['tʃinkwe 'stelle]
ficar (vi, vt)	alloggiare (vi)	[allo'dʒare]

quarto (m)	camera (f)	['kamera]
quarto (m) individual	camera (f) singola	['kamera 'singola]
quarto (m) duplo	camera (f) doppia	['kamera 'doppia]
reservar um quarto	prenotare una camera	[preno'tare 'una 'kamera]

meia pensão (f)	mezza pensione (f)	['meddza pen'sjone]
pensão (f) completa	pensione (f) completa	[pen'sjone kom'pleta]

com banheira	con bagno	[kon 'baɲo]
com chuveiro	con doccia	[kon 'dotʃa]
televisão (m) por satélite	televisione (f) satellitare	[televi'zjone satelli'tare]
ar (m) condicionado	condizionatore (m)	[konditsiona'tore]
toalha (f)	asciugamano (m)	[aʃuga'mano]
chave (f)	chiave (f)	['kjave]

administrador (m)	amministratore (m)	[amministra'tore]
camareira (f)	cameriera (f)	[kame'rjera]
bagageiro (m)	portabagagli (m)	[porta·ba'gaʎʎi]
porteiro (m)	portiere (m)	[por'tjere]

restaurante (m)	ristorante (m)	[risto'rante]
bar (m)	bar (m)	[bar]
café (m) da manhã	colazione (f)	[kola'tsjone]
jantar (m)	cena (f)	['tʃena]
bufê (m)	buffet (m)	[buf'fe]

saguão (m)	hall (f)	[oll]
elevador (m)	ascensore (m)	[aʃen'sore]

NÃO PERTURBE	NON DISTURBARE	[non distur'bare]
PROIBIDO FUMAR!	VIETATO FUMARE!	[vje'tato fu'mare]

157. Livros. Leitura

livro (m)	libro (m)	['libro]
autor (m)	autore (m)	[au'tore]
escritor (m)	scrittore (m)	[skrit'tore]
escrever (~ um livro)	scrivere (vi, vt)	['skrivere]

leitor (m)	lettore (m)	[let'tore]
ler (vt)	leggere (vi, vt)	['ledʒere]
leitura (f)	lettura (f)	[let'tura]

para si	in silenzio	[in si'lentsio]
em voz alta	ad alta voce	[ad 'alta 'votʃe]

publicar (vt)	pubblicare (vt)	[pubbli'kare]
publicação (f)	pubblicazione (f)	[publika'tsjone]
editor (m)	editore (m)	[edi'tore]
editora (f)	casa (f) editrice	['kaza edi'tritʃe]
sair (vi)	uscire (vi)	[u'ʃire]

lançamento (m)	uscita (f)	[u'ʃita]
tiragem (f)	tiratura (f)	[tira'tura]
livraria (f)	libreria (f)	[libre'ria]
biblioteca (f)	biblioteca (f)	[biblio'teka]
novela (f)	romanzo (m) breve	[ro'mandzo 'breve]
conto (m)	racconto (m)	[rak'konto]
romance (m)	romanzo (m)	[ro'mandzo]
romance (m) policial	giallo (m)	['dʒallo]
memórias (f pl)	memorie (f pl)	[me'morie]
lenda (f)	leggenda (f)	[le'dʒenda]
mito (m)	mito (m)	['mito]
poesia (f)	poesia (f), versi (m pl)	[poe'zia], ['versi]
autobiografia (f)	autobiografia (f)	[auto·biogra'fia]
obras (f pl) escolhidas	opere (f pl) scelte	['opere 'ʃelte]
ficção (f) científica	fantascienza (f)	[fanta'ʃentsa]
título (m)	titolo (m)	['titolo]
introdução (f)	introduzione (f)	[introdu'tsjone]
folha (f) de rosto	frontespizio (m)	[fronte'spitsio]
capítulo (m)	capitolo (m)	[ka'pitolo]
excerto (m)	frammento (m)	[fram'mento]
episódio (m)	episodio (m)	[epi'zodio]
enredo (m)	soggetto (m)	[so'dʒetto]
conteúdo (m)	contenuto (m)	[konte'nuto]
índice (m)	sommario (m)	[som'mario]
protagonista (m)	protagonista (m)	[protago'nista]
volume (m)	volume (m)	[vo'lume]
capa (f)	copertina (f)	[koper'tina]
encadernação (f)	rilegatura (f)	[rilega'tura]
marcador (m) de página	segnalibro (m)	[seɲa'libro]
página (f)	pagina (f)	['padʒina]
folhear (vt)	sfogliare (vt)	[sfoʎ'ʎare]
margem (f)	margini (m pl)	['mardʒini]
anotação (f)	annotazione (f)	[annota'tsjone]
nota (f) de rodapé	nota (f)	['nota]
texto (m)	testo (m)	['testo]
fonte (f)	carattere (m)	[ka'rattere]
falha (f) de impressão	refuso (m)	[re'fuzo]
tradução (f)	traduzione (f)	[tradu'tsjone]
traduzir (vt)	tradurre (vt)	[tra'durre]
original (m)	originale (m)	[oridʒi'nale]
famoso (adj)	famoso	[fa'mozo]
desconhecido (adj)	sconosciuto	[skono'ʃuto]
interessante (adj)	interessante	[interes'sante]
best-seller (m)	best seller (m)	[best 'seller]

dicionário (m)	dizionario (m)	[ditsjo'nario]
livro (m) didático	manuale (m)	[manu'ale]
enciclopédia (f)	enciclopedia (f)	[entʃiklope'dia]

158. Caça. Pesca

caça (f)	caccia (f)	['katʃa]
caçar (vi)	cacciare (vt)	[ka'tʃare]
caçador (m)	cacciatore (m)	[katʃa'tore]
disparar, atirar (vi)	sparare (vi)	[spa'rare]
rifle (m)	fucile (m)	[fu'tʃile]
cartucho (m)	cartuccia (f)	[kar'tutʃa]
chumbo (m) de caça	pallini (m pl)	[pal'lini]
armadilha (f)	tagliola (f)	[taʎ'ʎoʎa]
armadilha (com corda)	trappola (f)	['trappola]
cair na armadilha	cadere in trappola	[ka'dere in 'trappola]
pôr a armadilha	tendere una trappola	['tendere 'una 'trappola]
caçador (m) furtivo	bracconiere (m)	[brakko'njere]
caça (animais)	cacciagione (m)	[katʃa'dʒone]
cão (m) de caça	cane (m) da caccia	['kane da 'katʃa]
safári (m)	safari (m)	[sa'fari]
animal (m) empalhado	animale (m) impagliato	[ani'male impaʎ'ʎato]
pescador (m)	pescatore (m)	[peska'tore]
pesca (f)	pesca (f)	['peska]
pescar (vt)	pescare (vi)	[pe'skare]
vara (f) de pesca	canna (f) da pesca	['kanna da 'peska]
linha (f) de pesca	lenza (f)	['lentsa]
anzol (m)	amo (m)	['amo]
boia (f), flutuador (m)	galleggiante (m)	[galle'dʒante]
isca (f)	esca (f)	['eska]
lançar a linha	lanciare la canna	[lan'tʃjare la 'kanna]
morder (peixe)	abboccare (vi)	[abbok'kare]
pesca (f)	pescato (m)	[pe'skato]
buraco (m) no gelo	buco (m) nel ghiaccio	['buko nel 'gjatʃo]
rede (f)	rete (f)	['rete]
barco (m)	barca (f)	['barka]
pescar com rede	prendere con la rete	['prendere kon la 'rete]
lançar a rede	gettare la rete	[dʒet'tare la 'rete]
puxar a rede	tirare le reti	[ti'rare le 'reti]
cair na rede	cadere nella rete	[ka'dere 'nella 'rete]
baleeiro (m)	baleniere (m)	[bale'njere]
baleeira (f)	baleniera (f)	[bale'njera]
arpão (m)	rampone (m)	[ram'pone]

159. Jogos. Bilhar

bilhar (m)	biliardo (m)	[bi'ljardo]
sala (f) de bilhar	sala (f) da biliardo	['sala da bi'ljardo]
bola (f) de bilhar	bilia (f)	['bilia]
embolsar uma bola	imbucare (vt)	[imbu'kare]
taco (m)	stecca (f) da biliardo	['stekka da bi'ljardo]
caçapa (f)	buca (f)	['buka]

160. Jogos. Jogar cartas

ouros (m pl)	quadri (m pl)	['kwadri]
espadas (f pl)	picche (f pl)	['pikke]
copas (f pl)	cuori (m pl)	[ku'ori]
paus (m pl)	fiori (m pl)	['fjori]
ás (m)	asso (m)	['asso]
rei (m)	re (m)	[re]
dama (f), rainha (f)	donna (f)	['donna]
valete (m)	fante (m)	['fante]
carta (f) de jogar	carta (f) da gioco	['karta da 'dʒoko]
cartas (f pl)	carte (f pl)	['karte]
trunfo (m)	briscola (f)	['briskola]
baralho (m)	mazzo (m) di carte	['mattso di 'karte]
ponto (m)	punto (m)	['punto]
dar, distribuir (vt)	dare le carte	['dare le 'karte]
embaralhar (vt)	mescolare (vt)	[mesko'lare]
vez, jogada (f)	turno (m)	['turno]
trapaceiro (m)	baro (m)	['baro]

161. Casino. Roleta

cassino (m)	casinò (m)	[kazi'no]
roleta (f)	roulette (f)	[ru'lett]
aposta (f)	puntata (f)	[pun'tata]
apostar (vt)	puntare su ...	[pun'tare su]
vermelho (m)	rosso	['rosso]
preto (m)	nero (m)	['nero]
apostar no vermelho	puntare sul rosso	[pun'tare sul 'rosso]
apostar no preto	puntare sul nero	[pun'tare sul 'nero]
croupier (m, f)	croupier (m)	[kru'pje]
girar da roleta	far girare la ruota	[far dʒi'rare la ru'ota]
regras (f pl) do jogo	regole (f pl) del gioco	['regole del 'dʒoko]
ficha (f)	fiche (f)	[fiʃ]
ganhar (vi, vt)	vincere (vi, vt)	['vintʃere]
ganho (m)	vincita (f)	['vintʃita]

| perder (dinheiro) | perdere (vt) | ['perdere] |
| perda (f) | perdita (f) | ['perdita] |

jogador (m)	giocatore (m)	[dʒoka'tore]
blackjack, vinte-e-um (m)	black jack (m)	[blek 'dʒek]
jogo (m) de dados	gioco (m) dei dadi	['dʒoko dei 'dadi]
dados (m pl)	dadi (m pl)	['dadi]
caça-níqueis (m)	slot machine (f)	[zlot ma'ʃin]

162. Descanso. Jogos. Diversos

passear (vi)	passeggiare (vi)	[passe'dʒare]
passeio (m)	passeggiata (f)	[passe'dʒata]
viagem (f) de carro	gita (f)	['dʒita]
aventura (f)	avventura (f)	[avven'tura]
piquenique (m)	picnic (m)	['piknik]

jogo (m)	gioco (m)	['dʒoko]
jogador (m)	giocatore (m)	[dʒoka'tore]
partida (f)	partita (f)	[par'tita]

colecionador (m)	collezionista (m)	[kolletsjo'nista]
colecionar (vt)	collezionare (vt)	[kolletsio'nare]
coleção (f)	collezione (f)	[kolle'tsjone]

palavras (f pl) cruzadas	cruciverba (m)	[krutʃi'verba]
hipódromo (m)	ippodromo (m)	[ip'podromo]
discoteca (f)	discoteca (f)	[disko'teka]

| sauna (f) | sauna (f) | ['sauna] |
| loteria (f) | lotteria (f) | [lotte'ria] |

campismo (m)	campeggio (m)	[kam'pedʒo]
acampamento (m)	campo (m)	['kampo]
barraca (f)	tenda (f) da campeggio	['tenda da kam'pedʒo]
bússola (f)	bussola (f)	['bussola]
campista (m)	campeggiatore (m)	[kampedʒa'tore]

ver (vt), assistir à ...	guardare (vt)	[gwar'dare]
telespectador (m)	telespettatore (m)	[telespetta'tore]
programa (m) de TV	trasmissione (f)	[trazmis'sjone]

163. Fotografia

| máquina (f) fotográfica | macchina (f) fotografica | ['makkina foto'grafika] |
| foto, fotografia (f) | fotografia (f) | [fotogra'fia] |

fotógrafo (m)	fotografo (m)	[fo'tografo]
estúdio (m) fotográfico	studio (m) fotografico	['studio foto'grafiko]
álbum (m) de fotografias	album (m) di fotografie	['album di fotogra'fie]
lente (f) fotográfica	obiettivo (m)	[objet'tivo]
lente (f) teleobjetiva	teleobiettivo (m)	[teleobjet'tivo]

filtro (m)	filtro (m)	['filtro]
lente (f)	lente (f)	['lente]

ótica (f)	ottica (f)	['ottika]
abertura (f)	diaframma (m)	[dia'framma]
exposição (f)	tempo (m) di esposizione	['tempo di espozi'tsjone]
visor (m)	mirino (m)	[mi'rino]

câmera (f) digital	fotocamera (f) digitale	[foto'kamera didʒi'tale]
tripé (m)	cavalletto (m)	[kaval'letto]
flash (m)	flash (m)	[fleʃ]

fotografar (vt)	fotografare (vt)	[fotogra'fare]
tirar fotos	fare foto	['fare 'foto]
fotografar-se (vr)	fotografarsi	[fotogra'farsi]

foco (m)	fuoco (m)	[fu'oko]
focar (vt)	mettere a fuoco	['mettere a fu'oko]
nítido (adj)	nitido	['nitido]
nitidez (f)	nitidezza (f)	[niti'dettsa]

contraste (m)	contrasto (m)	[kon'trasto]
contrastante (adj)	contrastato	[kontra'stato]

retrato (m)	foto (f)	['foto]
negativo (m)	negativa (f)	[nega'tiva]
filme (m)	pellicola (f) fotografica	[pel'likola foto'grafika]
fotograma (m)	fotogramma (m)	[foto'gramma]
imprimir (vt)	stampare (vt)	[stam'pare]

164. Praia. Natação

praia (f)	spiaggia (f)	['spjadʒa]
areia (f)	sabbia (f)	['sabbia]
deserto (adj)	deserto	[de'zerto]

bronzeado (m)	abbronzatura (f)	[abbrondza'tura]
bronzear-se (vr)	abbronzarsi (vr)	[abbron'dzarsi]
bronzeado (adj)	abbronzato	[abbron'dzato]
protetor (m) solar	crema (f) solare	['krema so'lare]

biquíni (m)	bikini (m)	[bi'kini]
maiô (m)	costume (m) da bagno	[ko'stume da 'baɲo]
calção (m) de banho	slip (m) da bagno	[zlip da 'baɲo]

piscina (f)	piscina (f)	[pi'ʃina]
nadar (vi)	nuotare (vi)	[nuo'tare]
chuveiro (m), ducha (f)	doccia (f)	['dotʃa]
mudar, trocar (vt)	cambiarsi (vr)	[kam'bjarsi]
toalha (f)	asciugamano (m)	[aʃuga'mano]

barco (m)	barca (f)	['barka]
lancha (f)	motoscafo (m)	[moto'skafo]
esqui (m) aquático	sci (m) nautico	[ʃi 'nautiko]

barco (m) de pedais	pedalò (m)	[peda'lo]
surf, surfe (m)	surf (m)	[serf]
surfista (m)	surfista (m)	[sur'fista]
equipamento (m) de mergulho	autorespiratore (m)	[autorespira'tore]
pé (m pl) de pato	pinne (f pl)	['pinne]
máscara (f)	maschera (f)	['maskera]
mergulhador (m)	subacqueo (m)	[su'bakveo]
mergulhar (vi)	tuffarsi (vr)	[tuf'farsi]
debaixo d'água	sott'acqua	[so'takva]
guarda-sol (m)	ombrellone (m)	[ombrel'lone]
espreguiçadeira (f)	sdraio (f)	['zdrajo]
óculos (m pl) de sol	occhiali (m pl) da sole	[ok'kjali da 'sole]
colchão (m) de ar	materasso (m) ad aria	[mate'rasso ad 'aria]
brincar (vi)	giocare (vi)	[dʒo'kare]
ir nadar	fare il bagno	['fare il 'baɲo]
bola (f) de praia	pallone (m)	[pal'lone]
encher (vt)	gonfiare (vt)	[gon'fjare]
inflável (adj)	gonfiabile	[gon'fjabile]
onda (f)	onda (f)	['onda]
boia (f)	boa (f)	['boa]
afogar-se (vr)	annegare (vi)	[anne'gare]
salvar (vt)	salvare (vt)	[sal'vare]
colete (m) salva-vidas	giubbotto (m) di salvataggio	[dʒub'botto di salva'tadʒo]
observar (vt)	osservare (vt)	[osser'vare]
salva-vidas (pessoa)	bagnino (m)	[ba'ɲino]

EQUIPAMENTO TÉCNICO. TRANSPORTES

Equipamento técnico. Transportes

165. Computador

computador (m)	computer (m)	[kom'pjuter]
computador (m) portátil	computer (m) portatile	[kom'pjuter por'tatile]
ligar (vt)	accendere (vt)	[a'tʃendere]
desligar (vt)	spegnere (vt)	['speɲere]
teclado (m)	tastiera (f)	[tas'tjera]
tecla (f)	tasto (m)	['tasto]
mouse (m)	mouse (m)	['maus]
tapete (m) para mouse	tappetino (m) del mouse	[tappe'tino del 'maus]
botão (m)	tasto (m)	['tasto]
cursor (m)	cursore (m)	[kur'sore]
monitor (m)	monitor (m)	['monitor]
tela (f)	schermo (m)	['skermo]
disco (m) rígido	disco (m) rigido	['disko 'ridʒido]
capacidade (f) do disco rígido	spazio (m) sul disco rigido	['spatsio sul 'disko 'ridʒido]
memória (f)	memoria (f)	[me'moria]
memória RAM (f)	memoria (f) operativa	[me'moria opera'tiva]
arquivo (m)	file (m)	[fajl]
pasta (f)	cartella (f)	[kar'tella]
abrir (vt)	aprire (vt)	[a'prire]
fechar (vt)	chiudere (vt)	['kjudere]
salvar (vt)	salvare (vt)	[sal'vare]
deletar (vt)	eliminare (vt)	[elimi'nare]
copiar (vt)	copiare (vt)	[ko'pjare]
ordenar (vt)	ordinare (vt)	[ordi'nare]
copiar (vt)	trasferire (vt)	[trasfe'rire]
programa (m)	programma (m)	[pro'gramma]
software (m)	software (m)	['softwea]
programador (m)	programmatore (m)	[programma'tore]
programar (vt)	programmare (vt)	[program'mare]
hacker (m)	hacker (m)	['aker]
senha (f)	password (f)	['password]
vírus (m)	virus (m)	['virus]
detectar (vt)	trovare (vt)	[tro'vare]
byte (m)	byte (m)	[bajt]

megabyte (m)	megabyte (m)	['megabajt]
dados (m pl)	dati (m pl)	['dati]
base (f) de dados	database (m)	['databejz]

cabo (m)	cavo (m)	['kavo]
desconectar (vt)	sconnettere (vt)	[skon'nettere]
conectar (vt)	collegare (vt)	[kolle'gare]

166. Internet. E-mail

internet (f)	internet (f)	['internet]
browser (m)	navigatore (m)	[naviga'tore]
motor (m) de busca	motore (m) di ricerca	[mo'tore di ri'tʃerka]
provedor (m)	provider (m)	[pro'vajder]

webmaster (m)	webmaster (m)	web'master]
website (m)	sito web (m)	['sito web]
web page (f)	pagina web (f)	['padʒina web]

| endereço (m) | indirizzo (m) | [indi'rittso] |
| livro (m) de endereços | rubrica (f) indirizzi | [ru'brika indi'rittsi] |

caixa (f) de correio	casella (f) di posta	[ka'zella di 'posta]
correio (m)	posta (f)	['posta]
cheia (caixa de correio)	battaglia (f)	[bat'taʎʎa]

mensagem (f)	messaggio (m)	[mes'sadʒo]
mensagens (f pl) recebidas	messaggi (m pl) in arrivo	[mes'sadʒi in ar'rivo]
mensagens (f pl) enviadas	messaggi (m pl) in uscita	[mes'sadʒo in u'ʃita]
remetente (m)	mittente (m)	[mit'tente]
enviar (vt)	inviare (vt)	[in'vjare]
envio (m)	invio (m)	[in'vio]
destinatário (m)	destinatario (m)	[destina'tario]
receber (vt)	ricevere (vt)	[ri'tʃevere]

| correspondência (f) | corrispondenza (f) | [korrispon'dentsa] |
| corresponder-se (vr) | essere in corrispondenza | ['essere in korrispon'dentsa] |

arquivo (m)	file (m)	[fajl]
fazer download, baixar (vt)	scaricare (vt)	[skari'kare]
criar (vt)	creare (vt)	[kre'are]
deletar (vt)	eliminare (vt)	[elimi'nare]
deletado (adj)	eliminato	[elimi'nato]

conexão (f)	connessione (f)	[konne'sjone]
velocidade (f)	velocità (f)	[velotʃi'ta]
modem (m)	modem (m)	['modem]
acesso (m)	accesso (m)	[a'tʃesso]
porta (f)	porta (f)	['porta]

conexão (f)	collegamento (m)	[kollega'mento]
conectar (vi)	collegarsi a ...	[kolle'garsi a]
escolher (vt)	scegliere (vt)	['ʃeʎʎere]
buscar (vt)	cercare (vt)	[tʃer'kare]

167. Eletricidade

eletricidade (f)	elettricità (f)	[elettritʃi'ta]
elétrico (adj)	elettrico	[e'lettriko]
planta (f) elétrica	centrale (f) elettrica	[tʃen'trale e'lettrika]
energia (f)	energia (f)	[ener'dʒia]
energia (f) elétrica	energia (f) elettrica	[ener'dʒia e'lettrika]
lâmpada (f)	lampadina (f)	[lampa'dina]
lanterna (f)	torcia (f) elettrica	['tortʃa e'lettrika]
poste (m) de iluminação	lampione (m)	[lam'pjone]
luz (f)	luce (f)	['lutʃe]
ligar (vt)	accendere (vt)	[a'tʃendere]
desligar (vt)	spegnere (vt)	['speɲere]
apagar a luz	spegnere la luce	['speɲere la 'lutʃe]
queimar (vi)	fulminarsi (vr)	[fulmi'narsi]
curto-circuito (m)	corto circuito (m)	['korto tʃir'kwito]
ruptura (f)	rottura (f)	[rot'tura]
contato (m)	contatto (m)	[kon'tatto]
interruptor (m)	interruttore (m)	[interrut'tore]
tomada (de parede)	presa (f) elettrica	['preza e'lettrika]
plugue (m)	spina (f)	['spina]
extensão (f)	prolunga (f)	[pro'lunga]
fusível (m)	fusibile (m)	[fu'zibile]
fio, cabo (m)	filo (m)	['filo]
instalação (f) elétrica	impianto (m) elettrico	[im'pjanto e'lettriko]
ampère (m)	ampere (m)	[am'pere]
amperagem (f)	intensità di corrente	[intensi'ta di kor'rente]
volt (m)	volt (m)	[volt]
voltagem (f)	tensione (f)	[ten'sjone]
aparelho (m) elétrico	apparecchio (m) elettrico	[appa'rekkjo e'lettriko]
indicador (m)	indicatore (m)	[indika'tore]
eletricista (m)	elettricista (m)	[elettri'tʃista]
soldar (vt)	saldare (vt)	[sal'dare]
soldador (m)	saldatoio (m)	[salda'tojo]
corrente (f) elétrica	corrente (f)	[kor'rente]

168. Ferramentas

ferramenta (f)	utensile (m)	[uten'sile]
ferramentas (f pl)	utensili (m pl)	[uten'sili]
equipamento (m)	impianto (m)	[im'pjanto]
martelo (m)	martello (m)	[mar'tello]
chave (f) de fenda	giravite (m)	[dʒira'vite]
machado (m)	ascia (f)	['aʃa]

serra (f)	sega (f)	['sega]
serrar (vt)	segare (vt)	[se'gare]
plaina (f)	pialla (f)	['pjalla]
aplainar (vt)	piallare (vt)	[pjal'lare]
soldador (m)	saldatoio (m)	[salda'tojo]
soldar (vt)	saldare (vt)	[sal'dare]

lima (f)	lima (f)	['lima]
tenaz (f)	tenaglie (f pl)	[te'naʎʎe]
alicate (m)	pinza (f) a punte piatte	['pintsa a 'punte 'pjatte]
formão (m)	scalpello (m)	[skal'pello]

broca (f)	punta (f) da trapano	['punta da 'trapano]
furadeira (f) elétrica	trapano (m) elettrico	['trapano e'lettriko]
furar (vt)	trapanare (vt)	[trapa'nare]

faca (f)	coltello (m)	[kol'tello]
canivete (m)	coltello (m) da tasca	[kol'tello da 'taska]
lâmina (f)	lama (f)	['lama]

afiado (adj)	affilato	[affi'lato]
cego (adj)	smussato	[zmu'sato]
embotar-se (vr)	smussarsi (vr)	[zmus'sarsi]
afiar, amolar (vt)	affilare (vt)	[affi'lare]

parafuso (m)	bullone (m)	[bul'lone]
porca (f)	dado (m)	['dado]
rosca (f)	filettatura (f)	[filetta'tura]
parafuso (para madeira)	vite (f)	['vite]

| prego (m) | chiodo (m) | [ki'odo] |
| cabeça (f) do prego | testa (f) di chiodo | ['testa di ki'odo] |

régua (f)	regolo (m)	['regolo]
fita (f) métrica	nastro (m) metrico	['nastro 'metriko]
nível (m)	livella (f)	[li'vella]
lupa (f)	lente (f) d'ingradimento	['lente dingrandi'mento]

medidor (m)	strumento (m) di misurazione	[stru'mento di mizura'tsjone]
medir (vt)	misurare (vt)	[mizu'rare]
escala (f)	scala (f) graduata	['skala gradu'ata]
indicação (f), registro (m)	lettura, indicazione (f)	[let'tura], [indika'tsjone]

| compressor (m) | compressore (m) | [kompres'sore] |
| microscópio (m) | microscopio (m) | [mikro'skopio] |

bomba (f)	pompa (f)	['pompa]
robô (m)	robot (m)	[ro'bo]
laser (m)	laser (m)	['lazer]

chave (f) de boca	chiave (f)	['kjave]
fita (f) adesiva	nastro (m) adesivo	['nastro ade'zivo]
cola (f)	colla (f)	['kolla]
lixa (f)	carta (f) smerigliata	['karta zmeriʎ'ʎata]
mola (f)	molla (f)	['molla]

Português	Italiano	Pronúncia
ímã (m)	magnete (m)	[ma'ɲete]
luva (f)	guanti (m pl)	['gwanti]
corda (f)	corda (f)	['korda]
cabo (~ de nylon, etc.)	cordone (m)	[kor'done]
fio (m)	filo (m)	['filo]
cabo (~ elétrico)	cavo (m)	['kavo]
marreta (f)	mazza (f)	['mattsa]
pé de cabra (m)	palanchino (m)	[palaŋ'kino]
escada (f) de mão	scala (f) a pioli	['skala a pi'oli]
escada (m)	scala (m) a libretto	['skala a li'bretto]
enroscar (vt)	avvitare (vt)	[avvi'tare]
desenroscar (vt)	svitare (vt)	[zvi'tare]
apertar (vt)	stringere (vt)	['strindʒere]
colar (vt)	incollare (vt)	[inkol'lare]
cortar (vt)	tagliare (vt)	[taʎ'ʎare]
falha (f)	guasto (m)	['gwasto]
conserto (m)	riparazione (f)	[ripara'tsjone]
consertar, reparar (vt)	riparare (vt)	[ripa'rare]
regular, ajustar (vt)	regolare (vt)	[rego'lare]
verificar (vt)	verificare (vt)	[verifi'kare]
verificação (f)	controllo (m)	[kon'trollo]
indicação (f), registro (m)	lettura, indicazione (f)	[let'tura], [indika'tsjone]
seguro (adj)	sicuro	[si'kuro]
complicado (adj)	complesso	[kom'plesso]
enferrujar (vi)	arrugginire (vi)	[arrudʒi'nire]
enferrujado (adj)	arrugginito	[arrudʒi'nito]
ferrugem (f)	ruggine (f)	['rudʒine]

Transportes

169. Avião

avião (m)	aereo (m)	[a'ereo]
passagem (f) aérea	biglietto (m) aereo	[biʎ'ʎetto a'ereo]
companhia (f) aérea	compagnia (f) aerea	[kompa'ɲia a'erea]
aeroporto (m)	aeroporto (m)	[aero'porto]
supersônico (adj)	supersonico	[super'soniko]
comandante (m) do avião	comandante (m)	[koman'dante]
tripulação (f)	equipaggio (m)	[ekwi'padʒo]
piloto (m)	pilota (m)	[pi'lota]
aeromoça (f)	hostess (f)	['ostess]
copiloto (m)	navigatore (m)	[naviga'tore]
asas (f pl)	ali (f pl)	['ali]
cauda (f)	coda (f)	['koda]
cabine (f)	cabina (f)	[ka'bina]
motor (m)	motore (m)	[mo'tore]
trem (m) de pouso	carrello (m) d'atterraggio	[kar'rello datter'radʒo]
turbina (f)	turbina (f)	[tur'bina]
hélice (f)	elica (f)	['elika]
caixa-preta (f)	scatola (f) nera	['skatola 'nera]
coluna (f) de controle	barra (f) di comando	['barra di ko'mando]
combustível (m)	combustibile (m)	[kombu'stibile]
instruções (f pl) de segurança	safety card (f)	['sejfti kard]
máscara (f) de oxigênio	maschera (f) ad ossigeno	['maskera ad os'sidʒeno]
uniforme (m)	uniforme (f)	[uni'forme]
colete (m) salva-vidas	giubbotto (m) di salvataggio	[dʒub'botto di salva'tadʒo]
paraquedas (m)	paracadute (m)	[paraka'dute]
decolagem (f)	decollo (m)	[de'kollo]
descolar (vi)	decollare (vi)	[dekol'lare]
pista (f) de decolagem	pista (f) di decollo	['pista di de'kollo]
visibilidade (f)	visibilità (f)	[vizibili'ta]
voo (m)	volo (m)	['volo]
altura (f)	altitudine (f)	[alti'tudine]
poço (m) de ar	vuoto (m) d'aria	[vu'oto 'daria]
assento (m)	posto (m)	['posto]
fone (m) de ouvido	cuffia (f)	['kuffia]
mesa (f) retrátil	tavolinetto (m) pieghevole	[tavoli'netto pje'gevole]
janela (f)	oblò (m), finestrino (m)	[ob'lo], [fine'strino]
corredor (m)	corridoio (m)	[korri'dojo]

170. Comboio

trem (m)	treno (m)	['treno]
trem (m) elétrico	elettrotreno (m)	[elettro'treno]
trem (m)	treno (m) rapido	['treno 'rapido]
locomotiva (f) diesel	locomotiva (f) diesel	[lokomo'tiva 'dizel]
locomotiva (f) a vapor	locomotiva (f) a vapore	[lokomo'tiva a va'pore]
vagão (f) de passageiros	carrozza (f)	[kar'rottsa]
vagão-restaurante (m)	vagone (m) ristorante	[va'gone risto'rante]
carris (m pl)	rotaie (f pl)	[ro'taje]
estrada (f) de ferro	ferrovia (f)	[ferro'via]
travessa (f)	traversa (f)	[tra'versa]
plataforma (f)	banchina (f)	[baŋ'kina]
linha (f)	binario (m)	[bi'nario]
semáforo (m)	semaforo (m)	[se'maforo]
estação (f)	stazione (f)	[sta'tsjone]
maquinista (m)	macchinista (m)	[makki'nista]
bagageiro (m)	portabagagli (m)	[porta·ba'gaʎʎi]
hospedeiro, -a (m, f)	cuccettista (m, f)	[kutʃet'tista]
passageiro (m)	passeggero (m)	[passe'dʒero]
revisor (m)	controllore (m)	[kontrol'lore]
corredor (m)	corridoio (m)	[korri'dojo]
freio (m) de emergência	freno (m) di emergenza	['freno di emer'dʒentsa]
compartimento (m)	scompartimento (m)	[skomparti'mento]
cama (f)	cuccetta (f)	[ku'tʃetta]
cama (f) de cima	cuccetta (f) superiore	[ku'tʃetta supe'rjore]
cama (f) de baixo	cuccetta (f) inferiore	[ku'tʃetta infe'rjore]
roupa (f) de cama	biancheria (f) da letto	[bjanke'ria da 'letto]
passagem (f)	biglietto (m)	[biʎ'ʎetto]
horário (m)	orario (m)	[o'rario]
painel (m) de informação	tabellone (m) orari	[tabel'lone o'rari]
partir (vt)	partire (vi)	[par'tire]
partida (f)	partenza (f)	[par'tentsa]
chegar (vi)	arrivare (vi)	[arri'vare]
chegada (f)	arrivo (m)	[ar'rivo]
chegar de trem	arrivare con il treno	[arri'vare kon il 'treno]
pegar o trem	salire sul treno	[sa'lire sul 'treno]
descer de trem	scendere dal treno	['ʃendere dal 'treno]
acidente (m) ferroviário	deragliamento (m)	[deraʎʎa'mento]
descarrilar (vi)	deragliare (vi)	[deraʎ'ʎare]
locomotiva (f) a vapor	locomotiva (f) a vapore	[lokomo'tiva a va'pore]
foguista (m)	fuochista (m)	[fo'kista]
fornalha (f)	forno (m)	['forno]
carvão (m)	carbone (m)	[kar'bone]

171. Barco

navio (m)	nave (f)	['nave]
embarcação (f)	imbarcazione (f)	[imbarka'tsjone]
barco (m) a vapor	piroscafo (m)	[pi'roskafo]
barco (m) fluvial	barca (f) fluviale	['barka flu'vjale]
transatlântico (m)	transatlantico (m)	[transat'lantiko]
cruzeiro (m)	incrociatore (m)	[inkrotʃa'tore]
iate (m)	yacht (m)	[jot]
rebocador (m)	rimorchiatore (m)	[rimorkja'tore]
barcaça (f)	chiatta (f)	['kjatta]
ferry (m)	traghetto (m)	[tra'getto]
veleiro (m)	veliero (m)	[ve'ljero]
bergantim (m)	brigantino (m)	[brigan'tino]
quebra-gelo (m)	rompighiaccio (m)	[rompi'gjatʃo]
submarino (m)	sottomarino (m)	[sottoma'rino]
bote, barco (m)	barca (f)	['barka]
baleeira (bote salva-vidas)	scialuppa (f)	[ʃa'luppa]
bote (m) salva-vidas	scialuppa (f) di salvataggio	[ʃa'luppa di salva'tadʒo]
lancha (f)	motoscafo (m)	[moto'skafo]
capitão (m)	capitano (m)	[kapi'tano]
marinheiro (m)	marittimo (m)	[ma'rittimo]
marujo (m)	marinaio (m)	[mari'najo]
tripulação (f)	equipaggio (m)	[ekwi'padʒo]
contramestre (m)	nostromo (m)	[no'stromo]
grumete (m)	mozzo (m) di nave	['mottso di 'nave]
cozinheiro (m) de bordo	cuoco (m)	[ku'oko]
médico (m) de bordo	medico (m) di bordo	['mediko di 'bordo]
convés (m)	ponte (m)	['ponte]
mastro (m)	albero (m)	['albero]
vela (f)	vela (f)	['vela]
porão (m)	stiva (f)	['stiva]
proa (f)	prua (f)	['prua]
popa (f)	poppa (f)	['poppa]
remo (m)	remo (m)	['remo]
hélice (f)	elica (f)	['elika]
cabine (m)	cabina (f)	[ka'bina]
sala (f) dos oficiais	quadrato (m) degli ufficiali	[kwa'drato 'deʎʎi uffi'tʃali]
sala (f) das máquinas	sala (f) macchine	['sala 'makkine]
ponte (m) de comando	ponte (m) di comando	['ponte di ko'mando]
sala (f) de comunicações	cabina (f) radiotelegrafica	[ka'bina radiotele'grafika]
onda (f)	onda (f)	['onda]
diário (m) de bordo	giornale (m) di bordo	[dʒor'nale di 'bordo]
luneta (f)	cannocchiale (m)	[kannok'kjale]
sino (m)	campana (f)	[kam'pana]

bandeira (f)	bandiera (f)	[ban'djera]
cabo (m)	cavo (m) d'ormeggio	['kavo dor'medʒo]
nó (m)	nodo (m)	['nodo]
corrimão (m)	ringhiera (f)	[rin'gjera]
prancha (f) de embarque	passerella (f)	[passe'rella]
âncora (f)	ancora (f)	['ankora]
recolher a âncora	levare l'ancora	[le'vare 'lankora]
jogar a âncora	gettare l'ancora	[dʒet'tare 'lankora]
amarra (corrente de âncora)	catena (f) dell'ancora	[ka'tena dell 'ankora]
porto (m)	porto (m)	['porto]
cais, amarradouro (m)	banchina (f)	[baŋ'kina]
atracar (vi)	ormeggiarsi (vr)	[orme'dʒarsi]
desatracar (vi)	salpare (vi)	[sal'pare]
viagem (f)	viaggio (m)	['vjadʒo]
cruzeiro (m)	crociera (f)	[kro'tʃera]
rumo (m)	rotta (f)	['rotta]
itinerário (m)	itinerario (m)	[itine'rario]
canal (m) de navegação	tratto (m) navigabile	['tratto navi'gabile]
banco (m) de areia	secca (f)	['sekka]
encalhar (vt)	arenarsi (vr)	[are'narsi]
tempestade (f)	tempesta (f)	[tem'pesta]
sinal (m)	segnale (m)	[se'ɲale]
afundar-se (vr)	affondare (vi)	[affon'dare]
Homem ao mar!	Uomo in mare!	[u'omo in 'mare]
SOS	SOS	['esse o 'esse]
boia (f) salva-vidas	salvagente (m) anulare	[salva'dʒente anu'lare]

172. Aeroporto

aeroporto (m)	aeroporto (m)	[aero'porto]
avião (m)	aereo (m)	[a'ereo]
companhia (f) aérea	compagnia (f) aerea	[kompa'ɲia a'erea]
controlador (m) de tráfego aéreo	controllore (m) di volo	[kontrol'lore di 'volo]
partida (f)	partenza (f)	[par'tentsa]
chegada (f)	arrivo (m)	[ar'rivo]
chegar (vi)	arrivare (vi)	[arri'vare]
hora (f) de partida	ora (f) di partenza	['ora di par'tentsa]
hora (f) de chegada	ora (f) di arrivo	['ora di ar'rivo]
estar atrasado	essere ritardato	['essere ritar'dato]
atraso (m) de voo	volo (m) ritardato	['volo ritar'dato]
painel (m) de informação	tabellone (m) orari	[tabel'lone o'rari]
informação (f)	informazione (f)	[informa'tsjone]
anunciar (vt)	annunciare (vt)	[annun'tʃare]

voo (m)	volo (m)	['volo]
alfândega (f)	dogana (f)	[do'gana]
funcionário (m) da alfândega	doganiere (m)	[doga'njere]

declaração (f) alfandegária	dichiarazione (f)	[dikjara'tsjone]
preencher (vt)	riempire (vt)	[riem'pire]
preencher a declaração	riempire una dichiarazione	[riem'pire 'una dikjara'tsjone]
controle (m) de passaporte	controllo (m) passaporti	[kon'trollo passa'porti]

bagagem (f)	bagaglio (m)	[ba'gaʎʎo]
bagagem (f) de mão	bagaglio (m) a mano	[ba'gaʎʎo a 'mano]
carrinho (m)	carrello (m)	[kar'rello]

pouso (m)	atterraggio (m)	[atter'radʒo]
pista (f) de pouso	pista (f) di atterraggio	['pista di atter'radʒo]
aterrissar (vi)	atterrare (vi)	[atter'rare]
escada (f) de avião	scaletta (f) dell'aereo	[ska'letta dell a'ereo]

check-in (m)	check-in (m)	[tʃek-in]
balcão (m) do check-in	banco (m) del check-in	['banko del tʃek-in]
fazer o check-in	fare il check-in	['fare il tʃek-in]
cartão (m) de embarque	carta (f) d'imbarco	['karta dim'barko]
portão (m) de embarque	porta (f) d'imbarco	['porta dim'barko]

trânsito (m)	transito (m)	['tranzito]
esperar (vi, vt)	aspettare (vt)	[aspet'tare]
sala (f) de espera	sala (f) d'attesa	['sala dat'teza]
despedir-se (acompanhar)	accompagnare (vt)	[akkompa'ɲare]
despedir-se (dizer adeus)	congedarsi (vr)	[kondʒe'darsi]

173. Bicicleta. Motocicleta

bicicleta (f)	bicicletta (f)	[bitʃi'kletta]
lambreta (f)	motorino (m)	[moto'rino]
moto (f)	motocicletta (f)	[mototʃi'kletta]

ir de bicicleta	andare in bicicletta	[an'dare in bitʃi'kletta]
guidão (m)	manubrio (m)	[ma'nubrio]
pedal (m)	pedale (m)	[pe'dale]
freios (m pl)	freni (m pl)	['freni]
banco, selim (m)	sellino (m)	[sel'lino]

bomba (f)	pompa (f)	['pompa]
bagageiro (m) de teto	portabagagli (m)	[porta·ba'gaʎʎi]
lanterna (f)	fanale (m) anteriore	[fa'nale ante'rjore]
capacete (m)	casco (m)	['kasko]

roda (f)	ruota (f)	[ru'ota]
para-choque (m)	parafango (m)	[para'fango]
aro (m)	cerchione (m)	[tʃer'kjone]
raio (m)	raggio (m)	['radʒo]

Carros

174. Tipos de carros

carro, automóvel (m)	automobile (f)	[auto'mobile]
carro (m) esportivo	auto (f) sportiva	['auto spor'tiva]
limusine (f)	limousine (f)	[limu'zin]
todo o terreno (m)	fuoristrada (m)	[fuori'strada]
conversível (m)	cabriolet (m)	[kabrio'le]
minibus (m)	pulmino (m)	[pul'mino]
ambulância (f)	ambulanza (f)	[ambu'lantsa]
limpa-neve (m)	spazzaneve (m)	[spattsa'neve]
caminhão (m)	camion (m)	['kamjon]
caminhão-tanque (m)	autocisterna (f)	[auto·tʃi'sterna]
perua, van (f)	furgone (m)	[fur'gone]
caminhão-trator (m)	motrice (f)	[mo'tritʃe]
reboque (m)	rimorchio (m)	[ri'morkio]
confortável (adj)	confortevole	[konfor'tevole]
usado (adj)	di seconda mano	[di se'konda 'mano]

175. Carros. Carroçaria

capô (m)	cofano (m)	['kofano]
para-choque (m)	parafango (m)	[para'fango]
teto (m)	tetto (m)	['tetto]
para-brisa (m)	parabrezza (m)	[para'breddza]
retrovisor (m)	retrovisore (m)	[retrovi'zore]
esguicho (m)	lavacristallo (m)	[lava kris'tallo]
limpadores (m) de para-brisas	tergicristallo (m)	[terdʒikris'tallo]
vidro (m) lateral	finestrino (m) laterale	[fine'strino late'rale]
elevador (m) do vidro	alzacristalli (m)	[altsa·kri'stalli]
antena (f)	antenna (f)	[an'tenna]
teto (m) solar	tettuccio (m) apribile	[tet'tutʃo a'pribile]
para-choque (m)	paraurti (m)	[para'urti]
porta-malas (f)	bagagliaio (m)	[bagaʎ'ʎajo]
bagageira (f)	portapacchi (m)	[porta'pakki]
porta (f)	portiera (f)	[por'tjera]
maçaneta (f)	maniglia (f)	[ma'niʎʎa]
fechadura (f)	serratura (f)	[serra'tura]
placa (f)	targa (f)	['targa]
silenciador (m)	marmitta (f)	[mar'mitta]

tanque (m) de gasolina	serbatoio (m) della benzina	[serba'tojo della ben'dzina]
tubo (m) de exaustão	tubo (m) di scarico	['tubo di 'skariko]
acelerador (m)	acceleratore (m)	[atʃelera'tore]
pedal (m)	pedale (m)	[pe'dale]
pedal (m) do acelerador	pedale (m) dell'acceleratore	[pe'dale dell atʃelera'tore]
freio (m)	freno (m)	['freno]
pedal (m) do freio	pedale (m) del freno	[pe'dale del 'freno]
frear (vt)	frenare (vi)	[fre'nare]
freio (m) de mão	freno (m) a mano	['freno a 'mano]
embreagem (f)	frizione (f)	[fri'tsjone]
pedal (m) da embreagem	pedale (m) della frizione	[pe'dale 'della fri'tsjone]
disco (m) de embreagem	disco (m) della frizione	['disko 'della fri'tsjone]
amortecedor (m)	ammortizzatore (m)	[ammortiddza'tore]
roda (f)	ruota (f)	[ru'ota]
pneu (m) estepe	ruota (f) di scorta	[ru'ota di 'skorta]
pneu (m)	pneumatico (m)	[pneu'matiko]
calota (f)	copriruota (m)	[kopri·ru'ota]
rodas (f pl) motrizes	ruote (f pl) motrici	[ru'ote mo'tritʃi]
de tração dianteira	a trazione anteriore	[a tra'tsjone ante'rjore]
de tração traseira	a trazione posteriore	[a tra'tsjone poste'rjore]
de tração às 4 rodas	a trazione integrale	[a tra'tsjone inte'grale]
caixa (f) de mudanças	scatola (f) del cambio	['skatola del 'kambio]
automático (adj)	automatico	[auto'matiko]
mecânico (adj)	meccanico	[mek'kaniko]
alavanca (f) de câmbio	leva (f) del cambio	['leva del 'kambio]
farol (m)	faro (m)	['faro]
faróis (m pl)	luci (f pl), fari (m pl)	['lutʃi], ['fari]
farol (m) baixo	luci (f pl) anabbaglianti	['lutʃi anabbaʎ'ʎanti]
farol (m) alto	luci (f pl) abbaglianti	['lutʃi abbaʎ'ʎanti]
luzes (f pl) de parada	luci (f pl) di arresto	['lutʃi di ar'resto]
luzes (f pl) de posição	luci (f pl) di posizione	['lutʃi di pozi'tsjone]
luzes (f pl) de emergência	luci (f pl) di emergenza	['lutʃi di emer'dʒentsa]
faróis (m pl) de neblina	fari (m pl) antinebbia	['fari anti'nebbia]
pisca-pisca (m)	freccia (f)	['fretʃa]
luz (f) de marcha ré	luci (f pl) di retromarcia	['lutʃi di retro'martʃa]

176. Carros. Habitáculo

interior (do carro)	abitacolo (m)	[abi'takolo]
de couro	di pelle	[di 'pelle]
de veludo	in velluto	[in vel'luto]
estofamento (m)	rivestimento (m)	[rivesti'mento]
indicador (m)	strumento (m) di bordo	[stru'mento di 'bordo]
painel (m)	cruscotto (m)	[kru'skotto]

velocímetro (m)	tachimetro (m)	[ta'kimetro]
ponteiro (m)	lancetta (f)	[lan'tʃetta]
hodômetro, odômetro (m)	contachilometri (m)	[kontaki'lometri]
indicador (m)	indicatore (m)	[indika'tore]
nível (m)	livello (m)	[li'vello]
luz (f) de aviso	spia (f) luminosa	['spia lumi'noza]
volante (m)	volante (m)	[vo'lante]
buzina (f)	clacson (m)	['klakson]
botão (m)	pulsante (m)	[pul'sante]
interruptor (m)	interruttore (m)	[interrut'tore]
assento (m)	sedile (m)	[se'dile]
costas (f pl) do assento	spalliera (f)	[spal'ljera]
cabeceira (f)	appoggiatesta (m)	[appodʒa'testa]
cinto (m) de segurança	cintura (f) di sicurezza	[tʃin'tura di siku'rettsa]
apertar o cinto	allacciare la cintura	[ala'tʃare la tʃin'tura]
ajuste (m)	regolazione (f)	[regola'tsjone]
airbag (m)	airbag (m)	['erbeg]
ar (m) condicionado	condizionatore (m)	[konditsiona'tore]
rádio (m)	radio (f)	['radio]
leitor (m) de CD	lettore (m) CD	[let'tore tʃi'di]
ligar (vt)	accendere (vt)	[a'tʃendere]
antena (f)	antenna (f)	[an'tenna]
porta-luvas (m)	vano (m) portaoggetti	['vano porta·o'dʒetti]
cinzeiro (m)	portacenere (m)	[porta·'tʃenere]

177. Carros. Motor

motor (m)	motore (m)	[mo'tore]
a diesel	a diesel	[a 'dizel]
a gasolina	a benzina	[a ben'dzina]
cilindrada (f)	cilindrata (f)	[tʃilin'drata]
potência (f)	potenza (f)	[po'tentsa]
cavalo (m) de potência	cavallo vapore (m)	[ka'vallo va'pore]
pistão (m)	pistone (m)	[pi'stone]
cilindro (m)	cilindro (m)	[tʃi'lindro]
válvula (f)	valvola (f)	['valvola]
injetor (m)	iniettore (m)	[injet'tore]
gerador (m)	generatore (m)	[dʒenera'tore]
carburador (m)	carburatore (m)	[karbura'tore]
óleo (m) de motor	olio (m) motore	['olio mo'tore]
radiador (m)	radiatore (m)	[radia'tore]
líquido (m) de arrefecimento	liquido (m) di raffreddamento	['likwido di raffredda'mento]
ventilador (m)	ventilatore (m)	[ventila'tore]
bateria (f)	batteria (m)	[batte'ria]
dispositivo (m) de arranque	motorino (m) d'avviamento	[moto'rino davvja'mento]

ignição (f)	accensione (f)	[atʃen'sjone]
vela (f) de ignição	candela (f) d'accensione	[kan'dela datʃen'sjone]
terminal (m)	morsetto (m)	[mor'setto]
terminal (m) positivo	più (m)	['pju]
terminal (m) negativo	meno (m)	['meno]
fusível (m)	fusibile (m)	[fu'zibile]
filtro (m) de ar	filtro (m) dell'aria	['filtro dell 'aria]
filtro (m) de óleo	filtro (m) dell'olio	['filtro dell 'olio]
filtro (m) de combustível	filtro (m) del carburante	['filtro del karbu'rante]

178. Carros. Batidas. Reparação

acidente (m) de carro	incidente (m)	[intʃi'dente]
acidente (m) rodoviário	incidente (m) stradale	[intʃi'dente stra'dale]
bater (~ num muro)	sbattere contro ...	['zbattere 'kontro]
sofrer um acidente	avere un incidente	[a'vere un intʃi'dente]
dano (m)	danno (m)	['danno]
intato	illeso	[il'lezo]
pane (f)	guasto (m), avaria (f)	['gwasto], [ava'ria]
avariar (vi)	essere rotto	['essere 'rotto]
cabo (m) de reboque	cavo (m) di rimorchio	['kavo di ri'morkio]
furo (m)	foratura (f)	[fora'tura]
estar furado	essere a terra	['essere a 'terra]
encher (vt)	gonfiare (vt)	[gon'fjare]
pressão (f)	pressione (f)	[pres'sjone]
verificar (vt)	verificare (vt)	[verifi'kare]
reparo (m)	riparazione (f)	[ripara'tsjone]
oficina (f) automotiva	officina (f) meccanica	[offi'tʃina me'kanika]
peça (f) de reposição	pezzo (m) di ricambio	['pettso di ri'kambio]
peça (f)	pezzo (m)	['pettso]
parafuso (com porca)	bullone (m)	[bul'lone]
parafuso (m)	bullone (m) a vite	[bul'lone a 'vite]
porca (f)	dado (m)	['dado]
arruela (f)	rondella (f)	[ron'della]
rolamento (m)	cuscinetto (m)	[kuʃi'netto]
tubo (m)	tubo (m)	['tubo]
junta, gaxeta (f)	guarnizione (f)	[gwarni'tsjone]
fio, cabo (m)	filo (m), cavo (m)	['filo], ['kavo]
macaco (m)	cric (m)	[krik]
chave (f) de boca	chiave (f)	['kjave]
martelo (m)	martello (m)	[mar'tello]
bomba (f)	pompa (f)	['pompa]
chave (f) de fenda	giravite (m)	[dʒira'vite]
extintor (m)	estintore (m)	[estin'tore]
triângulo (m) de emergência	triangolo (m) di emergenza	[tri'angolo di emer'dʒentsa]

morrer (motor)	spegnersi (vr)	['speɲersi]
paragem, "morte" (f)	spegnimento (m) motore	[speɲi'mento mo'tore]
estar quebrado	essere rotto	['essere 'rotto]

superaquecer-se (vr)	surriscaldarsi (vr)	[surriskal'darsi]
entupir-se (vr)	intasarsi (vr)	[inta'zarsi]
congelar-se (vr)	ghiacciarsi (vr)	[gja'ʧarsi]
rebentar (vi)	spaccarsi (vr)	[spak'karsi]

pressão (f)	pressione (f)	[pres'sjone]
nível (m)	livello (m)	[li'vello]
frouxo (adj)	lento	['lento]

batida (f)	ammaccatura (f)	[ammakka'tura]
ruído (m)	battito (m)	['battito]
fissura (f)	fessura (f)	[fes'sura]
arranhão (m)	graffiatura (f)	[graffja'tura]

179. Carros. Estrada

estrada (f)	strada (f)	['strada]
autoestrada (f)	superstrada (f)	[super'strada]
rodovia (f)	autostrada (f)	[auto'strada]
direção (f)	direzione (f)	[dire'tsjone]
distância (f)	distanza (f)	[di'stantsa]

ponte (f)	ponte (m)	['ponte]
parque (m) de estacionamento	parcheggio (m)	[par'kedʒo]
praça (f)	piazza (f)	['pjattsa]
nó (m) rodoviário	svincolo (m)	['zvinkolo]
túnel (m)	galleria (f), tunnel (m)	[galle'ria], ['tunnel]

posto (m) de gasolina	distributore (m) di benzina	[distribu'tore di ben'dzina]
parque (m) de estacionamento	parcheggio (m)	[par'kedʒo]
bomba (f) de gasolina	pompa (f) di benzina	['pompa di ben'dzina]
oficina (f) automotiva	officina (f) meccanica	[offi'ʧina me'kanika]
abastecer (vt)	fare benzina	['fare ben'dzina]
combustível (m)	carburante (m)	[karbu'rante]
galão (m) de gasolina	tanica (f)	['tanika]

asfalto (m)	asfalto (m)	[as'falto]
marcação (f) de estradas	segnaletica (f) stradale	[seɲa'letika stra'dale]
meio-fio (m)	cordolo (m)	['kordolo]
guard-rail (m)	barriera (f) di sicurezza	[bar'rjera di siku'rettsa]
valeta (f)	fosso (m)	['fosso]
acostamento (m)	ciglio (m) della strada	['ʧiʎʎo della 'strada]
poste (m) de luz	lampione (m)	[lam'pjone]

dirigir (vt)	guidare, condurre	[gwi'dare], [kon'durre]
virar (~ para a direita)	girare (vi)	[dʒi'rare]
dar retorno	fare un'inversione a U	['fare un inver'sjone a u:]
ré (f)	retromarcia (f)	[retro'marʧa]
buzinar (vi)	suonare il clacson	[suo'nare il 'klakson]
buzina (f)	colpo (m) di clacson	['kolpo di 'klakson]

atolar-se (vr)	incastrarsi (vr)	[inka'strarsi]
patinar (na lama)	impantanarsi (vr)	[impanta'narsi]
desligar (vt)	spegnere (vt)	['spenere]
velocidade (f)	velocità (f)	[velot∫i'ta]
exceder a velocidade	superare i limiti di velocità	[supe'rare i 'limiti di velot∫i'ta]
multar (vt)	multare (vt)	[mul'tare]
semáforo (m)	semaforo (m)	[se'maforo]
carteira (f) de motorista	patente (f) di guida	[pa'tente di 'gwida]
passagem (f) de nível	passaggio (m) a livello	[pas'sadʒo a li'vello]
cruzamento (m)	incrocio (m)	[in'krot∫o]
faixa (f)	passaggio (m) pedonale	[pas'sadʒo pedo'nale]
curva (f)	curva (f)	['kurva]
zona (f) de pedestres	zona (f) pedonale	['dzona pedo'nale]

180. Sinais de trânsito

código (m) de trânsito	codice (m) stradale	['kodit∫e stra'dale]
sinal (m) de trânsito	segnale (m) stradale	[se'nale stra'dale]
ultrapassagem (f)	sorpasso (m)	[sor'passo]
curva (f)	curva (f)	['kurva]
retorno (m)	inversione a U	[inver'sjone a 'u:]
rotatória (f)	rotatoria (f)	[rota'toria]
sentido proibido	divieto d'accesso	[di'vjeto da't∫esso]
trânsito proibido	divieto di transito	[di'vjeto di 'tranzito]
proibido de ultrapassar	divieto di sorpasso	[di'vjeto di sor'passo]
estacionamento proibido	divieto di sosta	[di'vjeto di 'sosta]
paragem proibida	divieto di fermata	[di'vjeto di fer'mata]
curva (f) perigosa	curva (f) pericolosa	['kurva periko'loza]
descida (f) perigosa	discesa (f) ripida	[di'∫eza 'ripida]
trânsito de sentido único	senso (m) unico	['senso 'uniko]
faixa (f)	passaggio (m) pedonale	[pas'sadʒo pedo'nale]
pavimento (m) escorregadio	strada (f) scivolosa	['strada ∫ivo'loza]
conceder passagem	dare la precedenza	['dare la pret∫e'dentsa]

161

PESSOAS. EVENTOS

Eventos

181. Férias. Evento

festa (f)	festa (f)	['festa]
feriado (m) nacional	festa (f) nazionale	['festa natsjo'nale]
feriado (m)	festività (f) civile	[festivi'ta tʃi'vile]
festejar (vt)	festeggiare (vt)	[feste'dʒare]
evento (festa, etc.)	avvenimento (m)	[avveni'mento]
evento (banquete, etc.)	evento (m)	[e'vento]
banquete (m)	banchetto (m)	[baŋ'ketto]
recepção (f)	ricevimento (m)	[ritʃevi'mento]
festim (m)	festino (m)	[fes'tino]
aniversário (m)	anniversario (m)	[anniver'sario]
jubileu (m)	giubileo (m)	[dʒubi'leo]
celebrar (vt)	festeggiare (vt)	[feste'dʒare]
Ano (m) Novo	Capodanno (m)	[kapo'danno]
Feliz Ano Novo!	Buon Anno!	[buo'nanno]
Natal (m)	Natale (m)	[na'tale]
Feliz Natal!	Buon Natale!	[bu'on na'tale]
árvore (f) de Natal	Albero (m) di Natale	['albero di na'tale]
fogos (m pl) de artifício	fuochi (m pl) artificiali	[fu'oki artifi'tʃali]
casamento (m)	nozze (f pl)	['nottse]
noivo (m)	sposo (m)	['spozo]
noiva (f)	sposa (f)	['spoza]
convidar (vt)	invitare (vt)	[invi'tare]
convite (m)	invito (m)	[in'vito]
convidado (m)	ospite (m)	['ospite]
visitar (vt)	andare a trovare	[an'dare a tro'vare]
receber os convidados	accogliere gli invitati	[ak'koʎʎere ʎi invi'tati]
presente (m)	regalo (m)	[re'galo]
oferecer, dar (vt)	offrire (vt)	[of'frire]
receber presentes	ricevere i regali	[ri'tʃevere i re'gali]
buquê (m) de flores	mazzo (m) di fiori	['mattso di 'fjori]
felicitações (f pl)	auguri (m pl)	[au'guri]
felicitar (vt)	augurare (vt)	[augu'rare]
cartão (m) de parabéns	cartolina (f)	[karto'lina]
enviar um cartão postal	mandare una cartolina	[man'dare 'una karto'lina]

receber um cartão postal	ricevere una cartolina	[ri'tʃevere 'una karto'lina]
brinde (m)	brindisi (m)	['brindizi]
oferecer (vt)	offrire (vt)	[of'frire]
champanhe (m)	champagne (m)	[ʃam'paɲ]

divertir-se (vr)	divertirsi (vr)	[diver'tirsi]
diversão (f)	allegria (f)	[alle'gria]
alegria (f)	gioia (f)	['dʒoja]

| dança (f) | danza (f), ballo (m) | ['dantsa], ['ballo] |
| dançar (vi) | ballare (vi, vt) | [bal'lare] |

| valsa (f) | valzer (m) | ['valtser] |
| tango (m) | tango (m) | ['tango] |

182. Funerais. Enterro

cemitério (m)	cimitero (m)	[tʃimi'tero]
sepultura (f), túmulo (m)	tomba (f)	['tomba]
cruz (f)	croce (f)	['krotʃe]
lápide (f)	pietra (f) tombale	['pjetra tom'bale]
cerca (f)	recinto (m)	[re'tʃinto]
capela (f)	cappella (f)	[kap'pella]

morte (f)	morte (f)	['morte]
morrer (vi)	morire (vi)	[mo'rire]
defunto (m)	defunto (m)	[de'funto]
luto (m)	lutto (m)	['lutto]

enterrar, sepultar (vt)	seppellire (vt)	[seppel'lire]
funerária (f)	sede (f) di pompe funebri	['sede di 'pompe 'funebri]
funeral (m)	funerale (m)	[fune'rale]

coroa (f) de flores	corona (f) di fiori	[ko'rona di 'fjori]
caixão (m)	bara (f)	['bara]
carro (m) funerário	carro (m) funebre	['karro 'funebre]
mortalha (f)	lenzuolo (m) funebre	[lentsu'olo 'funebre]

procissão (f) funerária	corteo (m) funebre	[kor'teo 'funebre]
urna (f) funerária	urna (f) funeraria	['urna fune'raria]
crematório (m)	crematorio (m)	[krema'torio]

obituário (m), necrologia (f)	necrologio (m)	[nekro'lodʒo]
chorar (vi)	piangere (vi)	['pjandʒere]
soluçar (vi)	singhiozzare (vi)	[singjot'tsare]

183. Guerra. Soldados

pelotão (m)	plotone (m)	[plo'tone]
companhia (f)	compagnia (f)	[kompa'ɲia]
regimento (m)	reggimento (m)	[redʒi'mento]
exército (m)	esercito (m)	[e'zertʃito]

divisão (f)	divisione (f)	[divi'zjone]
esquadrão (m)	distaccamento (m)	[distakka'mento]
hoste (f)	armata (f)	[ar'mata]
soldado (m)	soldato (m)	[sol'dato]
oficial (m)	ufficiale (m)	[uffi'tʃale]
soldado (m) raso	soldato (m) semplice	[sol'dato 'semplitʃe]
sargento (m)	sergente (m)	[ser'dʒente]
tenente (m)	tenente (m)	[te'nente]
capitão (m)	capitano (m)	[kapi'tano]
major (m)	maggiore (m)	[ma'dʒore]
coronel (m)	colonnello (m)	[kolon'nello]
general (m)	generale (m)	[dʒene'rale]
marujo (m)	marinaio (m)	[mari'najo]
capitão (m)	capitano (m)	[kapi'tano]
contramestre (m)	nostromo (m)	[no'stromo]
artilheiro (m)	artigliere (m)	[artiʎ'ʎere]
soldado (m) paraquedista	paracadutista (m)	[parakadu'tista]
piloto (m)	pilota (m)	[pi'lota]
navegador (m)	navigatore (m)	[naviga'tore]
mecânico (m)	meccanico (m)	[mek'kaniko]
sapador-mineiro (m)	geniere (m)	[dʒe'njere]
paraquedista (m)	paracadutista (m)	[parakadu'tista]
explorador (m)	esploratore (m)	[esplora'tore]
atirador (m) de tocaia	cecchino (m)	[tʃek'kino]
patrulha (f)	pattuglia (f)	[pat'tuʎʎa]
patrulhar (vt)	pattugliare (vt)	[pattuʎ'ʎare]
sentinela (f)	sentinella (f)	[senti'nella]
guerreiro (m)	guerriero (m)	[gwer'rjero]
patriota (m)	patriota (m)	[patri'ota]
herói (m)	eroe (m)	[e'roe]
heroína (f)	eroina (f)	[ero'ina]
traidor (m)	traditore (m)	[tradi'tore]
desertor (m)	disertore (m)	[dizer'tore]
desertar (vt)	disertare (vi)	[dizer'tare]
mercenário (m)	mercenario (m)	[mertʃe'nario]
recruta (m)	recluta (f)	['rekluta]
voluntário (m)	volontario (m)	[volon'tario]
morto (m)	ucciso (m)	[u'tʃizo]
ferido (m)	ferito (m)	[fe'rito]
prisioneiro (m) de guerra	prigioniero (m) di guerra	[pridʒo'njero di 'gwerra]

184. Guerra. Ações militares. Parte 1

guerra (f)	guerra (f)	['gwerra]
guerrear (vt)	essere in guerra	['essere in 'gwerra]

guerra (f) civil	guerra (f) civile	['gwerra tʃi'vile]
perfidamente	perfidamente	[perfida'mente]
declaração (f) de guerra	dichiarazione (f) di guerra	[dikjara'tsjone di 'gwerra]
declarar guerra	dichiarare (vt)	[dikja'rare]
agressão (f)	aggressione (f)	[aggres'sjone]
atacar (vt)	attaccare (vt)	[attak'kare]
invadir (vt)	invadere (vt)	[in'vadere]
invasor (m)	invasore (m)	[inva'zore]
conquistador (m)	conquistatore (m)	[konkwista'tore]
defesa (f)	difesa (f)	[di'feza]
defender (vt)	difendere (vt)	[di'fendere]
defender-se (vr)	difendersi (vr)	[di'fendersi]
inimigo (m)	nemico (m)	[ne'miko]
adversário (m)	avversario (m)	[avver'sario]
inimigo (adj)	ostile	[o'stile]
estratégia (f)	strategia (f)	[strate'dʒia]
tática (f)	tattica (f)	['tattika]
ordem (f)	ordine (m)	['ordine]
comando (m)	comando (m)	[ko'mando]
ordenar (vt)	ordinare (vt)	[ordi'nare]
missão (f)	missione (f)	[mis'sjone]
secreto (adj)	segreto	[se'greto]
batalha (f)	battaglia (f)	[bat'taʎʎa]
combate (m)	combattimento (m)	[kombatti'mento]
ataque (m)	attacco (m)	[at'takko]
assalto (m)	assalto (m)	[as'salto]
assaltar (vt)	assalire (vt)	[assa'lire]
assédio, sítio (m)	assedio (m)	[as'sedio]
ofensiva (f)	offensiva (f)	[offen'siva]
tomar à ofensiva	passare all'offensiva	[pas'sare all ofen'siva]
retirada (f)	ritirata (f)	[riti'rata]
retirar-se (vr)	ritirarsi (vr)	[riti'rarsi]
cerco (m)	accerchiamento (m)	[atʃerkja'mento]
cercar (vt)	accerchiare (vt)	[atʃer'kjare]
bombardeio (m)	bombardamento (m)	[bombarda'mento]
lançar uma bomba	lanciare una bomba	[lan'tʃare 'una 'bomba]
bombardear (vt)	bombardare (vt)	[bomar'dare]
explosão (f)	esplosione (f)	[esplo'zjone]
tiro (m)	sparo (m)	['sparo]
dar um tiro	sparare un colpo	[spa'rare un 'kolpo]
tiroteio (m)	sparatoria (f)	[spara'toria]
apontar para ...	puntare su ...	[pun'tare su]
apontar (vt)	puntare (vt)	[pun'tare]

Portuguese	Italian	Pronunciation
acertar (vt)	colpire (vt)	[kol'pire]
afundar (~ um navio, etc.)	affondare (vt)	[affon'dare]
brecha (f)	falla (f)	['falla]
afundar-se (vr)	affondare (vi)	[affon'dare]
frente (m)	fronte (m)	['fronte]
evacuação (f)	evacuazione (f)	[evakua'tsjone]
evacuar (vt)	evacuare (vt)	[evaku'are]
trincheira (f)	trincea (f)	[trin'tʃea]
arame (m) enfarpado	filo (m) spinato	['filo spi'nato]
barreira (f) anti-tanque	sbarramento (m)	[zbarra'mento]
torre (f) de vigia	torretta (f) di osservazione	[tor'retta di osserva'tsjone]
hospital (m) militar	ospedale (m) militare	[ospe'dale mili'tare]
ferir (vt)	ferire (vt)	[fe'rire]
ferida (f)	ferita (f)	[fe'rita]
ferido (m)	ferito (m)	[fe'rito]
ficar ferido	rimanere ferito	[rima'nere fe'rito]
grave (ferida ~)	grave	['grave]

185. Guerra. Ações militares. Parte 2

Portuguese	Italian	Pronunciation
cativeiro (m)	prigionia (f)	[pridʒo'nia]
capturar (vt)	fare prigioniero	['fare pridʒo'njero]
estar em cativeiro	essere prigioniero	['essere pridʒo'njero]
ser aprisionado	essere fatto prigioniero	['essere 'fatto pridʒo'njero]
campo (m) de concentração	campo (m) di concentramento	['kampo di kontʃentra'mento]
prisioneiro (m) de guerra	prigioniero (m) di guerra	[pridʒo'njero di 'gwerra]
escapar (vi)	fuggire (vi)	[fu'dʒire]
trair (vt)	tradire (vt)	[tra'dire]
traidor (m)	traditore (m)	[tradi'tore]
traição (f)	tradimento (m)	[tradi'mento]
fuzilar, executar (vt)	fucilare (vt)	[futʃi'lare]
fuzilamento (m)	fucilazione (f)	[futʃila'tsjone]
equipamento (m)	divisa (f) militare	[di'viza mili'tare]
insígnia (f) de ombro	spallina (f)	[spal'lina]
máscara (f) de gás	maschera (f) antigas	['maskera anti'gas]
rádio (m)	radiotrasmettitore (m)	['radio transmetti'tore]
cifra (f), código (m)	codice (m)	['koditʃe]
conspiração (f)	complotto (m)	[kom'plotto]
senha (f)	parola (f) d'ordine	[pa'rola 'dordine]
mina (f)	mina (f)	['mina]
minar (vt)	minare (vt)	[mi'nare]
campo (m) minado	campo (m) minato	['kampo mi'nato]
alarme (m) aéreo	allarme (m) aereo	[al'larme a'ereo]
alarme (m)	allarme (m)	[al'larme]

sinal (m)	segnale (m)	[se'ɲale]
sinalizador (m)	razzo (m) di segnalazione	['raddzo di seɲala'tsjone]
quartel-general (m)	quartier (m) generale	[kwar'tje dʒene'rale]
reconhecimento (m)	esplorazione (m)	[esplora'tore]
situação (f)	situazione (f)	[situa'tsjone]
relatório (m)	rapporto (m)	[rap'porto]
emboscada (f)	agguato (m)	[ag'gwato]
reforço (m)	rinforzo (m)	[rin'fortso]
alvo (m)	bersaglio (m)	[ber'saʎʎo]
campo (m) de tiro	terreno (m) di caccia	[ter'reno di 'katʃa]
manobras (f pl)	manovre (f pl)	[ma'novre]
pânico (m)	panico (m)	['paniko]
devastação (f)	devastazione (f)	[devasta'tsjone]
ruínas (f pl)	distruzione (m)	[distru'tsjone]
destruir (vt)	distruggere (vt)	[di'strudʒere]
sobreviver (vi)	sopravvivere (vi, vt)	[soprav'vivere]
desarmar (vt)	disarmare (vt)	[dizar'mare]
manusear (vt)	maneggiare (vt)	[mane'dʒare]
Sentido!	Attenti!	[at'tenti]
Descansar!	Riposo!	[ri'pozo]
façanha (f)	atto (m) eroico	['atto e'roiko]
juramento (m)	giuramento (m)	[dʒura'mento]
jurar (vi)	giurare (vi)	[dʒu'rare]
condecoração (f)	decorazione (f)	[dekora'tsjone]
condecorar (vt)	decorare qn	[deko'rare]
medalha (f)	medaglia (f)	[me'daʎʎa]
ordem (f)	ordine (m)	['ordine]
vitória (f)	vittoria (f)	[vit'toria]
derrota (f)	sconfitta (m)	[skon'fitta]
armistício (m)	armistizio (m)	[armi'stitsio]
bandeira (f)	bandiera (f)	[ban'djera]
glória (f)	gloria (f)	['gloria]
parada (f)	parata (f)	[pa'rata]
marchar (vi)	marciare (vi)	[mar'tʃare]

186. Armas

arma (f)	armi (f pl)	['armi]
arma (f) de fogo	arma (f) da fuoco	['arma da fu'oko]
arma (f) branca	arma (f) bianca	['arma 'bjanka]
arma (f) química	armi (f pl) chimiche	['armi 'kimike]
nuclear (adj)	nucleare	[nukle'are]
arma (f) nuclear	armi (f pl) nucleari	['armi nukle'ari]
bomba (f)	bomba (f)	['bomba]

bomba (f) atômica	bomba (f) atomica	['bomba a'tomika]
pistola (f)	pistola (f)	[pi'stola]
rifle (m)	fucile (m)	[fu'tʃile]
semi-automática (f)	mitra (m)	['mitra]
metralhadora (f)	mitragliatrice (f)	[mitraʎʎa'tritʃe]
boca (f)	bocca (f)	['bokka]
cano (m)	canna (f)	['kanna]
calibre (m)	calibro (m)	['kalibro]
gatilho (m)	grilletto (m)	[gril'letto]
mira (f)	mirino (m)	[mi'rino]
carregador (m)	caricatore (m)	[karika'tore]
coronha (f)	calcio (m)	['kaltʃo]
granada (f) de mão	bomba (f) a mano	['bomba a 'mano]
explosivo (m)	esplosivo (m)	[esplo'zivo]
bala (f)	pallottola (f)	[pal'lottola]
cartucho (m)	cartuccia (f)	[kar'tutʃa]
carga (f)	carica (f)	['karika]
munições (f pl)	munizioni (f pl)	[muni'tsjoni]
bombardeiro (m)	bombardiere (m)	[bombar'djere]
avião (m) de caça	aereo (m) da caccia	[a'ereo da 'katʃa]
helicóptero (m)	elicottero (m)	[eli'kottero]
canhão (m) antiaéreo	cannone (m) antiaereo	[kan'none anti·a'ereo]
tanque (m)	carro (m) armato	['karro ar'mato]
canhão (de um tanque)	cannone (m)	[kan'none]
artilharia (f)	artiglieria (f)	[artiʎʎe'ria]
canhão (m)	cannone (m)	[kan'none]
fazer a pontaria	mirare a ...	[mi'rare a]
projétil (m)	proiettile (m)	[pro'jettile]
granada (f) de morteiro	granata (f) da mortaio	[gra'nata da mor'tajo]
morteiro (m)	mortaio (m)	[mor'tajo]
estilhaço (m)	scheggia (f)	['skedʒa]
submarino (m)	sottomarino (m)	[sottoma'rino]
torpedo (m)	siluro (m)	[si'luro]
míssil (m)	missile (m)	['missile]
carregar (uma arma)	caricare (vt)	[kari'kare]
disparar, atirar (vi)	sparare (vi)	[spa'rare]
apontar para ...	puntare su ...	[pun'tare su]
baioneta (f)	baionetta (f)	[bajo'netta]
espada (f)	spada (f)	['spada]
sabre (m)	sciabola (f)	['ʃabola]
lança (f)	lancia (f)	['lantʃa]
arco (m)	arco (m)	['arko]
flecha (f)	freccia (f)	['fretʃa]
mosquete (m)	moschetto (m)	[mos'ketto]
besta (f)	balestra (f)	[ba'lestra]

187. Povos da antiguidade

primitivo (adj)	primitivo	[primi'tivo]
pré-histórico (adj)	preistorico	[preis'toriko]
antigo (adj)	antico	[an'tiko]
Idade (f) da Pedra	Età (f) della pietra	[e'ta 'della 'pjetra]
Idade (f) do Bronze	Età (f) del bronzo	[e'ta del 'brondzo]
Era (f) do Gelo	epoca (f) glaciale	['epoka gla'tʃale]
tribo (f)	tribù (f)	[tri'bu]
canibal (m)	cannibale (m)	[kan'nibale]
caçador (m)	cacciatore (m)	[katʃa'tore]
caçar (vi)	cacciare (vt)	[ka'tʃare]
mamute (m)	mammut (m)	[mam'mut]
caverna (f)	caverna (f), grotta (f)	[ka'verna], ['grotta]
fogo (m)	fuoco (m)	[fu'oko]
fogueira (f)	falò (m)	[fa'lo]
pintura (f) rupestre	pittura (f) rupestre	[pit'tura ru'pestre]
ferramenta (f)	strumento (m) di lavoro	[stru'mento di la'voro]
lança (f)	lancia (f)	['lantʃa]
machado (m) de pedra	ascia (f) di pietra	['aʃa di 'pjetra]
guerrear (vt)	essere in guerra	['essere in 'gwerra]
domesticar (vt)	addomesticare (vt)	[addomesti'kare]
ídolo (m)	idolo (m)	['idolo]
adorar, venerar (vt)	idolatrare (vt)	[idola'trare]
superstição (f)	superstizione (f)	[supersti'tsjone]
ritual (m)	rito (m)	['rito]
evolução (f)	evoluzione (f)	[evolu'tsjone]
desenvolvimento (m)	sviluppo (m)	[zvi'luppo]
extinção (f)	estinzione (f)	[estin'tsjone]
adaptar-se (vr)	adattarsi (vr)	[adat'tarsi]
arqueologia (f)	archeologia (f)	[arkeolo'dʒia]
arqueólogo (m)	archeologo (m)	[arke'ologo]
arqueológico (adj)	archeologico	[arkeo'lodʒiko]
escavação (sítio)	sito (m) archeologico	['sito arkeo'lodʒiko]
escavações (f pl)	scavi (m pl)	['skavi]
achado (m)	reperto (m)	[re'perto]
fragmento (m)	frammento (m)	[fram'mento]

188. Idade média

povo (m)	popolo (m)	['popolo]
povos (m pl)	popoli (m pl)	['popoli]
tribo (f)	tribù (f)	[tri'bu]
tribos (f pl)	tribù (f pl)	[tri'bu]
bárbaros (pl)	barbari (m pl)	['barbari]

Portuguese	Italian	Pronunciation
galeses (pl)	galli (m pl)	['galli]
godos (pl)	goti (m pl)	['goti]
eslavos (pl)	slavi (m pl)	['zlavi]
viquingues (pl)	vichinghi (m pl)	[vi'kingi]
romanos (pl)	romani (m pl)	[ro'mani]
romano (adj)	romano	[ro'mano]
bizantinos (pl)	bizantini (m pl)	[bidzan'tini]
Bizâncio	Bisanzio (m)	[bi'zansio]
bizantino (adj)	bizantino	[bidzan'tino]
imperador (m)	imperatore (m)	[impera'tore]
líder (m)	capo (m)	['kapo]
poderoso (adj)	potente	[po'tente]
rei (m)	re (m)	[re]
governante (m)	governante (m)	[gover'nante]
cavaleiro (m)	cavaliere (m)	[kava'ljere]
senhor feudal (m)	feudatario (m)	[feuda'tario]
feudal (adj)	feudale	[feu'dale]
vassalo (m)	vassallo (m)	[vas'sallo]
duque (m)	duca (m)	['duka]
conde (m)	conte (m)	['konte]
barão (m)	barone (m)	[ba'rone]
bispo (m)	vescovo (m)	['veskovo]
armadura (f)	armatura (f)	[arma'tura]
escudo (m)	scudo (m)	['skudo]
espada (f)	spada (f)	['spada]
viseira (f)	visiera (f)	[vi'zjera]
cota (f) de malha	cotta (f) di maglia	['kotta di 'maʎʎa]
cruzada (f)	crociata (f)	[kro'tʃata]
cruzado (m)	crociato (m)	[kro'tʃato]
território (m)	territorio (m)	[terri'torio]
atacar (vt)	attaccare (vt)	[attak'kare]
conquistar (vt)	conquistare (vt)	[konkwi'stare]
ocupar, invadir (vt)	occupare (vt)	[okku'pare]
assédio, sítio (m)	assedio (m)	[as'sedio]
sitiado (adj)	assediato	[asse'djato]
assediar, sitiar (vt)	assediare (vt)	[asse'djare]
inquisição (f)	inquisizione (f)	[inkwizi'tsjone]
inquisidor (m)	inquisitore (m)	[inkwizi'tore]
tortura (f)	tortura (f)	[tor'tura]
cruel (adj)	crudele	[kru'dele]
herege (m)	eretico (m)	[e'retiko]
heresia (f)	eresia (f)	[ere'zia]
navegação (f) marítima	navigazione (f)	[naviga'tsjone]
pirata (m)	pirata (m)	[pi'rata]
pirataria (f)	pirateria (f)	[pirate'ria]

abordagem (f)	arrembaggio (m)	[arrem'badʒo]
presa (f), butim (m)	bottino (m)	[bot'tino]
tesouros (m pl)	tesori (m)	[te'zori]
descobrimento (m)	scoperta (f)	[sko'perta]
descobrir (novas terras)	scoprire (vt)	[sko'prire]
expedição (f)	spedizione (f)	[spedi'tsjone]
mosqueteiro (m)	moschettiere (m)	[mosket'tjere]
cardeal (m)	cardinale (m)	[kardi'nale]
heráldica (f)	araldica (f)	[a'raldika]
heráldico (adj)	araldico	[a'raldiko]

189. Líder. Chefe. Autoridades

rei (m)	re (m)	[re]
rainha (f)	regina (f)	[re'dʒina]
real (adj)	reale	[re'ale]
reino (m)	regno (m)	['reɲo]
príncipe (m)	principe (m)	['printʃipe]
princesa (f)	principessa (f)	[printʃi'pessa]
presidente (m)	presidente (m)	[prezi'dente]
vice-presidente (m)	vicepresidente (m)	[vitʃe·prezi'dente]
senador (m)	senatore (m)	[sena'tore]
monarca (m)	monarca (m)	[mo'narka]
governante (m)	governante (m)	[gover'nante]
ditador (m)	dittatore (m)	[ditta'tore]
tirano (m)	tiranno (m)	[ti'ranno]
magnata (m)	magnate (m)	[ma'ɲate]
diretor (m)	direttore (m)	[diret'tore]
chefe (m)	capo (m)	['kapo]
gerente (m)	dirigente (m)	[diri'dʒente]
patrão (m)	capo (m)	['kapo]
dono (m)	proprietario (m)	[proprie'tario]
chefe (m)	capo (m)	['kapo]
autoridades (f pl)	autorità (f pl)	[autori'ta]
superiores (m pl)	superiori (m pl)	[supe'rjori]
governador (m)	governatore (m)	[governa'tore]
cônsul (m)	console (m)	['konsole]
diplomata (m)	diplomatico (m)	[diplo'matiko]
Presidente (m) da Câmara	sindaco (m)	['sindako]
xerife (m)	sceriffo (m)	[ʃe'riffo]
imperador (m)	imperatore (m)	[impera'tore]
czar (m)	zar (m)	[tsar]
faraó (m)	faraone (m)	[fara'one]
cã, khan (m)	khan (m)	['kan]

190. Estrada. Caminho. Direções

estrada (f)	strada (f)	['strada]
via (f)	cammino (m)	[kam'mino]
rodovia (f)	superstrada (f)	[super'strada]
autoestrada (f)	autostrada (f)	[auto'strada]
estrada (f) nacional	strada (f) statale	['strada sta'tale]
estrada (f) principal	strada (f) principale	['strada printʃi'pale]
estrada (f) de terra	strada (f) sterrata	['strada ster'rata]
trilha (f)	viottolo (m)	[vi'ottolo]
pequena trilha (f)	sentiero (m)	[sen'tjero]
Onde?	Dove?	['dove]
Para onde?	Dove?	['dove]
De onde?	Di dove?, Da dove?	[di 'dove], [da 'dove]
direção (f)	direzione (f)	[dire'tsjone]
indicar (~ o caminho)	indicare (vt)	[indi'kare]
para a esquerda	a sinistra	[a si'nistra]
para a direita	a destra	[a 'destra]
em frente	dritto	['dritto]
para trás	indietro	[in'djetro]
curva (f)	curva (f)	['kurva]
virar (~ para a direita)	girare (vi)	[dʒi'rare]
dar retorno	fare un'inversione a U	['fare un inver'sjone a u:]
estar visível	essere visibile	['essere vi'zibile]
aparecer (vi)	apparire (vi)	[appa'rire]
paragem (pausa)	sosta (f)	['sosta]
descansar (vi)	riposarsi (vr)	[ripo'zarsi]
descanso, repouso (m)	riposo (m)	[ri'pozo]
perder-se (vr)	perdersi (vr)	['perdersi]
conduzir a ... (caminho)	portare verso ...	[por'tare 'verso]
chegar a ...	raggiungere (vt)	[ra'dʒundʒere]
trecho (m)	tratto (m) di strada	['tratto di 'strada]
asfalto (m)	asfalto (m)	[as'falto]
meio-fio (m)	cordolo (m)	['kordolo]
valeta (f)	fosso (m)	['fosso]
tampa (f) de esgoto	tombino (m)	[tom'bino]
acostamento (m)	ciglio (m) della strada	['tʃiʎʎo della 'strada]
buraco (m)	buca (f)	['buka]
ir (a pé)	andare (vi)	[an'dare]
ultrapassar (vt)	sorpassare (vt)	[sorpas'sare]
passo (m)	passo (m)	['passo]
a pé	a piedi	[a 'pjedi]

bloquear (vt)	sbarrare (vt)	[zbar'rare]
cancela (f)	sbarra (f)	['zbarra]
beco (m) sem saída	vicolo (m) cieco	['vikolo 'tʃjeko]

191. Violação da lei. Criminosos. Parte 1

bandido (m)	bandito (m)	[ban'dito]
crime (m)	delitto (m)	[de'litto]
criminoso (m)	criminale (m)	[krimi'nale]
ladrão (m)	ladro (m)	['ladro]
roubar (vt)	rubare (vi, vt)	[ru'bare]
roubo (atividade)	ruberia (f)	[rube'ria]
furto (m)	furto (m)	['furto]
raptar, sequestrar (vt)	rapire (vt)	[ra'pire]
sequestro (m)	rapimento (m)	[rapi'mento]
sequestrador (m)	rapitore (m)	[rapi'tore]
resgate (m)	riscatto (m)	[ris'katto]
pedir resgate	chiedere il riscatto	['kjedere il ris'katto]
roubar (vt)	rapinare (vt)	[rapi'nare]
assaltante (m)	rapinatore (m)	[rapina'tore]
extorquir (vt)	estorcere (vt)	[es'tortʃere]
extorsionário (m)	estorsore (m)	[estor'sore]
extorsão (f)	estorsione (f)	[estor'sjone]
matar, assassinar (vt)	uccidere (vt)	[u'tʃidere]
homicídio (m)	assassinio (m)	[assas'sinio]
homicida, assassino (m)	assassino (m)	[assas'sino]
tiro (m)	sparo (m)	['sparo]
dar um tiro	tirare un colpo	[ti'rare un 'kolpo]
matar a tiro	abbattere (vt)	[ab'battere]
disparar, atirar (vi)	sparare (vi)	[spa'rare]
tiroteio (m)	sparatoria (f)	[spara'toria]
incidente (m)	incidente (m)	[intʃi'dente]
briga (~ de rua)	rissa (f)	['rissa]
Socorro!	Aiuto!	[a'juto]
vítima (f)	vittima (f)	['vittima]
danificar (vt)	danneggiare (vt)	[danne'dʒare]
dano (m)	danno (m)	['danno]
cadáver (m)	cadavere (m)	[ka'davere]
grave (adj)	grave	['grave]
atacar (vt)	aggredire (vt)	[aggre'dire]
bater (espancar)	picchiare (vt)	[pik'kjare]
espancar (vt)	picchiare (vt)	[pik'kjare]
tirar, roubar (dinheiro)	sottrarre (vt)	[sot'trarre]
esfaquear (vt)	accoltellare a morte	[akkolte'lare a 'morte]

mutilar (vt)	mutilare (vt)	[muti'lare]
ferir (vt)	ferire (vt)	[fe'rire]
chantagem (f)	ricatto (m)	[ri'katto]
chantagear (vt)	ricattare (vt)	[rikat'tare]
chantagista (m)	ricattatore (m)	[rikatta'tore]
extorsão (f)	estorsione (f)	[estor'sjone]
extorsionário (m)	estorsore (m)	[estor'sore]
gângster (m)	gangster (m)	['gangster]
máfia (f)	mafia (f)	['mafia]
punguista (m)	borseggiatore (m)	[borsedʒa'tore]
assaltante, ladrão (m)	scassinatore (m)	[skassina'tore]
contrabando (m)	contrabbando (m)	[kontrab'bando]
contrabandista (m)	contrabbandiere (m)	[kontrabban'djere]
falsificação (f)	falsificazione (f)	[falsifika'tsjone]
falsificar (vt)	falsificare (vt)	[falsifi'kare]
falsificado (adj)	falso, falsificato	['falso], [falsifi'kato]

192. Violação da lei. Criminosos. Parte 2

estupro (m)	stupro (m)	['stupro]
estuprar (vt)	stuprare (vt)	[stu'prare]
estuprador (m)	stupratore (m)	[stupra'tore]
maníaco (m)	maniaco (m)	[ma'njako]
prostituta (f)	prostituta (f)	[prosti'tuta]
prostituição (f)	prostituzione (f)	[prostitu'tsjone]
cafetão (m)	magnaccia (m)	[ma'ɲatʃa]
drogado (m)	drogato (m)	[dro'gato]
traficante (m)	trafficante (m) di droga	[traffi'kante di 'droga]
explodir (vt)	far esplodere	[far e'splodere]
explosão (f)	esplosione (f)	[esplo'zjone]
incendiar (vt)	incendiare (vt)	[intʃen'djare]
incendiário (m)	incendiario (m)	[intʃen'djario]
terrorismo (m)	terrorismo (m)	[terro'rizmo]
terrorista (m)	terrorista (m)	[terro'rista]
refém (m)	ostaggio (m)	[os'tadʒo]
enganar (vt)	imbrogliare (vt)	[imbroʎ'ʎare]
engano (m)	imbroglio (m)	[im'broʎʎo]
vigarista (m)	imbroglione (m)	[imbroʎ'ʎone]
subornar (vt)	corrompere (vt)	[kor'rompere]
suborno (atividade)	corruzione (f)	[korru'tsjone]
suborno (dinheiro)	bustarella (f)	[busta'rella]
veneno (m)	veleno (m)	[ve'leno]
envenenar (vt)	avvelenare (vt)	[avvele'nare]

envenenar-se (vr)	avvelenarsi (vr)	[avvele'narsi]
suicídio (m)	suicidio (m)	[sui'tʃidio]
suicida (m)	suicida (m)	[sui'tʃida]

ameaçar (vt)	minacciare (vt)	[mina'tʃare]
ameaça (f)	minaccia (f)	[mi'natʃa]
atentar contra a vida de ...	attentare (vi)	[atten'tare]
atentado (m)	attentato (m)	[atten'tato]

| roubar (um carro) | rubare (vt) | [ru'bare] |
| sequestrar (um avião) | dirottare (vt) | [dirot'tare] |

| vingança (f) | vendetta (f) | [ven'detta] |
| vingar (vt) | vendicare (vt) | [vendi'kare] |

torturar (vt)	torturare (vt)	[tortu'rare]
tortura (f)	tortura (f)	[tor'tura]
atormentar (vt)	maltrattare (vt)	[maltrat'tare]

pirata (m)	pirata (m)	[pi'rata]
desordeiro (m)	teppista (m)	[tep'pista]
armado (adj)	armato	[ar'mato]
violência (f)	violenza (f)	[vio'lentsa]
ilegal (adj)	illegale	[ille'gale]

| espionagem (f) | spionaggio (m) | [spio'nadʒo] |
| espionar (vi) | spiare (vi) | [spi'are] |

193. Polícia. Lei. Parte 1

| justiça (sistema de ~) | giustizia (f) | [dʒu'stitsia] |
| tribunal (m) | tribunale (m) | [tribu'nale] |

juiz (m)	giudice (m)	['dʒuditʃe]
jurados (m pl)	giurati (m)	[dʒu'rati]
tribunal (m) do júri	processo (m) con giuria	[pro'tʃesso kon dʒu'ria]
julgar (vt)	giudicare (vt)	[dʒudi'kare]

advogado (m)	avvocato (m)	[avvo'kato]
réu (m)	imputato (m)	[impu'tato]
banco (m) dos réus	banco (m) degli imputati	['banko 'deʎʎi impu'tati]

| acusação (f) | accusa (f) | [ak'kuza] |
| acusado (m) | accusato (m) | [akku'zato] |

| sentença (f) | condanna (f) | [kon'danna] |
| sentenciar (vt) | condannare (vt) | [kondan'nare] |

culpado (m)	colpevole (m)	[kol'pevole]
punir (vt)	punire (vt)	[pu'nire]
punição (f)	punizione (f)	[puni'tsjone]

| multa (f) | multa (f), ammenda (f) | ['multa], [am'menda] |
| prisão (f) perpétua | ergastolo (m) | [er'gastolo] |

pena (f) de morte	pena (f) di morte	['pena di 'morte]
cadeira (f) elétrica	sedia (f) elettrica	['sedia e'lettrika]
forca (f)	impiccagione (f)	[impikka'dʒone]
executar (vt)	giustiziare (vt)	[dʒusti'tsjare]
execução (f)	esecuzione (f)	[ezeku'tsjone]
prisão (f)	prigione (f)	[pri'dʒone]
cela (f) de prisão	cella (f)	['tʃella]
escolta (f)	scorta (f)	['skorta]
guarda (m) prisional	guardia (f) carceraria	['gwardia kartʃe'raria]
preso, prisioneiro (m)	prigioniero (m)	[pridʒo'njero]
algemas (f pl)	manette (f pl)	[ma'nette]
algemar (vt)	mettere le manette	['mettere le ma'nette]
fuga, evasão (f)	fuga (f)	['fuga]
fugir (vi)	fuggire (vi)	[fu'dʒire]
desaparecer (vi)	scomparire (vi)	[skompa'rire]
soltar, libertar (vt)	liberare (vt)	[libe'rare]
anistia (f)	amnistia (f)	[amni'stia]
polícia (instituição)	polizia (f)	[poli'tsia]
polícia (m)	poliziotto (m)	[poli'tsjotto]
delegacia (f) de polícia	commissariato (m)	[kommissa'rjato]
cassetete (m)	manganello (m)	[manga'nello]
megafone (m)	altoparlante (m)	[altopar'lante]
carro (m) de patrulha	macchina (f) di pattuglia	['makkina di pat'tuʎʎa]
sirene (f)	sirena (f)	[si'rena]
ligar a sirene	mettere la sirena	['mettere la si'rena]
toque (m) da sirene	suono (m) della sirena	[su'ono 'della si'rena]
cena (f) do crime	luogo (m) del crimine	[lu'ogo del 'krimine]
testemunha (f)	testimone (m)	[testi'mone]
liberdade (f)	libertà (f)	[liber'ta]
cúmplice (m)	complice (m)	['komplitʃe]
escapar (vi)	fuggire (vi)	[fu'dʒire]
traço (não deixar ~s)	traccia (f)	['tratʃa]

194. Polícia. Lei. Parte 2

procura (f)	ricerca (f)	[ri'tʃerka]
procurar (vt)	cercare (vt)	[tʃer'kare]
suspeita (f)	sospetto (m)	[so'spetto]
suspeito (adj)	sospetto	[so'spetto]
parar (veículo, etc.)	fermare (vt)	[fer'mare]
deter (fazer parar)	arrestare	[arre'stare]
caso (~ criminal)	causa (f)	['kauza]
investigação (f)	inchiesta (f)	[in'kjesta]
detetive (m)	detective (m)	[de'tektiv]
investigador (m)	investigatore (m)	[investiga'tore]

versão (f)	versione (f)	[ver'sjone]
motivo (m)	movente (m)	[mo'vente]
interrogatório (m)	interrogatorio (m)	[interroga'torio]
interrogar (vt)	interrogare (vt)	[interro'gare]
questionar (vt)	interrogare (vt)	[interro'gare]
verificação (f)	controllo (m)	[kon'trollo]

batida (f) policial	retata (f)	[re'tata]
busca (f)	perquisizione (f)	[perkwizi'tsjone]
perseguição (f)	inseguimento (m)	[insegwi'mento]
perseguir (vt)	inseguire (vt)	[inse'gwire]
seguir, rastrear (vt)	essere sulle tracce	['essere sulle 'traʧe]

prisão (f)	arresto (m)	[ar'resto]
prender (vt)	arrestare	[arre'stare]
pegar, capturar (vt)	catturare (vt)	[kattu'rare]
captura (f)	cattura (f)	[kat'tura]

documento (m)	documento (m)	[doku'mento]
prova (f)	prova (f)	['prova]
provar (vt)	provare (vt)	[pro'vare]
pegada (f)	impronta (f) del piede	[im'pronta del 'pjede]
impressões (f pl) digitais	impronte (f pl) digitali	[im'pronte diʤi'tali]
prova (f)	elemento (m) di prova	[ele'mento di 'prova]

álibi (m)	alibi (m)	['alibi]
inocente (adj)	innocente	[inno'ʧente]
injustiça (f)	ingiustizia (f)	[inʤu'stitsia]
injusto (adj)	ingiusto	[in'ʤusto]

criminal (adj)	criminale	[krimi'nale]
confiscar (vt)	confiscare (vt)	[konfis'kare]
droga (f)	droga (f)	['droga]
arma (f)	armi (f pl)	['armi]
desarmar (vt)	disarmare (vt)	[dizar'mare]
ordenar (vt)	ordinare (vt)	[ordi'nare]
desaparecer (vi)	sparire (vi)	[spa'rire]

lei (f)	legge (f)	['leʤe]
legal (adj)	legale	[le'gale]
ilegal (adj)	illegale	[ille'gale]

| responsabilidade (f) | responsabilità (f) | [responsabili'ta] |
| responsável (adj) | responsabile | [respon'sabile] |

NATUREZA

A Terra. Parte 1

195. Espaço sideral

espaço, cosmo (m)	cosmo (m)	['kozmo]
espacial, cósmico (adj)	cosmico, spaziale	['kozmiko], [spa'tsjale]
espaço (m) cósmico	spazio (m) cosmico	['spatsio 'kozmiko]
mundo (m)	mondo (m)	['mondo]
universo (m)	universo (m)	[uni'verso]
galáxia (f)	galassia (f)	[ga'lassia]
estrela (f)	stella (f)	['stella]
constelação (f)	costellazione (f)	[kostella'tsjone]
planeta (m)	pianeta (m)	[pja'neta]
satélite (m)	satellite (m)	[sa'tellite]
meteorito (m)	meteorite (m)	[meteo'rite]
cometa (m)	cometa (f)	[ko'meta]
asteroide (m)	asteroide (m)	[aste'roide]
órbita (f)	orbita (f)	['orbita]
girar (vi)	ruotare (vi)	[ruo'tare]
atmosfera (f)	atmosfera (f)	[atmo'sfera]
Sol (m)	il Sole	[il 'sole]
Sistema (m) Solar	sistema (m) solare	[si'stema so'lare]
eclipse (m) solar	eclisse (f) solare	[e'klisse so'lare]
Terra (f)	la Terra	[la 'terra]
Lua (f)	la Luna	[la 'luna]
Marte (m)	Marte (m)	['marte]
Vênus (f)	Venere (f)	['venere]
Júpiter (m)	Giove (m)	['dʒove]
Saturno (m)	Saturno (m)	[sa'turno]
Mercúrio (m)	Mercurio (m)	[mer'kurio]
Urano (m)	Urano (m)	[u'rano]
Netuno (m)	Nettuno (m)	[net'tuno]
Plutão (m)	Plutone (m)	[plu'tone]
Via Láctea (f)	Via (f) Lattea	['via 'lattea]
Ursa Maior (f)	Orsa (f) Maggiore	['orsa ma'dʒore]
Estrela Polar (f)	Stella (f) Polare	['stella po'lare]
marciano (m)	marziano (m)	[mar'tsjano]
extraterrestre (m)	extraterrestre (m)	[ekstrater'restre]

alienígena (m)	alieno (m)	[a'ljeno]
disco (m) voador	disco (m) volante	['disko vo'lante]
espaçonave (f)	nave (f) spaziale	['nave spa'tsjale]
estação (f) orbital	stazione (f) spaziale	[sta'tsjone spa'tsjale]
lançamento (m)	lancio (m)	['lantʃo]
motor (m)	motore (m)	[mo'tore]
bocal (m)	ugello (m)	[u'dʒello]
combustível (m)	combustibile (m)	[kombu'stibile]
cabine (f)	cabina (f) di pilotaggio	[ka'bina di pilo'tadʒio]
antena (f)	antenna (f)	[an'tenna]
vigia (f)	oblò (m)	[ob'lo]
bateria (f) solar	batteria (f) solare	[batte'ria so'lare]
traje (m) espacial	scafandro (m)	[ska'fandro]
imponderabilidade (f)	imponderabilità (f)	[imponderabili'ta]
oxigênio (m)	ossigeno (m)	[os'sidʒeno]
acoplagem (f)	aggancio (m)	[ag'gantʃo]
fazer uma acoplagem	agganciarsi (vr)	[aggan'tʃarsi]
observatório (m)	osservatorio (m)	[osserva'torio]
telescópio (m)	telescopio (m)	[tele'skopio]
observar (vt)	osservare (vt)	[osser'vare]
explorar (vt)	esplorare (vt)	[esplo'rare]

196. A Terra

Terra (f)	la Terra	[la 'terra]
globo terrestre (Terra)	globo (m) terrestre	['globo ter'restre]
planeta (m)	pianeta (m)	[pja'neta]
atmosfera (f)	atmosfera (f)	[atmo'sfera]
geografia (f)	geografia (f)	[dʒeogra'fia]
natureza (f)	natura (f)	[na'tura]
globo (mapa esférico)	mappamondo (m)	[mappa'mondo]
mapa (m)	carta (f) geografica	['karta dʒeo'grafika]
atlas (m)	atlante (m)	[a'tlante]
Europa (f)	Europa (f)	[eu'ropa]
Ásia (f)	Asia (f)	['azia]
África (f)	Africa (f)	['afrika]
Austrália (f)	Australia (f)	[au'stralia]
América (f)	America (f)	[a'merika]
América (f) do Norte	America (f) del Nord	[a'merika del nord]
América (f) do Sul	America (f) del Sud	[a'merika del sud]
Antártida (f)	Antartide (f)	[an'tartide]
Ártico (m)	Artico (m)	['artiko]

197. Pontos cardeais

norte (m)	nord (m)	[nord]
para norte	a nord	[a nord]
no norte	al nord	[al nord]
do norte (adj)	del nord	[del nord]
sul (m)	sud (m)	[sud]
para sul	a sud	[a sud]
no sul	al sud	[al sud]
do sul (adj)	del sud	[del sud]
oeste, ocidente (m)	ovest (m)	['ovest]
para oeste	a ovest	[a 'ovest]
no oeste	all'ovest	[all 'ovest]
ocidental (adj)	dell'ovest, occidentale	[dell 'ovest], [otʃiden'tale]
leste, oriente (m)	est (m)	[est]
para leste	a est	[a est]
no leste	all'est	[all 'est]
oriental (adj)	dell'est, orientale	[dell 'est], [orien'tale]

198. Mar. Oceano

mar (m)	mare (m)	['mare]
oceano (m)	oceano (m)	[o'tʃeano]
golfo (m)	golfo (m)	['golfo]
estreito (m)	stretto (m)	['stretto]
terra (f) firme	terra (f)	['terra]
continente (m)	continente (m)	[konti'nente]
ilha (f)	isola (f)	['izola]
península (f)	penisola (f)	[pe'nizola]
arquipélago (m)	arcipelago (m)	[artʃi'pelago]
baía (f)	baia (f)	['baja]
porto (m)	porto (m)	['porto]
lagoa (f)	laguna (f)	[la'guna]
cabo (m)	capo (m)	['kapo]
atol (m)	atollo (m)	[a'tollo]
recife (m)	scogliera (f)	[skoʎ'ʎera]
coral (m)	corallo (m)	[ko'rallo]
recife (m) de coral	barriera (f) corallina	[bar'rjera koral'lina]
profundo (adj)	profondo	[pro'fondo]
profundidade (f)	profondità (f)	[profondi'ta]
abismo (m)	abisso (m)	[a'bisso]
fossa (f) oceânica	fossa (f)	['fossa]
corrente (f)	corrente (f)	[kor'rente]
banhar (vt)	circondare (vt)	[tʃirkon'dare]
litoral (m)	litorale (m)	[lito'rale]

costa (f)	costa (f)	['kosta]
maré (f) alta	alta marea (f)	['alta ma'rea]
refluxo (m)	bassa marea (f)	['bassa ma'rea]
restinga (f)	banco (m) di sabbia	['banko di 'sabbia]
fundo (m)	fondo (m)	['fondo]
onda (f)	onda (f)	['onda]
crista (f) da onda	cresta (f) dell'onda	['kresta dell 'onda]
espuma (f)	schiuma (f)	['skjuma]
tempestade (f)	tempesta (f)	[tem'pesta]
furacão (m)	uragano (m)	[ura'gano]
tsunami (m)	tsunami (m)	[tsu'nami]
calmaria (f)	bonaccia (f)	[bo'natʃa]
calmo (adj)	tranquillo	[tran'kwillo]
polo (m)	polo (m)	['polo]
polar (adj)	polare	[po'lare]
latitude (f)	latitudine (f)	[lati'tudine]
longitude (f)	longitudine (f)	[londʒi'tudine]
paralela (f)	parallelo (m)	[paral'lelo]
equador (m)	equatore (m)	[ekwa'tore]
céu (m)	cielo (m)	['tʃelo]
horizonte (m)	orizzonte (m)	[orid'dzonte]
ar (m)	aria (f)	['aria]
farol (m)	faro (m)	['faro]
mergulhar (vi)	tuffarsi (vr)	[tuf'farsi]
afundar-se (vr)	affondare (vi)	[affon'dare]
tesouros (m pl)	tesori (m)	[te'zori]

199. Nomes de Mares e Oceanos

Oceano (m) Atlântico	Oceano (m) Atlantico	[o'tʃeano at'lantiko]
Oceano (m) Índico	Oceano (m) Indiano	[o'tʃeano indi'ano]
Oceano (m) Pacífico	Oceano (m) Pacifico	[o'tʃeano pa'tʃifiko]
Oceano (m) Ártico	mar (m) Glaciale Artico	[mar gla'tʃale 'artiko]
Mar (m) Negro	mar (m) Nero	[mar 'nero]
Mar (m) Vermelho	mar (m) Rosso	[mar 'rosso]
Mar (m) Amarelo	mar (m) Giallo	[mar 'dʒallo]
Mar (m) Branco	mar (m) Bianco	[mar 'bjanko]
Mar (m) Cáspio	mar (m) Caspio	[mar 'kaspio]
Mar (m) Morto	mar (m) Morto	[mar 'morto]
Mar (m) Mediterrâneo	mar (m) Mediterraneo	[mar mediter'raneo]
Mar (m) Egeu	mar (m) Egeo	[mar e'dʒeo]
Mar (m) Adriático	mar (m) Adriatico	[mar adri'atiko]
Mar (m) Arábico	mar (m) Arabico	[mar a'rabiko]
Mar (m) do Japão	mar (m) del Giappone	[mar del dʒap'pone]

| Mar (m) de Bering | mare (m) di Bering | ['mare di 'bering] |
| Mar (m) da China Meridional | mar (m) Cinese meridionale | [mar tʃi'neze meridio'nale] |

Mar (m) de Coral	mar (m) dei Coralli	[mar 'dei ko'ralli]
Mar (m) de Tasman	mar (m) di Tasmania	[mar di taz'mania]
Mar (m) do Caribe	mar (m) dei Caraibi	[mar dei kara'ibi]

| Mar (m) de Barents | mare (m) di Barents | ['mare di 'barents] |
| Mar (m) de Kara | mare (m) di Kara | ['mare di 'kara] |

Mar (m) do Norte	mare (m) del Nord	['mare del nord]
Mar (m) Báltico	mar (m) Baltico	[mar 'baltiko]
Mar (m) da Noruega	mare (m) di Norvegia	['mare di nor'vedʒa]

200. Montanhas

montanha (f)	monte (m), montagna (f)	['monte], [mon'taɲa]
cordilheira (f)	catena (f) montuosa	[ka'tena montu'oza]
serra (f)	crinale (m)	[kri'nale]

cume (m)	cima (f)	['tʃima]
pico (m)	picco (m)	['pikko]
pé (m)	piedi (m pl)	['pjede]
declive (m)	pendio (m)	[pen'dio]

vulcão (m)	vulcano (m)	[vul'kano]
vulcão (m) ativo	vulcano (m) attivo	[vul'kano at'tivo]
vulcão (m) extinto	vulcano (m) inattivo	[vul'kano inat'tivo]

erupção (f)	eruzione (f)	[eru'tsjone]
cratera (f)	cratere (m)	[kra'tere]
magma (m)	magma (m)	['magma]
lava (f)	lava (f)	['lava]
fundido (lava ~a)	fuso	['fuzo]

cânion, desfiladeiro (m)	canyon (m)	['kenjon]
garganta (f)	gola (f)	['gola]
fenda (f)	crepaccio (m)	[kre'patʃo]
precipício (m)	precipizio (m)	[pretʃi'pitsio]

passo, colo (m)	passo (m), valico (m)	['passo], ['valiko]
planalto (m)	altopiano (m)	[alto'pjano]
falésia (f)	falesia (f)	[fa'lezia]
colina (f)	collina (f)	[kol'lina]

geleira (f)	ghiacciaio (m)	[gja'tʃajo]
cachoeira (f)	cascata (f)	[kas'kata]
gêiser (m)	geyser (m)	['gejzer]
lago (m)	lago (m)	['lago]

planície (f)	pianura (f)	[pja'nura]
paisagem (f)	paesaggio (m)	[pae'zadʒo]
eco (m)	eco (f)	['eko]
alpinista (m)	alpinista (m)	[alpi'nista]

escalador (m)	scalatore (m)	[skala'tore]
conquistar (vt)	conquistare (vt)	[konkwi'stare]
subida, escalada (f)	scalata (f)	[ska'lata]

201. Nomes de montanhas

Alpes (m pl)	Alpi (f pl)	['alpi]
Monte Branco (m)	Monte (m) Bianco	['monte 'bjanko]
Pirineus (m pl)	Pirenei (m pl)	[pire'nei]
Cárpatos (m pl)	Carpazi (m pl)	[kar'patsi]
Urais (m pl)	gli Urali (m pl)	[ʎi u'rali]
Cáucaso (m)	Caucaso (m)	['kaukazo]
Elbrus (m)	Monte (m) Elbrus	['monte 'elbrus]
Altai (m)	Monti (m pl) Altai	['monti al'taj]
Tian Shan (m)	Tien Shan (m)	[tjen 'ʃan]
Pamir (m)	Pamir (m)	[pa'mir]
Himalaia (m)	Himalaia (m)	[ima'laja]
monte Everest (m)	Everest (m)	['everest]
Cordilheira (f) dos Andes	Ande (f pl)	['ande]
Kilimanjaro (m)	Kilimangiaro (m)	[kiliman'dʒaro]

202. Rios

rio (m)	fiume (m)	['fjume]
fonte, nascente (f)	fonte (f)	['fonte]
leito (m) de rio	letto (m)	['letto]
bacia (f)	bacino (m)	[ba'tʃino]
desaguar no ...	sfociare nel ...	[sfo'tʃare nel]
afluente (m)	affluente (m)	[afflu'ente]
margem (do rio)	riva (f)	['riva]
corrente (f)	corrente (f)	[kor'rente]
rio abaixo	a valle	[a 'valle]
rio acima	a monte	[a 'monte]
inundação (f)	inondazione (f)	[inonda'tsjone]
cheia (f)	piena (f)	['pjena]
transbordar (vi)	straripare (vi)	[strari'pare]
inundar (vt)	inondare (vt)	[inon'dare]
banco (m) de areia	secca (f)	['sekka]
corredeira (f)	rapida (f)	['rapida]
barragem (f)	diga (f)	['diga]
canal (m)	canale (m)	[ka'nale]
reservatório (m) de água	bacino (m) di riserva	[ba'tʃino di ri'zerva]
eclusa (f)	chiusa (f)	['kjuza]
corpo (m) de água	bacino (m) idrico	[ba'tʃino 'idriko]

pântano (m)	palude (f)	[pa'lude]
lamaçal (m)	pantano (m)	[pan'tano]
redemoinho (m)	vortice (m)	['vortitʃe]
riacho (m)	ruscello (m)	[ru'ʃello]
potável (adj)	potabile	[po'tabile]
doce (água)	dolce	['doltʃe]
gelo (m)	ghiaccio (m)	['gjatʃo]
congelar-se (vr)	ghiacciarsi (vr)	[gja'tʃarsi]

203. Nomes de rios

rio Sena (m)	Senna (f)	['senna]
rio Loire (m)	Loira (f)	['loira]
rio Tâmisa (m)	Tamigi (m)	[ta'midʒi]
rio Reno (m)	Reno (m)	['reno]
rio Danúbio (m)	Danubio (m)	[da'nubio]
rio Volga (m)	Volga (m)	['volga]
rio Don (m)	Don (m)	[don]
rio Lena (m)	Lena (f)	['lena]
rio Amarelo (m)	Fiume (m) Giallo	['fjume 'dʒallo]
rio Yangtzé (m)	Fiume (m) Azzurro	['fjume ad'dzurro]
rio Mekong (m)	Mekong (m)	[me'kong]
rio Ganges (m)	Gange (m)	['gandʒe]
rio Nilo (m)	Nilo (m)	['nilo]
rio Congo (m)	Congo (m)	['kongo]
rio Cubango (m)	Okavango	[oka'vango]
rio Zambeze (m)	Zambesi (m)	[dzam'bezi]
rio Limpopo (m)	Limpopo (m)	['limpopo]
rio Mississippi (m)	Mississippi (m)	[missis'sippi]

204. Floresta

floresta (f), bosque (m)	foresta (f)	[fo'resta]
florestal (adj)	forestale	[fores'tale]
mata (f) fechada	foresta (f) fitta	[fo'resta 'fitta]
arvoredo (m)	boschetto (m)	[bos'ketto]
clareira (f)	radura (f)	[ra'dura]
matagal (m)	roveto (m)	[ro'veto]
mato (m), caatinga (f)	boscaglia (f)	[bos'kaʎʎa]
pequena trilha (f)	sentiero (m)	[sen'tjero]
ravina (f)	calanco (m)	[ka'lanko]
árvore (f)	albero (m)	['albero]
folha (f)	foglia (f)	['foʎʎa]

folhagem (f)	fogliame (m)	[foʎˈʎame]
queda (f) das folhas	caduta (f) delle foglie	[kaˈduta ˈdelle ˈfoʎʎe]
cair (vi)	cadere (vi)	[kaˈdere]
topo (m)	cima (f)	[ˈtʃima]

ramo (m)	ramo (m), ramoscello (m)	[ˈramo], [ramoˈʃello]
galho (m)	ramo (m)	[ˈramo]
botão (m)	gemma (f)	[ˈdʒemma]
agulha (f)	ago (m)	[ˈago]
pinha (f)	pigna (f)	[ˈpiɲa]

buraco (m) de árvore	cavità (f)	[kaviˈta]
ninho (m)	nido (m)	[ˈnido]
toca (f)	tana (f)	[ˈtana]

tronco (m)	tronco (m)	[ˈtronko]
raiz (f)	radice (f)	[raˈditʃe]
casca (f) de árvore	corteccia (f)	[korˈtetʃa]
musgo (m)	musco (m)	[ˈmusko]

arrancar pela raiz	sradicare (vt)	[zradiˈkare]
cortar (vt)	abbattere (vt)	[abˈbattere]
desflorestar (vt)	disboscare (vt)	[dizboˈskare]
toco, cepo (m)	ceppo (m)	[ˈtʃeppo]

fogueira (f)	falò (m)	[faˈlo]
incêndio (m) florestal	incendio (m) boschivo	[inˈtʃendio bosˈkivo]
apagar (vt)	spegnere (vt)	[ˈspeɲere]

guarda-parque (m)	guardia (f) forestale	[ˈgwardia foresˈtale]
proteção (f)	protezione (f)	[proteˈtsjone]
proteger (a natureza)	proteggere (vt)	[proˈtedʒere]
caçador (m) furtivo	bracconiere (m)	[brakkoˈnjere]
armadilha (f)	tagliola (f)	[taʎˈʎoʎa]

| colher (cogumelos, bagas) | raccogliere (vt) | [rakˈkoʎʎere] |
| perder-se (vr) | perdersi (vr) | [ˈperdersi] |

205. Recursos naturais

recursos (m pl) naturais	risorse (f pl) naturali	[riˈsorse natuˈrali]
minerais (m pl)	minerali (m pl)	[mineˈrali]
depósitos (m pl)	deposito (m)	[deˈpozito]
jazida (f)	giacimento (m)	[dʒatʃiˈmento]

extrair (vt)	estrarre (vt)	[eˈstrarre]
extração (f)	estrazione (f)	[estraˈtsjone]
minério (m)	minerale (m) grezzo	[mineˈrale ˈgreddzo]
mina (f)	miniera (f)	[miˈnjera]
poço (m) de mina	pozzo (m) di miniera	[ˈpottso di miˈnjera]
mineiro (m)	minatore (m)	[minaˈtore]

| gás (m) | gas (m) | [gas] |
| gasoduto (m) | gasdotto (m) | [gasˈdotto] |

petróleo (m)	petrolio (m)	[pe'trolio]
oleoduto (m)	oleodotto (m)	[oleo'dotto]
poço (m) de petróleo	torre (f) di estrazione	['torre di estra'tsjone]
torre (f) petrolífera	torre (f) di trivellazione	['torre di trivella'tsjone]
petroleiro (m)	petroliera (f)	[petro'ljera]

areia (f)	sabbia (f)	['sabbia]
calcário (m)	calcare (m)	[kal'kare]
cascalho (m)	ghiaia (f)	['gjaja]
turfa (f)	torba (f)	['torba]
argila (f)	argilla (f)	[ar'dʒilla]
carvão (m)	carbone (m)	[kar'bone]

ferro (m)	ferro (m)	['ferro]
ouro (m)	oro (m)	['oro]
prata (f)	argento (m)	[ar'dʒento]
níquel (m)	nichel (m)	['nikel]
cobre (m)	rame (m)	['rame]

zinco (m)	zinco (m)	['dzinko]
manganês (m)	manganese (m)	[manga'neze]
mercúrio (m)	mercurio (m)	[mer'kurio]
chumbo (m)	piombo (m)	['pjombo]

mineral (m)	minerale (m)	[mine'rale]
cristal (m)	cristallo (m)	[kris'tallo]
mármore (m)	marmo (m)	['marmo]
urânio (m)	uranio (m)	[u'ranio]

A Terra. Parte 2

206. Tempo

tempo (m)	tempo (m)	['tempo]
previsão (f) do tempo	previsione (f) del tempo	[previ'zjone del 'tempo]
temperatura (f)	temperatura (f)	[tempera'tura]
termômetro (m)	termometro (m)	[ter'mometro]
barômetro (m)	barometro (m)	[ba'rometro]
úmido (adj)	umido	['umido]
umidade (f)	umidità (f)	[umidi'ta]
calor (m)	caldo (m), afa (f)	['kaldo], ['afa]
tórrido (adj)	molto caldo	['molto 'kaldo]
está muito calor	fa molto caldo	[fa 'molto 'kaldo]
está calor	fa caldo	[fa 'kaldo]
quente (morno)	caldo	['kaldo]
está frio	fa freddo	[fa 'freddo]
frio (adj)	freddo	['freddo]
sol (m)	sole (m)	['sole]
brilhar (vi)	splendere (vi)	['splendere]
de sol, ensolarado	di sole	[di 'sole]
nascer (vi)	levarsi (vr)	[le'varsi]
pôr-se (vr)	tramontare (vi)	[tramon'tare]
nuvem (f)	nuvola (f)	['nuvola]
nublado (adj)	nuvoloso	[nuvo'lozo]
nuvem (f) preta	nube (f) di pioggia	['nube di 'pjodʒa]
escuro, cinzento (adj)	nuvoloso	[nuvo'lozo]
chuva (f)	pioggia (f)	['pjodʒa]
está a chover	piove	['pjove]
chuvoso (adj)	piovoso	[pjo'vozo]
chuviscar (vi)	piovigginare (vi)	[pjovidʒi'nare]
chuva (f) torrencial	pioggia (f) torrenziale	['pjodʒa torren'tsjale]
aguaceiro (m)	acquazzone (m)	[akwat'tsone]
forte (chuva, etc.)	forte	['forte]
poça (f)	pozzanghera (f)	[pot'tsangera]
molhar-se (vr)	bagnarsi (vr)	[ba'ɲarsi]
nevoeiro (m)	foschia (f), nebbia (f)	[fos'kia], ['nebbia]
de nevoeiro	nebbioso	[neb'bjozo]
neve (f)	neve (f)	['neve]
está nevando	nevica	['nevika]

207. Tempo extremo. Catástrofes naturais

trovoada (f)	temporale (m)	[tempo'rale]
relâmpago (m)	fulmine (f)	['fulmine]
relampejar (vi)	lampeggiare (vi)	[lampe'dʒare]
trovão (m)	tuono (m)	[tu'ono]
trovejar (vi)	tuonare (vi)	[tuo'nare]
está trovejando	tuona	[tu'ona]
granizo (m)	grandine (f)	['grandine]
está caindo granizo	grandina	['grandina]
inundar (vt)	inondare (vt)	[inon'dare]
inundação (f)	inondazione (f)	[inonda'tsjone]
terremoto (m)	terremoto (m)	[terre'moto]
abalo, tremor (m)	scossa (f)	['skossa]
epicentro (m)	epicentro (m)	[epi'tʃentro]
erupção (f)	eruzione (f)	[eru'tsjone]
lava (f)	lava (f)	['lava]
tornado (m)	tromba (f) d'aria	['tromba 'daria]
tornado (m)	tornado (m)	[tor'nado]
tufão (m)	tifone (m)	[ti'fone]
furacão (m)	uragano (m)	[ura'gano]
tempestade (f)	tempesta (f)	[tem'pesta]
tsunami (m)	tsunami (m)	[tsu'nami]
ciclone (m)	ciclone (m)	[tʃi'klone]
mau tempo (m)	maltempo (m)	[mal'tempo]
incêndio (m)	incendio (m)	[in'tʃendio]
catástrofe (f)	disastro (m)	[di'zastro]
meteorito (m)	meteorite (m)	[meteo'rite]
avalanche (f)	valanga (f)	[va'langa]
deslizamento (m) de neve	slavina (f)	[zla'vina]
nevasca (f)	tempesta (f) di neve	[tem'pesta di 'neve]
tempestade (f) de neve	bufera (f) di neve	['bufera di 'neve]

208. Ruídos. Sons

silêncio (m)	silenzio (m)	[si'lentsio]
som (m)	suono (m)	[su'ono]
ruído, barulho (m)	rumore (m)	[ru'more]
fazer barulho	far rumore	[far ru'more]
ruidoso, barulhento (adj)	rumoroso	[rumo'rozo]
alto	forte, alto	['forte], ['alto]
alto (ex. voz ~a)	alto, forte	['alto], ['forte]
constante (ruído, etc.)	costante	[ko'stante]

grito (m)	grido (m)	['grido]
gritar (vi)	gridare (vi)	[gri'dare]
sussurro (m)	sussurro (m)	[sus'surro]
sussurrar (vi, vt)	sussurrare (vi, vt)	[sussur'rare]
latido (m)	abbaiamento (m)	[abaja'mento]
latir (vi)	abbaiare (vi)	[abba'jare]
gemido (m)	gemito (m)	['dʒemito]
gemer (vi)	gemere (vi)	['dʒemere]
tosse (f)	tosse (f)	['tosse]
tossir (vi)	tossire (vi)	[tos'sire]
assobio (m)	fischio (m)	['fiskio]
assobiar (vi)	fischiare (vi)	[fis'kjare]
batida (f)	bussata (f)	[bus'sata]
bater (à porta)	bussare (vi)	[bus'sare]
estalar (vi)	crepitare (vi)	[krepi'tare]
estalido (m)	crepitio (m)	[krepi'tio]
sirene (f)	sirena (f)	[si'rena]
apito (m)	sirena (f) di fabbrica	[si'rena di 'fabbrika]
apitar (vi)	emettere un fischio	[e'mettere un 'fiskio]
buzina (f)	colpo (m) di clacson	['kolpo di 'klakson]
buzinar (vi)	clacsonare (vi)	[klakso'nare]

209. Inverno

inverno (m)	inverno (m)	[in'verno]
de inverno	invernale	[inver'nale]
no inverno	d'inverno	[din'verno]
neve (f)	neve (f)	['neve]
está nevando	nevica	['nevika]
queda (f) de neve	nevicata (f)	[nevi'kata]
amontoado (m) de neve	mucchio (m) di neve	['mukkio di 'neve]
floco (m) de neve	fiocco (m) di neve	[fjokko di 'neve]
bola (f) de neve	palla (f) di neve	['palla di 'neve]
boneco (m) de neve	pupazzo (m) di neve	[pu'pattso di 'neve]
sincelo (m)	ghiacciolo (m)	[gja'tʃolo]
dezembro (m)	dicembre (m)	[di'tʃembre]
janeiro (m)	gennaio (m)	[dʒen'najo]
fevereiro (m)	febbraio (m)	[feb'brajo]
gelo (m)	gelo (m)	['dʒelo]
gelado (tempo ~)	gelido	['dʒelido]
abaixo de zero	sotto zero	['sotto 'dzero]
primeira geada (f)	primi geli (m pl)	['primi 'dʒeli]
geada (f) branca	brina (f)	['brina]
frio (m)	freddo (m)	['freddo]

está frio	fa freddo	[fa 'freddo]
casaco (m) de pele	pelliccia (f)	[pel'litʃa]
mitenes (f pl)	manopole (f pl)	[ma'nopole]

adoecer (vi)	ammalarsi (vr)	[amma'larsi]
resfriado (m)	raffreddore (m)	[raffred'dore]
ficar resfriado	raffreddarsi (vr)	[raffred'darsi]

gelo (m)	ghiaccio (m)	['gjatʃo]
gelo (m) na estrada	ghiaccio (m) trasparente	['gjatʃo traspa'rente]
congelar-se (vr)	ghiacciarsi (vr)	[gja'tʃarsi]
bloco (m) de gelo	banco (m) di ghiaccio	['banko di 'gjatʃo]

esqui (m)	sci (m pl)	[ʃi]
esquiador (m)	sciatore (m)	[ʃia'tore]
esquiar (vi)	sciare (vi)	[ʃi'are]
patinar (vi)	pattinare (vi)	[patti'nare]

Fauna

210. Mamíferos. Predadores

predador (m)	predatore (m)	[preda'tore]
tigre (m)	tigre (f)	['tigre]
leão (m)	leone (m)	[le'one]
lobo (m)	lupo (m)	['lupo]
raposa (f)	volpe (m)	['volpe]
jaguar (m)	giaguaro (m)	[dʒa'gwaro]
leopardo (m)	leopardo (m)	[leo'pardo]
chita (f)	ghepardo (m)	[ge'pardo]
pantera (f)	pantera (f)	[pan'tera]
puma (m)	puma (f)	['puma]
leopardo-das-neves (m)	leopardo (m) delle nevi	[leo'pardo 'delle 'nevi]
lince (m)	lince (f)	['lintʃe]
coiote (m)	coyote (m)	[ko'jote]
chacal (m)	sciacallo (m)	[ʃa'kallo]
hiena (f)	iena (f)	['jena]

211. Animais selvagens

animal (m)	animale (m)	[ani'male]
besta (f)	bestia (f)	['bestia]
esquilo (m)	scoiattolo (m)	[sko'jattolo]
ouriço (m)	riccio (m)	['ritʃo]
lebre (f)	lepre (f)	['lepre]
coelho (m)	coniglio (m)	[ko'niʎʎo]
texugo (m)	tasso (m)	['tasso]
guaxinim (m)	procione (f)	[pro'tʃone]
hamster (m)	criceto (m)	[kri'tʃeto]
marmota (f)	marmotta (f)	[mar'motta]
toupeira (f)	talpa (f)	['talpa]
rato (m)	topo (m)	['topo]
ratazana (f)	ratto (m)	['ratto]
morcego (m)	pipistrello (m)	[pipi'strello]
arminho (m)	ermellino (m)	[ermel'lino]
zibelina (f)	zibellino (m)	[dzibel'lino]
marta (f)	martora (f)	['martora]
doninha (f)	donnola (f)	['donnola]
visom (m)	visone (m)	[vi'zone]

castor (m)	castoro (m)	[kas'toro]
lontra (f)	lontra (f)	['lontra]
cavalo (m)	cavallo (m)	[ka'vallo]
alce (m)	alce (m)	['altʃe]
veado (m)	cervo (m)	['tʃervo]
camelo (m)	cammello (m)	[kam'mello]
bisão (m)	bisonte (m) americano	[bi'zonte ameri'kano]
auroque (m)	bisonte (m) europeo	[bi'zonte euro'peo]
búfalo (m)	bufalo (m)	['bufalo]
zebra (f)	zebra (f)	['dzebra]
antílope (m)	antilope (f)	[an'tilope]
corça (f)	capriolo (m)	[kapri'olo]
gamo (m)	daino (m)	['daino]
camurça (f)	camoscio (m)	[ka'moʃo]
javali (m)	cinghiale (m)	[tʃin'gjale]
baleia (f)	balena (f)	[ba'lena]
foca (f)	foca (f)	['foka]
morsa (f)	tricheco (m)	[tri'keko]
urso-marinho (m)	otaria (f)	[o'taria]
golfinho (m)	delfino (m)	[del'fino]
urso (m)	orso (m)	['orso]
urso (m) polar	orso (m) bianco	['orso 'bjanko]
panda (m)	panda (m)	['panda]
macaco (m)	scimmia (f)	['ʃimmia]
chimpanzé (m)	scimpanzè (m)	[ʃimpan'dze]
orangotango (m)	orango (m)	[o'rango]
gorila (m)	gorilla (m)	[go'rilla]
macaco (m)	macaco (m)	[ma'kako]
gibão (m)	gibbone (m)	[dʒib'bone]
elefante (m)	elefante (m)	[ele'fante]
rinoceronte (m)	rinoceronte (m)	[rinotʃe'ronte]
girafa (f)	giraffa (f)	[dʒi'raffa]
hipopótamo (m)	ippopotamo (m)	[ippo'potamo]
canguru (m)	canguro (m)	[kan'guro]
coala (m)	koala (m)	[ko'ala]
mangusto (m)	mangusta (f)	[man'gusta]
chinchila (f)	cincillà (f)	[tʃintʃil'la]
cangambá (f)	moffetta (f)	[mof'fetta]
porco-espinho (m)	istrice (m)	['istritʃe]

212. Animais domésticos

gata (f)	gatta (f)	['gatta]
gato (m) macho	gatto (m)	['gatto]
cão (m)	cane (m)	['kane]

cavalo (m)	cavallo (m)	[ka'vallo]
garanhão (m)	stallone (m)	[stal'lone]
égua (f)	giumenta (f)	[dʒu'menta]
vaca (f)	mucca (f)	['mukka]
touro (m)	toro (m)	['toro]
boi (m)	bue (m)	['bue]
ovelha (f)	pecora (f)	['pekora]
carneiro (m)	montone (m)	[mon'tone]
cabra (f)	capra (f)	['kapra]
bode (m)	caprone (m)	[kap'rone]
burro (m)	asino (m)	['azino]
mula (f)	mulo (m)	['mulo]
porco (m)	porco (m)	['porko]
leitão (m)	porcellino (m)	[portʃel'lino]
coelho (m)	coniglio (m)	[ko'niʎʎo]
galinha (f)	gallina (f)	[gal'lina]
galo (m)	gallo (m)	['gallo]
pata (f), pato (m)	anatra (f)	['anatra]
pato (m)	maschio (m) dell'anatra	['maskio dell 'anatra]
ganso (m)	oca (f)	['oka]
peru (m)	tacchino (m)	[tak'kino]
perua (f)	tacchina (f)	[tak'kina]
animais (m pl) domésticos	animali (m pl) domestici	[ani'mali do'mestitʃi]
domesticado (adj)	addomesticato	[addomesti'kato]
domesticar (vt)	addomesticare (vt)	[addomesti'kare]
criar (vt)	allevare (vt)	[alle'vare]
fazenda (f)	fattoria (f)	[fatto'ria]
aves (f pl) domésticas	pollame (m)	[pol'lame]
gado (m)	bestiame (m)	[bes'tjame]
rebanho (m), manada (f)	branco (m), mandria (f)	['branko], ['mandria]
estábulo (m)	scuderia (f)	[skude'ria]
chiqueiro (m)	porcile (m)	[por'tʃile]
estábulo (m)	stalla (f)	['stalla]
coelheira (f)	conigliera (f)	[koniʎ'ʎera]
galinheiro (m)	pollaio (m)	[pol'lajo]

213. Cães. Raças de cães

cão (m)	cane (m)	['kane]
cão pastor (m)	cane (m) da pastore	['kane da pas'tore]
pastor-alemão (m)	battaglia (f)	[bat'taʎʎa]
poodle (m)	barbone (m)	[bar'bone]
linguicinha (m)	bassotto (m)	[bas'sotto]
buldogue (m)	bulldog (m)	[bull'dog]

boxer (m)	boxer (m)	['bokser]
mastim (m)	mastino (m)	[ma'stino]
rottweiler (m)	rottweiler (m)	[rot'vajler]
dóberman (m)	dobermann (m)	[dober'mann]
basset (m)	bassotto (m)	[bas'sotto]
pastor inglês (m)	bobtail (m)	['bobtejl]
dálmata (m)	dalmata (m)	['dalmata]
cocker spaniel (m)	cocker (m)	['kokker]
terra-nova (m)	terranova (m)	[terra'nova]
são-bernardo (m)	sanbernardo (m)	[sanber'nardo]
husky (m) siberiano	husky (m)	['aski]
Chow-chow (m)	chow chow (m)	['tʃau 'tʃau]
spitz alemão (m)	volpino (m)	[vol'pino]
pug (m)	carlino (m)	[kar'lino]

214. Sons produzidos pelos animais

latido (m)	abbaiamento (m)	[abaja'mento]
latir (vi)	abbaiare (vi)	[abba'jare]
miar (vi)	miagolare (vi)	[mjago'lare]
ronronar (vi)	fare le fusa	['fare le 'fuza]
mugir (vaca)	muggire (vi)	[mu'dʒire]
bramir (touro)	muggire (vi)	[mu'dʒire]
rosnar (vi)	ringhiare (vi)	[rin'gjare]
uivo (m)	ululato (m)	[ulu'lato]
uivar (vi)	ululare (vi)	[ulu'lare]
ganir (vi)	guaire (vi)	[gwa'ire]
balir (vi)	belare (vi)	[be'lare]
grunhir (vi)	grugnire (vi)	[gru'ɲire]
guinchar (vi)	squittire (vi)	[skwit'tire]
coaxar (sapo)	gracidare (vi)	[gratʃi'dare]
zumbir (inseto)	ronzare (vi)	[ron'dzare]
ziziar (vi)	frinire (vi)	[fri'nire]

215. Animais jovens

cria (f), filhote (m)	cucciolo (m)	['kutʃolo]
gatinho (m)	micino (m)	[mi'tʃino]
ratinho (m)	topolino (m)	[topo'lino]
cachorro (m)	cucciolo (m) di cane	['kutʃolo di 'kane]
filhote (m) de lebre	leprotto (m)	[le'protto]
coelhinho (m)	coniglietto (m)	[koniʎ'ʎetto]
lobinho (m)	cucciolo (m) di lupo	['kutʃolo di 'lupo]
filhote (m) de raposa	cucciolo (m) di volpe	['kutʃolo di 'volpe]

filhote (m) de urso	cucciolo (m) di orso	['kutʃolo di 'orso]
filhote (m) de leão	cucciolo (m) di leone	['kutʃolo di le'one]
filhote (m) de tigre	cucciolo (m) di tigre	[ku'tʃolo di 'tigre]
filhote (m) de elefante	elefantino (m)	[elefan'tino]
leitão (m)	porcellino (m)	[portʃel'lino]
bezerro (m)	vitello (m)	[vi'tello]
cabrito (m)	capretto (m)	[ka'pretto]
cordeiro (m)	agnello (m)	[a'ɲello]
filhote (m) de veado	cerbiatto (m)	[tʃer'bjatto]
cria (f) de camelo	cucciolo (m) di cammello	['kutʃolo di kam'mello]
filhote (m) de serpente	piccolo (m) di serpente	['pikkolo di ser'pente]
filhote (m) de rã	piccolo (m) di rana	['pikkolo di 'rana]
cria (f) de ave	uccellino (m)	[utʃel'lino]
pinto (m)	pulcino (m)	[pul'tʃino]
patinho (m)	anatroccolo (m)	[ana'trokkolo]

216. Pássaros

pássaro (m), ave (f)	uccello (m)	[u'tʃello]
pombo (m)	colombo (m), piccione (m)	[kolombo], [pi'tʃone]
pardal (m)	passero (m)	['passero]
chapim-real (m)	cincia (f)	['tʃintʃa]
pega-rabuda (f)	gazza (f)	['gattsa]
corvo (m)	corvo (m)	['korvo]
gralha-cinzenta (f)	cornacchia (f)	[kor'nakkia]
gralha-de-nuca-cinzenta (f)	taccola (f)	['takkola]
gralha-calva (f)	corvo (m) nero	['korvo 'nero]
pato (m)	anatra (f)	['anatra]
ganso (m)	oca (f)	['oka]
faisão (m)	fagiano (m)	[fa'dʒano]
águia (f)	aquila (f)	['akwila]
açor (m)	astore (m)	[a'store]
falcão (m)	falco (m)	['falko]
abutre (m)	grifone (m)	[gri'fone]
condor (m)	condor (m)	['kondor]
cisne (m)	cigno (m)	['tʃiɲo]
grou (m)	gru (f)	[gru]
cegonha (f)	cicogna (f)	[tʃi'koɲa]
papagaio (m)	pappagallo (m)	[pappa'gallo]
beija-flor (m)	colibrì (m)	[koli'bri]
pavão (m)	pavone (m)	[pa'vone]
avestruz (m)	struzzo (m)	['struttso]
garça (f)	airone (m)	[ai'rone]
flamingo (m)	fenicottero (m)	[feni'kottero]
pelicano (m)	pellicano (m)	[pelli'kano]

| rouxinol (m) | usignolo (m) | [uzi'ɲolo] |
| andorinha (f) | rondine (f) | ['rondine] |

tordo-zornal (m)	tordo (m)	['tordo]
tordo-músico (m)	tordo (m) sasello	['tordo sa'zello]
melro-preto (m)	merlo (m)	['merlo]

andorinhão (m)	rondone (m)	[ron'done]
cotovia (f)	allodola (f)	[al'lodola]
codorna (f)	quaglia (f)	['kwaʎʎa]

pica-pau (m)	picchio (m)	['pikkio]
cuco (m)	cuculo (m)	['kukulo]
coruja (f)	civetta (f)	[tʃi'vetta]
bufo-real (m)	gufo (m) reale	['gufo re'ale]
tetraz-grande (m)	urogallo (m)	[uro'gallo]
tetraz-lira (m)	fagiano (m) di monte	[fa'dʒano di 'monte]
perdiz-cinzenta (f)	pernice (f)	[per'nitʃe]

estorninho (m)	storno (m)	['storno]
canário (m)	canarino (m)	[kana'rino]
galinha-do-mato (f)	francolino (m) di monte	[franko'lino di 'monte]
tentilhão (m)	fringuello (m)	[frin'gwello]
dom-fafe (m)	ciuffolotto (m)	[tʃuffo'lotto]

gaivota (f)	gabbiano (m)	[gab'bjano]
albatroz (m)	albatro (m)	['albatro]
pinguim (m)	pinguino (m)	[pin'gwino]

217. Pássaros. Canto e sons

cantar (vi)	cantare (vi)	[kan'tare]
gritar, chamar (vi)	gridare (vi)	[gri'dare]
cantar (o galo)	cantare, chicchiriare	[kan'tare], [kikki'rjare]
cocorocó (m)	chicchirichì (m)	[kikkiri'ki]

cacarejar (vi)	chiocciare (vi)	[kio'tʃare]
crocitar (vi)	gracchiare (vi)	[grak'kjare]
grasnar (vi)	fare qua qua	['fare kwa kwa]
piar (vi)	pigolare (vi)	[pigo'lare]
chilrear, gorjear (vi)	cinguettare (vi)	[tʃingwet'tare]

218. Peixes. Animais marinhos

brema (f)	abramide (f)	[a'bramide]
carpa (f)	carpa (f)	['karpa]
perca (f)	perca (f)	['perka]
siluro (m)	pesce (m) gatto	['peʃe 'gatto]
lúcio (m)	luccio (m)	['lutʃo]

| salmão (m) | salmone (m) | [sal'mone] |
| esturjão (m) | storione (m) | [sto'rjone] |

arenque (m)	aringa (f)	[a'ringa]
salmão (m) do Atlântico	salmone (m)	[sal'mone]
cavala, sarda (f)	scombro (m)	['skombro]
solha (f), linguado (m)	sogliola (f)	['soʎʎoʎa]
lúcio perca (m)	lucioperca (f)	[luʧo'perka]
bacalhau (m)	merluzzo (m)	[mer'luttso]
atum (m)	tonno (m)	['tonno]
truta (f)	trota (f)	['trota]
enguia (f)	anguilla (f)	[an'gwilla]
raia (f) elétrica	torpedine (f)	[tor'pedine]
moreia (f)	murena (f)	[mu'rena]
piranha (f)	piranha, piragna (f)	[pi'rania]
tubarão (m)	squalo (m)	['skwalo]
golfinho (m)	delfino (m)	[del'fino]
baleia (f)	balena (f)	[ba'lena]
caranguejo (m)	granchio (m)	['graŋkio]
água-viva (f)	medusa (f)	[me'duza]
polvo (m)	polpo (m)	['polpo]
estrela-do-mar (f)	stella (f) marina	['stella ma'rina]
ouriço-do-mar (m)	riccio (m) di mare	['riʧo di 'mare]
cavalo-marinho (m)	cavalluccio (m) marino	[kaval'luʧo ma'rino]
ostra (f)	ostrica (f)	['ostrika]
camarão (m)	gamberetto (m)	[gambe'retto]
lagosta (f)	astice (m)	['astiʧe]
lagosta (f)	aragosta (f)	[ara'gosta]

219. Anfíbios. Répteis

cobra (f)	serpente (m)	[ser'pente]
venenoso (adj)	velenoso	[vele'nozo]
víbora (f)	vipera (f)	['vipera]
naja (f)	cobra (m)	['kobra]
píton (m)	pitone (m)	[pi'tone]
jiboia (f)	boa (m)	['boa]
cobra-de-água (f)	biscia (f)	['biʃa]
cascavel (f)	serpente (m) a sonagli	[ser'pente a so'naʎʎi]
anaconda (f)	anaconda (f)	[ana'konda]
lagarto (m)	lucertola (f)	[lu'ʧertola]
iguana (f)	iguana (f)	[i'gwana]
varano (m)	varano (m)	[va'rano]
salamandra (f)	salamandra (f)	[sala'mandra]
camaleão (m)	camaleonte (m)	[kamale'onte]
escorpião (m)	scorpione (m)	[skor'pjone]
tartaruga (f)	tartaruga (f)	[tarta'ruga]
rã (f)	rana (f)	['rana]

sapo (m)	rospo (m)	['rospo]
crocodilo (m)	coccodrillo (m)	[kokko'drillo]

220. Insetos

inseto (m)	insetto (m)	[in'setto]
borboleta (f)	farfalla (f)	[far'falla]
formiga (f)	formica (f)	[for'mika]
mosca (f)	mosca (f)	['moska]
mosquito (m)	zanzara (f)	[dzan'dzara]
escaravelho (m)	scarabeo (m)	[skara'beo]
vespa (f)	vespa (f)	['vespa]
abelha (f)	ape (f)	['ape]
mamangaba (f)	bombo (m)	['bombo]
moscardo (m)	tafano (m)	[ta'fano]
aranha (f)	ragno (m)	['raɲo]
teia (f) de aranha	ragnatela (f)	[raɲa'tela]
libélula (f)	libellula (f)	[li'bellula]
gafanhoto (m)	cavalletta (f)	[kaval'letta]
traça (f)	farfalla (f) notturna	[far'falla not'turna]
barata (f)	scarafaggio (m)	[skara'fadʒo]
carrapato (m)	zecca (f)	['tsekka]
pulga (f)	pulce (f)	['pultʃe]
borrachudo (m)	moscerino (m)	[moʃe'rino]
gafanhoto (m)	locusta (f)	[lo'kusta]
caracol (m)	lumaca (f)	[lu'maka]
grilo (m)	grillo (m)	['grillo]
pirilampo, vaga-lume (m)	lucciola (f)	['lutʃola]
joaninha (f)	coccinella (f)	[kotʃi'nella]
besouro (m)	maggiolino (m)	[madʒo'lino]
sanguessuga (f)	sanguisuga (f)	[sangwi'zuga]
lagarta (f)	bruco (m)	['bruko]
minhoca (f)	verme (m)	['verme]
larva (f)	larva (m)	['larva]

221. Animais. Partes do corpo

bico (m)	becco (m)	['bekko]
asas (f pl)	ali (f pl)	['ali]
pata (f)	zampa (f)	['dzampa]
plumagem (f)	piumaggio (m)	[pju'madʒo]
pena, pluma (f)	penna (f), piuma (f)	['penna], ['pjuma]
crista (f)	cresta (f)	['kresta]
brânquias, guelras (f pl)	branchia (f)	['brankia]
ovas (f pl)	uova (f pl)	[u'ova]

larva (f)	larva (f)	['larva]
barbatana (f)	pinna (f)	['pinna]
escama (f)	squama (f)	['skwama]
presa (f)	zanna (f)	['tzanna]
pata (f)	zampa (f)	['dzampa]
focinho (m)	muso (m)	['muzo]
boca (f)	bocca (f)	['bokka]
cauda (f), rabo (m)	coda (f)	['koda]
bigodes (m pl)	baffi (m pl)	['baffi]
casco (m)	zoccolo (m)	['dzokkolo]
corno (m)	corno (m)	['korno]
carapaça (f)	carapace (f)	[kara'patʃe]
concha (f)	conchiglia (f)	[kon'kiʎʎa]
casca (f) de ovo	guscio (m) dell'uovo	['guʃo dell u'ovo]
pelo (m)	pelo (m)	['pelo]
pele (f), couro (m)	pelle (f)	['pelle]

222. Ações dos animais

voar (vi)	volare (vi)	[vo'lare]
dar voltas	volteggiare (vi)	[volte'dʒare]
voar (para longe)	volare via	[vo'lare 'via]
bater as asas	battere le ali	['battere le 'ali]
bicar (vi)	beccare (vi)	[bek'kare]
incubar (vt)	covare (vt)	[ko'vare]
sair do ovo	sgusciare (vi)	[zgu'ʃare]
fazer o ninho	fare il nido	['fare il 'nido]
rastejar (vi)	strisciare (vi)	[stri'ʃare]
picar (vt)	pungere (vt)	['pundʒere]
morder (cachorro, etc.)	mordere (vt)	['mordere]
cheirar (vt)	fiutare (vt)	[fju'tare]
latir (vi)	abbaiare (vi)	[abba'jare]
silvar (vi)	sibilare (vi)	[sibi'lare]
assustar (vt)	spaventare (vt)	[spaven'tare]
atacar (vt)	attaccare (vt)	[attak'kare]
roer (vt)	rodere (vt)	['rodere]
arranhar (vt)	graffiare (vt)	[graf'fjare]
esconder-se (vr)	nascondersi (vr)	[na'skondersi]
brincar (vi)	giocare (vi)	[dʒo'kare]
caçar (vi)	cacciare (vt)	[ka'tʃare]
hibernar (vi)	ibernare (vi)	[iber'nare]
extinguir-se (vr)	estinguersi (vr)	[e'stinguersi]

223. Animais. Habitats

hábitat (m)	ambiente (m) naturale	[am'bjente natu'rale]
migração (f)	migrazione (f)	[migra'tsjone]
montanha (f)	monte (m), montagna (f)	['monte], [mon'taɲa]
recife (m)	scogliera (f)	[skoʎ'ʎera]
falésia (f)	falesia (f)	[fa'lezia]
floresta (f)	foresta (f)	[fo'resta]
selva (f)	giungla (f)	['dʒungla]
savana (f)	savana (f)	[sa'vana]
tundra (f)	tundra (f)	['tundra]
estepe (f)	steppa (f)	['steppa]
deserto (m)	deserto (m)	[de'zerto]
oásis (m)	oasi (f)	['oazi]
mar (m)	mare (m)	['mare]
lago (m)	lago (m)	['lago]
oceano (m)	oceano (m)	[o'ʧeano]
pântano (m)	palude (f)	[pa'lude]
de água doce	di acqua dolce	[di 'akwa 'doltʃe]
lagoa (f)	stagno (m)	['staɲo]
rio (m)	fiume (m)	['fjume]
toca (f) do urso	tana (f)	['tana]
ninho (m)	nido (m)	['nido]
buraco (m) de árvore	cavità (f)	[kavi'ta]
toca (f)	tana (f)	['tana]
formigueiro (m)	formicaio (m)	[formi'kajo]

224. Cuidados com os animais

jardim (m) zoológico	zoo (m)	['dzoo]
reserva (f) natural	riserva (f) naturale	[ri'zerva natu'rale]
viveiro (m)	allevatore (m)	[alleva'tore]
jaula (f) de ar livre	gabbia (f) all'aperto	['gabbja all a'perto]
jaula, gaiola (f)	gabbia (f)	['gabbia]
casinha (f) de cachorro	canile (m)	[ka'nile]
pombal (m)	piccionaia (f)	[pitʃo'naja]
aquário (m)	acquario (m)	[a'kwario]
delfinário (m)	delfinario (m)	[delfi'nario]
criar (vt)	allevare (vt)	[alle'vare]
cria (f)	cucciolata (f)	[kutʃio'lata]
domesticar (vt)	addomesticare (vt)	[addomesti'kare]
adestrar (vt)	ammaestrare (vt)	[ammae'strare]
ração (f)	mangime (m)	[man'dʒime]
alimentar (vt)	dare da mangiare	['dare da man'dʒare]

loja (f) de animais	negozio (m) di animali	[ne'gotsio di ani'mali]
focinheira (m)	museruola (f)	[muzeru'ola]
coleira (f)	collare (m)	[kol'lare]
nome (do animal)	nome (m)	['nome]
pedigree (m)	pedigree (m)	['pedigri]

225. Animais. Diversos

alcateia (f)	branco (m)	['branko]
bando (pássaros)	stormo (m)	['stormo]
cardume (peixes)	banco (m)	['banko]
manada (cavalos)	mandria (f)	['mandria]
macho (m)	maschio (m)	['maskio]
fêmea (f)	femmina (f)	['femmina]
faminto (adj)	affamato	[affa'mato]
selvagem (adj)	selvatico	[sel'vatiko]
perigoso (adj)	pericoloso	[periko'lozo]

226. Cavalos

cavalo (m)	cavallo (m)	[ka'vallo]
raça (f)	razza (f)	['rattsa]
potro (m)	puledro (m)	[pu'ledro]
égua (f)	giumenta (f)	[dʒu'menta]
mustangue (m)	mustang (m)	['mustang]
pônei (m)	pony (m)	['poni]
cavalo (m) de tiro	cavallo (m) da tiro pesante	[ka'vallo da 'tiro pe'zante]
crina (f)	criniera (f)	[kri'njera]
rabo (m)	coda (f)	['koda]
casco (m)	zoccolo (m)	['dzokkolo]
ferradura (f)	ferro (m) di cavallo	['ferro di ka'vallo]
ferrar (vt)	ferrare (vt)	[fer'rare]
ferreiro (m)	fabbro (m)	['fabbro]
sela (f)	sella (f)	['sella]
estribo (m)	staffa (f)	['staffa]
brida (f)	briglia (f)	['briʎʎa]
rédeas (f pl)	redini (m pl)	['redini]
chicote (m)	frusta (f)	['frusta]
cavaleiro (m)	fantino (m)	[fan'tino]
colocar sela	sellare (vt)	[sel'lare]
montar no cavalo	montare in sella	[mon'tare in 'sella]
galope (m)	galoppo (m)	[ga'loppo]
galopar (vi)	galoppare (vi)	[galop'pare]

trote (m)	trotto (m)	['trotto]
a trote	al trotto	[al 'trotto]
ir a trote	andare al trotto	[an'dare al 'trotto]
cavalo (m) de corrida	cavallo (m) da corsa	[ka'vallo da 'korsa]
corridas (f pl)	corse (f pl)	['korse]
estábulo (m)	scuderia (f)	[skude'ria]
alimentar (vt)	dare da mangiare	['dare da man'dʒare]
feno (m)	fieno (m)	['fjeno]
dar água	abbeverare (vt)	[abbeve'rare]
limpar (vt)	lavare (vt)	[la'vare]
carroça (f)	carro (m)	['karro]
pastar (vi)	pascolare (vi)	[pasko'lare]
relinchar (vi)	nitrire (vi)	[ni'trire]
dar um coice	dare un calcio	['dare un 'kaltʃo]

Flora

227. Árvores

árvore (f)	albero (m)	['albero]
decídua (adj)	deciduo	[de'tʃiduo]
conífera (adj)	conifero	[ko'nifero]
perene (adj)	sempreverde	[sempre'verde]
macieira (f)	melo (m)	['melo]
pereira (f)	pero (m)	['pero]
cerejeira (f)	ciliegio (m)	[tʃi'ljedʒo]
ginjeira (f)	amareno (m)	[ama'reno]
ameixeira (f)	prugno (m)	['pruɲo]
bétula (f)	betulla (f)	[be'tulla]
carvalho (m)	quercia (f)	['kwertʃa]
tília (f)	tiglio (m)	['tiʎʎo]
choupo-tremedor (m)	pioppo (m) tremolo	['pjoppo 'tremolo]
bordo (m)	acero (m)	['atʃero]
espruce (m)	abete (m)	[a'bete]
pinheiro (m)	pino (m)	['pino]
alerce, lariço (m)	larice (m)	['laritʃe]
abeto (m)	abete (m) bianco	[a'bete 'bjanko]
cedro (m)	cedro (m)	['tʃedro]
choupo, álamo (m)	pioppo (m)	['pjoppo]
tramazeira (f)	sorbo (m)	['sorbo]
salgueiro (m)	salice (m)	['salitʃe]
amieiro (m)	alno (m)	['alno]
faia (f)	faggio (m)	['fadʒo]
ulmeiro, olmo (m)	olmo (m)	['olmo]
freixo (m)	frassino (m)	['frassino]
castanheiro (m)	castagno (m)	[ka'staɲo]
magnólia (f)	magnolia (f)	[ma'ɲolia]
palmeira (f)	palma (f)	['palma]
cipreste (m)	cipresso (m)	[tʃi'presso]
mangue (m)	mangrovia (f)	[man'growia]
embondeiro, baobá (m)	baobab (m)	[bao'bab]
eucalipto (m)	eucalipto (m)	[ewka'lipto]
sequoia (f)	sequoia (f)	[se'kwoja]

228. Arbustos

arbusto (m)	cespuglio (m)	[tʃes'puʎʎo]
arbusto (m), moita (f)	arbusto (m)	[ar'busto]

videira (f)	vite (f)	['vite]
vinhedo (m)	vigneto (m)	[vi'ɲeto]

framboeseira (f)	lampone (m)	[lam'pone]
groselheira-vermelha (f)	ribes (m) rosso	['ribes 'rosso]
groselheira (f) espinhosa	uva (f) spina	['uva 'spina]

acácia (f)	acacia (f)	[a'katʃa]
bérberis (f)	crespino (m)	[kres'pino]
jasmim (m)	gelsomino (m)	[dʒelso'mino]

junípero (m)	ginepro (m)	[dʒi'nepro]
roseira (f)	roseto (m)	[ro'zeto]
roseira (f) brava	rosa (f) canina	['roza ka'nina]

229. Cogumelos

cogumelo (m)	fungo (m)	['fungo]
cogumelo (m) comestível	fungo (m) commestibile	['fungo komme'stibile]
cogumelo (m) venenoso	fungo (m) velenoso	['fungo vele'nozo]
chapéu (m)	cappello (m)	[kap'pello]
pé, caule (m)	gambo (m)	['gambo]

boleto, porcino (m)	porcino (m)	[por'tʃino]
boleto (m) alaranjado	boleto (m) rufo	[bo'leto 'rufo]
boleto (m) de bétula	porcinello (m)	[portʃi'nello]
cantarelo (m)	gallinaccio (m)	[galli'natʃo]
rússula (f)	rossola (f)	['rossola]

morchella (f)	spugnola (f)	['spuɲola]
agário-das-moscas (m)	ovolaccio (m)	[ovo'latʃo]
cicuta (f) verde	fungo (m) moscario	['fungo mos'kario]

230. Frutos. Bagas

fruta (f)	frutto (m)	['frutto]
frutas (f pl)	frutti (m pl)	['frutti]
maçã (f)	mela (f)	['mela]
pera (f)	pera (f)	['pera]
ameixa (f)	prugna (f)	['pruɲa]

morango (m)	fragola (f)	['fragola]
ginja (f)	amarena (f)	[ama'rena]
cereja (f)	ciliegia (f)	[tʃi'ljedʒa]
uva (f)	uva (f)	['uva]

framboesa (f)	lampone (m)	[lam'pone]
groselha (f) negra	ribes (m) nero	['ribes 'nero]
groselha (f) vermelha	ribes (m) rosso	['ribes 'rosso]
groselha (f) espinhosa	uva (f) spina	['uva 'spina]
oxicoco (m)	mirtillo (m) di palude	[mir'tillo di pa'lude]
laranja (f)	arancia (f)	[a'rantʃa]

tangerina (f)	mandarino (m)	[manda'rino]
abacaxi (m)	ananas (m)	[ana'nas]
banana (f)	banana (f)	[ba'nana]
tâmara (f)	dattero (m)	['dattero]

limão (m)	limone (m)	[li'mone]
damasco (m)	albicocca (f)	[albi'kokka]
pêssego (m)	pesca (f)	['peska]
quiuí (m)	kiwi (m)	['kiwi]
toranja (f)	pompelmo (m)	[pom'pelmo]

baga (f)	bacca (f)	['bakka]
bagas (f pl)	bacche (f pl)	['bakke]
arando (m) vermelho	mirtillo (m) rosso	[mir'tillo 'rosso]
morango-silvestre (m)	fragola (f) di bosco	['fragola di 'bosko]
mirtilo (m)	mirtillo (m)	[mir'tillo]

231. Flores. Plantas

| flor (f) | fiore (m) | ['fjore] |
| buquê (m) de flores | mazzo (m) di fiori | ['mattso di 'fjori] |

rosa (f)	rosa (f)	['roza]
tulipa (f)	tulipano (m)	[tuli'pano]
cravo (m)	garofano (m)	[ga'rofano]
gladíolo (m)	gladiolo (m)	[gla'djolo]

centáurea (f)	fiordaliso (m)	[fjorda'lizo]
campainha (f)	campanella (f)	[kampa'nella]
dente-de-leão (m)	soffione (m)	[sof'fjone]
camomila (f)	camomilla (f)	[kamo'milla]

aloé (m)	aloe (m)	['aloe]
cacto (m)	cactus (m)	['kaktus]
fícus (m)	ficus (m)	['fikus]

lírio (m)	giglio (m)	['dʒiʎʎo]
gerânio (m)	geranio (m)	[dʒe'ranio]
jacinto (m)	giacinto (m)	[dʒa'tʃinto]

mimosa (f)	mimosa (f)	[mi'moza]
narciso (m)	narciso (m)	[nar'tʃizo]
capuchinha (f)	nasturzio (m)	[na'sturtsio]

orquídea (f)	orchidea (f)	[orki'dea]
peônia (f)	peonia (f)	[pe'onia]
violeta (f)	viola (f)	[vi'ola]

amor-perfeito (m)	viola (f) del pensiero	[vi'ola del pen'sjero]
não-me-esqueças (m)	nontiscordardimé (m)	[non·ti·skordar·di'me]
margarida (f)	margherita (f)	[marge'rita]

| papoula (f) | papavero (m) | [pa'pavero] |
| cânhamo (m) | canapa (f) | ['kanapa] |

hortelã, menta (f)	menta (f)	['menta]
lírio-do-vale (m)	mughetto (m)	[mu'getto]
campânula-branca (f)	bucaneve (m)	[buka'neve]
urtiga (f)	ortica (f)	[or'tika]
azedinha (f)	acetosa (f)	[atʃe'toza]
nenúfar (m)	ninfea (f)	[nin'fea]
samambaia (f)	felce (f)	['feltʃe]
líquen (m)	lichene (m)	[li'kene]
estufa (f)	serra (f)	['serra]
gramado (m)	prato (m) erboso	['prato er'bozo]
canteiro (m) de flores	aiuola (f)	[aju'ola]
planta (f)	pianta (f)	['pjanta]
grama (f)	erba (f)	['erba]
folha (f) de grama	filo (m) d'erba	['filo 'derba]
folha (f)	foglia (f)	['foʎʎa]
pétala (f)	petalo (m)	['petalo]
talo (m)	stelo (m)	['stelo]
tubérculo (m)	tubero (m)	['tubero]
broto, rebento (m)	germoglio (m)	[dʒer'moʎʎo]
espinho (m)	spina (f)	['spina]
florescer (vi)	fiorire (vi)	[fjo'rire]
murchar (vi)	appassire (vi)	[appas'sire]
cheiro (m)	odore (m), profumo (m)	[o'dore], [pro'fumo]
cortar (flores)	tagliare (vt)	[taʎ'ʎare]
colher (uma flor)	cogliere (vt)	['koʎʎere]

232. Cereais, grãos

grão (m)	grano (m)	['grano]
cereais (plantas)	cereali (m pl)	[tʃere'ali]
espiga (f)	spiga (f)	['spiga]
trigo (m)	frumento (m)	[fru'mento]
centeio (m)	segale (f)	['segale]
aveia (f)	avena (f)	[a'vena]
painço (m)	miglio (m)	['miʎʎo]
cevada (f)	orzo (m)	['ortso]
milho (m)	mais (m)	['mais]
arroz (m)	riso (m)	['rizo]
trigo-sarraceno (m)	grano (m) saraceno	['grano sara'tʃeno]
ervilha (f)	pisello (m)	[pi'zello]
feijão (m) roxo	fagiolo (m)	[fa'dʒolo]
soja (f)	soia (f)	['soja]
lentilha (f)	lenticchie (f pl)	[len'tikkje]
feijão (m)	fave (f pl)	['fave]

233. Vegetais. Verduras

vegetais (m pl)	ortaggi (m pl)	[or'tadʒi]
verdura (f)	verdura (f)	[ver'dura]

tomate (m)	pomodoro (m)	[pomo'doro]
pepino (m)	cetriolo (m)	[tʃetri'olo]
cenoura (f)	carota (f)	[ka'rota]
batata (f)	patata (f)	[pa'tata]
cebola (f)	cipolla (f)	[tʃi'polla]
alho (m)	aglio (m)	['aʎʎo]

couve (f)	cavolo (m)	['kavolo]
couve-flor (f)	cavolfiore (m)	[kavol'fjore]
couve-de-bruxelas (f)	cavoletti (m pl) di Bruxelles	[kavo'letti di bruk'sel]
brócolis (m pl)	broccolo (m)	['brokkolo]

beterraba (f)	barbabietola (f)	[barba'bjetola]
berinjela (f)	melanzana (f)	[melan'tsana]
abobrinha (f)	zucchina (f)	[dzuk'kina]
abóbora (f)	zucca (f)	['dzukka]
nabo (m)	rapa (f)	['rapa]

salsa (f)	prezzemolo (m)	[pret'tsemolo]
endro, aneto (m)	aneto (m)	[a'neto]
alface (f)	lattuga (f)	[lat'tuga]
aipo (m)	sedano (m)	['sedano]
aspargo (m)	asparago (m)	[a'sparago]
espinafre (m)	spinaci (m pl)	[spi'natʃi]

ervilha (f)	pisello (m)	[pi'zello]
feijão (~ soja, etc.)	fave (f pl)	['fave]
milho (m)	mais (m)	['mais]
feijão (m) roxo	fagiolo (m)	[fa'dʒolo]

pimentão (m)	peperone (m)	[pepe'rone]
rabanete (m)	ravanello (m)	[rava'nello]
alcachofra (f)	carciofo (m)	[kar'tʃofo]

GEOGRAFIA REGIONAL

Países. Nacionalidades

234. Europa Ocidental

Europa (f)	Europa (f)	[eu'ropa]
União (f) Europeia	Unione (f) Europea	[uni'one euro'pea]
europeu (m)	europeo (m)	[euro'peo]
europeu (adj)	europeo	[euro'peo]
Áustria (f)	Austria (f)	['austria]
austríaco (m)	austriaco (m)	[au'striako]
austríaca (f)	austriaca (f)	[au'striaka]
austríaco (adj)	austriaco	[au'striako]
Grã-Bretanha (f)	Gran Bretagna (f)	[gran bre'taɲa]
Inglaterra (f)	Inghilterra (f)	[ingil'terra]
inglês (m)	britannico (m), inglese (m)	[bri'taniko], [in'gleze]
inglesa (f)	britannica (f), inglese (f)	[bri'tanika], [in'gleze]
inglês (adj)	inglese	[in'gleze]
Bélgica (f)	Belgio (m)	['beldʒo]
belga (m)	belga (m)	['belga]
belga (f)	belga (f)	['belga]
belga (adj)	belga (agg)	['belga]
Alemanha (f)	Germania (f)	[dʒer'mania]
alemão (m)	tedesco (m)	[te'desko]
alemã (f)	tedesca (f)	[te'deska]
alemão (adj)	tedesco (agg)	[te'desko]
Países Baixos (m pl)	Paesi Bassi (m pl)	[pa'ezi 'bassi]
Holanda (f)	Olanda (f)	[o'landa]
holandês (m)	olandese (m)	[olan'deze]
holandesa (f)	olandese (f)	[olan'deze]
holandês (adj)	olandese (agg)	[olan'deze]
Grécia (f)	Grecia (f)	['gretʃa]
grego (m)	greco (m)	['greko]
grega (f)	greca (f)	['greka]
grego (adj)	greco (agg)	['greko]
Dinamarca (f)	Danimarca (f)	[dani'marka]
dinamarquês (m)	danese (m)	[da'neze]
dinamarquesa (f)	danese (f)	[da'neze]
dinamarquês (adj)	danese (agg)	[da'neze]
Irlanda (f)	Irlanda (f)	[ir'landa]
irlandês (m)	irlandese (m)	[irlan'deze]

irlandesa (f)	irlandese (f)	[irlan'deze]
irlandês (adj)	irlandese (agg)	[irlan'deze]
Islândia (f)	Islanda (f)	[iz'landa]
islandês (m)	islandese (m)	[izlan'deze]
islandesa (f)	islandese (f)	[izlan'deze]
islandês (adj)	islandese (agg)	[izlan'deze]
Espanha (f)	Spagna (f)	['spaɲa]
espanhol (m)	spagnolo (m)	[spa'ɲolo]
espanhola (f)	spagnola (f)	[spa'ɲola]
espanhol (adj)	spagnolo (agg)	[spa'ɲolo]
Itália (f)	Italia (f)	[i'talia]
italiano (m)	italiano (m)	[ita'ljano]
italiana (f)	italiana (f)	[ita'ljana]
italiano (adj)	italiano (agg)	[ita'ljano]
Chipre (m)	Cipro (m)	['tʃipro]
cipriota (m)	cipriota (m)	[tʃipri'ota]
cipriota (f)	cipriota (f)	[tʃipri'ota]
cipriota (adj)	cipriota (agg)	[tʃipri'ota]
Malta (f)	Malta (f)	['malta]
maltês (m)	maltese (m)	[mal'teze]
maltesa (f)	maltese (f)	[mal'teze]
maltês (adj)	maltese (agg)	[mal'teze]
Noruega (f)	Norvegia (f)	[nor'vedʒa]
norueguês (m)	norvegese (m)	[norve'dʒeze]
norueguesa (f)	norvegese (f)	[norve'dʒeze]
norueguês (adj)	norvegese (agg)	[norve'dʒeze]
Portugal (m)	Portogallo (f)	[porto'gallo]
português (m)	portoghese (m)	[porto'geze]
portuguesa (f)	portoghese (f)	[porto'geze]
português (adj)	portoghese (agg)	[porto'geze]
Finlândia (f)	Finlandia (f)	[fin'landia]
finlandês (m)	finlandese (m)	[finlan'deze]
finlandesa (f)	finlandese (f)	[finlan'deze]
finlandês (adj)	finlandese (agg)	[finlan'deze]
França (f)	Francia (f)	['frantʃa]
francês (m)	francese (m)	[fran'tʃeze]
francesa (f)	francese (f)	[fran'tʃeze]
francês (adj)	francese (agg)	[fran'tʃeze]
Suécia (f)	Svezia (f)	['zvetsia]
sueco (m)	svedese (m)	[zve'deze]
sueca (f)	svedese (f)	[zve'deze]
sueco (adj)	svedese (agg)	[zve'deze]
Suíça (f)	Svizzera (f)	['zvittsera]
suíço (m)	svizzero (m)	['zvittsero]
suíça (f)	svizzera (f)	['zvittsera]

suíço (adj)	svizzero (agg)	['zvittsero]
Escócia (f)	Scozia (f)	['skotsia]
escocês (m)	scozzese (m)	[skot'tseze]
escocesa (f)	scozzese (f)	[skot'tseze]
escocês (adj)	scozzese (agg)	[skot'tseze]
Vaticano (m)	Vaticano (m)	[vati'kano]
Liechtenstein (m)	Liechtenstein (m)	['liktenstajn]
Luxemburgo (m)	Lussemburgo (m)	[lussem'burgo]
Mônaco (m)	Monaco (m)	['monako]

235. Europa Central e de Leste

Albânia (f)	Albania (f)	[alba'nia]
albanês (m)	albanese (m)	[alba'neze]
albanesa (f)	albanese (f)	[alba'neze]
albanês (adj)	albanese (agg)	[alba'neze]
Bulgária (f)	Bulgaria (f)	[bulga'ria]
búlgaro (m)	bulgaro (m)	['bulgaro]
búlgara (f)	bulgara (f)	['bulgara]
búlgaro (adj)	bulgaro (agg)	['bulgaro]
Hungria (f)	Ungheria (f)	[unge'ria]
húngaro (m)	ungherese (m)	[unge'reze]
húngara (f)	ungherese (f)	[unge'reze]
húngaro (adj)	ungherese (agg)	[unge'reze]
Letônia (f)	Lettonia (f)	[let'tonia]
letão (m)	lettone (m)	['lettone]
letã (f)	lettone (f)	['lettone]
letão (adj)	lettone (agg)	['lettone]
Lituânia (f)	Lituania (f)	[litu'ania]
lituano (m)	lituano (m)	[litu'ano]
lituana (f)	lituana (f)	[litu'ana]
lituano (adj)	lituano (agg)	[litu'ano]
Polônia (f)	Polonia (f)	[po'lonia]
polonês (m)	polacco (m)	[po'lakko]
polonesa (f)	polacca (f)	[po'lakka]
polonês (adj)	polacco (agg)	[po'lakko]
Romênia (f)	Romania (f)	[roma'nia]
romeno (m)	rumeno (m)	[ru'meno]
romena (f)	rumena (f)	[ru'mena]
romeno (adj)	rumeno (agg)	[ru'meno]
Sérvia (f)	Serbia (f)	['serbia]
sérvio (m)	serbo (m)	['serbo]
sérvia (f)	serba (f)	['serba]
sérvio (adj)	serbo (agg)	['serbo]
Eslováquia (f)	Slovacchia (f)	[zlo'vakkia]
eslovaco (m)	slovacco (m)	[zlo'vakko]

| eslovaca (f) | slovacca (f) | [zlo'vakka] |
| eslovaco (adj) | slovacco (agg) | [zlo'vakko] |

Croácia (f)	Croazia (f)	[kro'atsia]
croata (m)	croato (m)	[kro'ato]
croata (f)	croata (f)	[kro'ata]
croata (adj)	croato (agg)	[kro'ato]

República (f) Checa	Repubblica (f) Ceca	[re'pubblika 'tʃeka]
checo (m)	ceco (m)	['tʃeko]
checa (f)	ceca (f)	['tʃeka]
checo (adj)	ceco (agg)	['tʃeko]

Estônia (f)	Estonia (f)	[es'tonia]
estônio (m)	estone (m)	['estone]
estônia (f)	estone (f)	['estone]
estônio (adj)	estone (agg)	['estone]

Bósnia e Herzegovina (f)	Bosnia-Erzegovina (f)	['boznia-ertse'govina]
Macedônia (f)	Macedonia (f)	[matʃe'donia]
Eslovênia (f)	Slovenia (f)	[zlo'venia]
Montenegro (m)	Montenegro (m)	[monte'negro]

236. Países da ex-URSS

Azerbaijão (m)	Azerbaigian (m)	[azerbaj'dʒan]
azeri (m)	azerbaigiano (m)	[azerbaj'dʒano]
azeri (f)	azerbaigiana (f)	[azerbaj'dʒana]
azeri, azerbaijano (adj)	azerbaigiano (agg)	[azerbaj'dʒano]

Armênia (f)	Armenia (f)	[ar'menia]
armênio (m)	armeno (m)	[ar'meno]
armênia (f)	armena (f)	[ar'mena]
armênio (adj)	armeno (agg)	[ar'meno]

Belarus	Bielorussia (f)	[bjelo'russia]
bielorrusso (m)	bielorusso (m)	[bjelo'russo]
bielorrussa (f)	bielorussa (f)	[bjelo'russa]
bielorrusso (adj)	bielorusso (agg)	[bjelo'russo]

Geórgia (f)	Georgia (f)	[dʒe'ordʒa]
georgiano (m)	georgiano (m)	[dʒeor'dʒano]
georgiana (f)	georgiana (f)	[dʒeor'dʒana]
georgiano (adj)	georgiano (agg)	[dʒeor'dʒano]

Cazaquistão (m)	Kazakistan (m)	[ka'zakistan]
cazaque (m)	kazaco (m)	[ka'zako]
cazaque (f)	kazaca (f)	[ka'zaka]
cazaque (adj)	kazaco (agg)	[ka'zako]

Quirguistão (m)	Kirghizistan (m)	[kir'gizistan]
quirguiz (m)	kirghiso (m)	[kir'gizo]
quirguiz (f)	kirghisa (f)	[kir'giza]
quirguiz (adj)	kirghiso (agg)	[kir'gizo]

Moldávia (f)	Moldavia (f)	[mol'davia]
moldavo (m)	moldavo (m)	[mol'davo]
moldava (f)	moldava (f)	[mol'dava]
moldavo (adj)	moldavo (agg)	[mol'davo]

Rússia (f)	Russia (f)	['russia]
russo (m)	russo (m)	['russo]
russa (f)	russa (f)	['russa]
russo (adj)	russo (agg)	['russo]

Tajiquistão (m)	Tagikistan (m)	[ta'dʒikistan]
tajique (m)	tagico (m)	['tadʒiko]
tajique (f)	tagica (f)	['tadʒika]
tajique (adj)	tagico (agg)	['tadʒiko]

Turquemenistão (m)	Turkmenistan (m)	[turk'menistan]
turcomeno (m)	turkmeno (m)	[turk'meno]
turcomena (f)	turkmena (f)	[turk'mena]
turcomeno (adj)	turkmeno (agg)	[turk'meno]

Uzbequistão (f)	Uzbekistan (m)	[uz'bekistan]
uzbeque (m)	usbeco (m)	[uz'beko]
uzbeque (f)	usbeca (f)	[uz'beka]
uzbeque (adj)	usbeco (agg)	[uz'beko]

Ucrânia (f)	Ucraina (f)	[uk'raina]
ucraniano (m)	ucraino (m)	[u'kraino]
ucraniana (f)	ucraina (f)	[uk'raina]
ucraniano (adj)	ucraino (agg)	[u'kraino]

237. Asia

| Ásia (f) | Asia (f) | ['azia] |
| asiático (adj) | asiatico (agg) | [azi'atiko] |

Vietnã (m)	Vietnam (m)	['vjetnam]
vietnamita (m)	vietnamita (m)	[vjetna'mita]
vietnamita (f)	vietnamita (f)	[vjetna'mita]
vietnamita (adj)	vietnamita (agg)	[vjetna'mita]

Índia (f)	India (f)	['india]
indiano (m)	indiano (m)	[indi'ano]
indiana (f)	indiana (f)	[indi'ana]
indiano (adj)	indiano (agg)	[indi'ano]

Israel (m)	Israele (m)	[izra'ele]
israelense (m)	israeliano (m)	[izrae'ljano]
israelita (f)	israeliana (f)	[izrae'ljana]
israelense (adj)	israeliano (agg)	[izraeljano]

judeu (m)	ebreo (m)	[e'breo]
judia (f)	ebrea (f)	[eb'rea]
judeu (adj)	ebraico (agg)	[eb'raiko]
China (f)	Cina (f)	['tʃina]

chinês (m)	cinese (m)	[tʃi'neze]
chinesa (f)	cinese (f)	[tʃi'neze]
chinês (adj)	cinese (agg)	[tʃi'neze]
coreano (m)	coreano (m)	[kore'ano]
coreana (f)	coreana (f)	[kore'ana]
coreano (adj)	coreano (agg)	[kore'ano]
Líbano (m)	Libano (m)	['libano]
libanês (m)	libanese (m)	[liba'neze]
libanesa (f)	libanese (f)	[liba'neze]
libanês (adj)	libanese (agg)	[liba'neze]
Mongólia (f)	Mongolia (f)	[mo'ngolia]
mongol (m)	mongolo (m)	['mongolo]
mongol (f)	mongola (f)	['mongola]
mongol (adj)	mongolo (agg)	['mongolo]
Malásia (f)	Malesia (f)	[ma'lezia]
malaio (m)	malese (m)	[ma'leze]
malaia (f)	malese (f)	[ma'leze]
malaio (adj)	malese (agg)	[ma'leze]
Paquistão (m)	Pakistan (m)	['pakistan]
paquistanês (m)	pakistano (m)	[paki'stano]
paquistanesa (f)	pakistana (f)	[paki'stana]
paquistanês (adj)	pakistano (agg)	[paki'stano]
Arábia (f) Saudita	Arabia Saudita (f)	[a'rabia sau'dita]
árabe (m)	arabo (m), saudita (m)	['arabo], [sau'dita]
árabe (f)	araba (f)	['araba]
árabe (adj)	arabo (agg)	['arabo]
Tailândia (f)	Tailandia (f)	[taj'landia]
tailandês (m)	tailandese (m)	[tajlan'deze]
tailandesa (f)	tailandese (f)	[tajlan'deze]
tailandês (adj)	tailandese (agg)	[tajlan'deze]
Taiwan (m)	Taiwan (m)	[taj'van]
taiwanês (m)	taiwanese (m)	[tajva'neze]
taiwanesa (f)	taiwanese (f)	[tajva'neze]
taiwanês (adj)	taiwanese (agg)	[tajva'neze]
Turquia (f)	Turchia (f)	[tur'kia]
turco (m)	turco (m)	['turko]
turca (f)	turca (f)	['turka]
turco (adj)	turco (agg)	['turko]
Japão (m)	Giappone (m)	[dʒap'pone]
japonês (m)	giapponese (m)	[dʒappo'neze]
japonesa (f)	giapponese (f)	[dʒappo'neze]
japonês (adj)	giapponese (agg)	[dʒappo'neze]
Afeganistão (m)	Afghanistan (m)	[af'ganistan]
Bangladesh (m)	Bangladesh (m)	['bangladeʃ]
Indonésia (f)	Indonesia (f)	[indo'nezia]

Jordânia (f)	Giordania (f)	[dʒor'dania]
Iraque (m)	Iraq (m)	['irak]
Irã (m)	Iran (m)	['iran]
Camboja (f)	Cambogia (f)	[kam'bodʒa]
Kuwait (m)	Kuwait (m)	[ku'vejt]

Laos (m)	Laos (m)	['laos]
Birmânia (f)	Birmania (f)	[bir'mania]
Nepal (m)	Nepal (m)	[ne'pal]
Emirados Árabes Unidos	Emirati (m pl) Arabi	[emi'rati 'arabi]

Síria (f)	Siria (f)	['siria]
Palestina (f)	Palestina (f)	[pale'stina]
Coreia (f) do Sul	Corea (f) del Sud	[ko'rea del sud]
Coreia (f) do Norte	Corea (f) del Nord	[ko'rea del nord]

238. América do Norte

Estados Unidos da América	Stati (m pl) Uniti d'America	['stati u'niti da'merika]
americano (m)	americano (m)	[ameri'kano]
americana (f)	americana (f)	[ameri'kana]
americano (adj)	americano (agg)	[ameri'kano]

Canadá (m)	Canada (m)	['kanada]
canadense (m)	canadese (m)	[kana'deze]
canadense (f)	canadese (f)	[kana'deze]
canadense (adj)	canadese (agg)	[kana'deze]

México (m)	Messico (m)	['messiko]
mexicano (m)	messicano (m)	[messi'kano]
mexicana (f)	messicana (f)	[messi'kana]
mexicano (adj)	messicano (agg)	[messi'kano]

239. América Central do Sul

Argentina (f)	Argentina (f)	[ardʒen'tina]
argentino (m)	argentino (m)	[ardʒen'tino]
argentina (f)	argentina (f)	[ardʒen'tina]
argentino (adj)	argentino (agg)	[ardʒen'tino]

Brasil (m)	Brasile (m)	[bra'zile]
brasileiro (m)	brasiliano (m)	[brazi'ljano]
brasileira (f)	brasiliana (f)	[brazi'ljana]
brasileiro (adj)	brasiliano (agg)	[brazi'ljano]

Colômbia (f)	Colombia (f)	[ko'lombia]
colombiano (m)	colombiano (m)	[kolom'bjano]
colombiana (f)	colombiana (f)	[kolom'bjana]
colombiano (adj)	colombiano (agg)	[kolom'bjano]

| Cuba (f) | Cuba (f) | ['kuba] |
| cubano (m) | cubano (m) | [ku'bano] |

| cubana (f) | cubana (f) | [ku'bana] |
| cubano (adj) | cubano (agg) | [ku'bano] |

Chile (m)	Cile (m)	['tʃile]
chileno (m)	cileno (m)	[tʃi'leno]
chilena (f)	cilena (f)	[tʃi'lena]
chileno (adj)	cileno (agg)	[tʃi'leno]

Bolívia (f)	Bolivia (f)	[bo'livia]
Venezuela (f)	Venezuela (f)	[venetsu'ela]
Paraguai (m)	Paraguay (m)	[para'gwaj]
Peru (m)	Perù (m)	[pe'ru]

Suriname (m)	Suriname (m)	[suri'name]
Uruguai (m)	Uruguay (m)	[uru'gwaj]
Equador (m)	Ecuador (m)	[ekva'dor]

Bahamas (f pl)	le Bahamas	[le ba'amas]
Haiti (m)	Haiti (m)	[a'iti]
República Dominicana	Repubblica (f) Dominicana	[re'pubblika domini'kana]
Panamá (m)	Panama (m)	['panama]
Jamaica (f)	Giamaica (f)	[dʒa'majka]

240. Africa

Egito (m)	Egitto (m)	[e'dʒitto]
egípcio (m)	egiziano (m)	[edʒi'tsjano]
egípcia (f)	egiziana (f)	[edʒi'tsjana]
egípcio (adj)	egiziano (agg)	[edʒi'tsjano]

Marrocos	Marocco (m)	[ma'rokko]
marroquino (m)	marocchino (m)	[marok'kino]
marroquina (f)	marocchina (f)	[marok'kina]
marroquino (adj)	marocchino (agg)	[marok'kino]

Tunísia (f)	Tunisia (f)	[tuni'zia]
tunisiano (m)	tunisino (m)	[tuni'zino]
tunisiana (f)	tunisina (f)	[tuni'zina]
tunisiano (adj)	tunisino (agg)	[tuni'zino]

Gana (f)	Ghana (m)	['gana]
Zanzibar (m)	Zanzibar	['dzandzibar]
Quênia (f)	Kenya (m)	['kenia]
Líbia (f)	Libia (f)	['libia]
Madagascar (m)	Madagascar (m)	[madagas'kar]

Namíbia (f)	Namibia (f)	[na'mibia]
Senegal (m)	Senegal (m)	[sene'gal]
Tanzânia (f)	Tanzania (f)	[tan'dzania]
África (f) do Sul	Repubblica (f) Sudafricana	[re'pubblika sudafri'kana]

africano (m)	africano (m)	[afri'kano]
africana (f)	africana (f)	[afri'kana]
africano (adj)	africano (agg)	[afri'kano]

241. Austrália. Oceania

Austrália (f)	Australia (f)	[au'stralia]
australiano (m)	australiano (m)	[austra'ljano]
australiana (f)	australiana (f)	[austra'ljana]
australiano (adj)	australiano (agg)	[austra'ljano]

Nova Zelândia (f)	Nuova Zelanda (f)	[nu'ova dze'landa]
neozelandês (m)	neozelandese (m)	[neodzelan'deze]
neozelandesa (f)	neozelandese (f)	[neodzelan'deze]
neozelandês (adj)	neozelandese (agg)	[neodzelan'deze]

| Tasmânia (f) | Tasmania (f) | [taz'mania] |
| Polinésia (f) Francesa | Polinesia (f) Francese | [poli'nezia fran'tʃeze] |

242. Cidades

Amesterdã, Amsterdã	Amsterdam	['amsterdam]
Ancara	Ankara	['ankara]
Atenas	Atene	[a'tene]
Bagdade	Baghdad	[bag'dad]
Bancoque	Bangkok	[baŋ'kok]

Barcelona	Barcellona	[bartʃel'lona]
Beirute	Beirut	['bejrut]
Berlim	Berlino	[ber'lino]
Bonn	Bonn	[bonn]
Bordéus	Bordeaux	[bor'do]

Bratislava	Bratislava	[brati'zlava]
Bruxelas	Bruxelles	[bruk'sel]
Bucareste	Bucarest	['bukarest]
Budapeste	Budapest	['budapest]
Cairo	Il Cairo	[il 'kairo]

Calcutá	Calcutta	[kal'kutta]
Chicago	Chicago	[tʃi'kago]
Cidade do México	Città del Messico	[tʃit'ta del 'messiko]
Copenhague	Copenaghen	[kope'nagen]
Dar es Salaam	Dar es Salaam	[dar es sala'am]

Deli	Delhi	['deli]
Dubai	Dubai	[du'bai]
Dublim	Dublino	[du'blino]
Düsseldorf	Düsseldorf	['dysseldorf]
Estocolmo	Stoccolma	[stok'kolma]

Florença	Firenze	[fi'rentse]
Frankfurt	Francoforte	[franko'forte]
Genebra	Ginevra	[dʒi'nevra]
Haia	L'Aia	['laja]
Hamburgo	Amburgo	[am'burgo]
Hanói	Hanoi	[a'noj]

Havana	L'Avana	[la'vana]
Helsinque	Helsinki	['elsinki]
Hiroshima	Hiroshima	[iro'ʃima]
Hong Kong	Hong Kong	[on'kong]
Istambul	Istanbul	['istanbul]
Jerusalém	Gerusalemme	[dʒeruza'lemme]
Kiev, Quieve	Kiev	['kiev]
Kuala Lumpur	Kuala Lumpur	[ku'ala 'lumpur]
Lion	Lione	[li'one]
Lisboa	Lisbona	[liz'bona]
Londres	Londra	['londra]
Los Angeles	Los Angeles	[los 'endʒeles]
Madrid	Madrid	[ma'drid]
Marselha	Marsiglia	[mar'siʎʎa]
Miami	Miami	[ma'jami]
Montreal	Montreal	[monre'al]
Moscou	Mosca	['moska]
Mumbai	Bombay, Mumbai	[bom'bej], [mum'baj]
Munique	Monaco di Baviera	['monako di ba'vjera]
Nairóbi	Nairobi	[naj'robi]
Nápoles	Napoli	['napoli]
Nice	Nizza	['nittsa]
Nova York	New York	[nju 'jork]
Oslo	Oslo	['ozlo]
Ottawa	Ottawa	[ot'tava]
Paris	Parigi	[pa'ridʒi]
Pequim	Pechino	[pe'kino]
Praga	Praga	['praga]
Rio de Janeiro	Rio de Janeiro	['rio de ʒa'nejro]
Roma	Roma	['roma]
São Petersburgo	San Pietroburgo	[san pjetro'burgo]
Seul	Seoul	[se'ul]
Singapura	Singapore	[singa'pore]
Sydney	Sidney	[sid'nej]
Taipé	Taipei	[taj'pej]
Tóquio	Tokio	['tokio]
Toronto	Toronto	[to'ronto]
Varsóvia	Varsavia	[var'savia]
Veneza	Venezia	[ve'netsia]
Viena	Vienna	['vjenna]
Washington	Washington	['woʃinton]
Xangai	Shanghai	[ʃan'gaj]

243. Política. Governo. Parte 1

política (f)	politica (f)	[po'litika]
político (adj)	politico (agg)	[po'litiko]

político (m)	politico (m)	[po'litiko]
estado (m)	stato (m)	['stato]
cidadão (m)	cittadino (m)	[tʃitta'dino]
cidadania (f)	cittadinanza (f)	[tʃittadi'nantsa]
brasão (m) de armas	emblema (m) nazionale	[em'blema natsjo'nale]
hino (m) nacional	inno (m) nazionale	['inno natsjo'nale]
governo (m)	governo (m)	[go'verno]
Chefe (m) de Estado	capo (m) di Stato	['kapo di 'stato]
parlamento (m)	parlamento (m)	[parla'mento]
partido (m)	partito (m)	[par'tito]
capitalismo (m)	capitalismo (m)	[kapita'lizmo]
capitalista (adj)	capitalistico	[kapita'listiko]
socialismo (m)	socialismo (m)	[sotʃia'lizmo]
socialista (adj)	socialista	[sotʃia'lista]
comunismo (m)	comunismo (m)	[komu'nizmo]
comunista (adj)	comunista	[komu'nista]
comunista (m)	comunista (m)	[komu'nista]
democracia (f)	democrazia (f)	[demokra'tsia]
democrata (m)	democratico (m)	[demo'kratiko]
democrático (adj)	democratico	[demo'kratiko]
Partido (m) Democrático	partito (m) democratico	[par'tito demo'kratiko]
liberal (m)	liberale (m)	[libe'rale]
liberal (adj)	liberale (agg)	[libe'rale]
conservador (m)	conservatore (m)	[konserva'tore]
conservador (adj)	conservatore (agg)	[konserva'tore]
república (f)	repubblica (f)	[re'pubblika]
republicano (m)	repubblicano (m)	[repubbli'kano]
Partido (m) Republicano	partito (m) repubblicano	[par'tito repubbli'kano]
eleições (f pl)	elezioni (f pl)	[ele'tsjoni]
eleger (vt)	eleggere (vt)	[e'ledʒere]
eleitor (m)	elettore (m)	[elet'tore]
campanha (f) eleitoral	campagna (f) elettorale	[kam'paɲa eletto'rale]
votação (f)	votazione (f)	[vota'tsjone]
votar (vi)	votare (vi)	[vo'tare]
sufrágio (m)	diritto (m) di voto	[di'ritto di 'voto]
candidato (m)	candidato (m)	[kandi'dato]
candidatar-se (vi)	candidarsi (vr)	[kandi'darsi]
campanha (f)	campagna (f)	[kam'paɲa]
da oposição	d'opposizione	[doppozi'tsjone]
oposição (f)	opposizione (f)	[oppozi'tsjone]
visita (f)	visita (f)	['vizita]
visita (f) oficial	visita (f) ufficiale	['vizita uffi'tʃale]

internacional (adj)	internazionale	[internatsjo'nale]
negociações (f pl)	trattative (f pl)	[tratta'tive]
negociar (vi)	negoziare (vi)	[nego'tsjare]

244. Política. Governo. Parte 2

sociedade (f)	società (f)	[soʧie'ta]
constituição (f)	costituzione (f)	[kostitu'tsjone]
poder (ir para o ~)	potere (m)	[po'tere]
corrupção (f)	corruzione (f)	[korru'tsjone]
lei (f)	legge (f)	['ledʒe]
legal (adj)	legittimo	[le'dʒittimo]
justeza (f)	giustizia (f)	[dʒu'stitsia]
justo (adj)	giusto	['dʒusto]
comitê (m)	comitato (m)	[komi'tato]
projeto-lei (m)	disegno (m) di legge	[di'zeɲo di 'ledʒe]
orçamento (m)	bilancio (m)	[bi'lanʧo]
política (f)	politica (f)	[po'litika]
reforma (f)	riforma (f)	[ri'forma]
radical (adj)	radicale	[radi'kale]
força (f)	forza (f), potenza (f)	['fortsa], [po'tentsa]
poderoso (adj)	potente	[po'tente]
partidário (m)	sostenitore (m)	[sosteni'tore]
influência (f)	influenza (f)	[influ'entsa]
regime (m)	regime (m)	[re'dʒime]
conflito (m)	conflitto (m)	[kon'flitto]
conspiração (f)	complotto (m)	[kom'plotto]
provocação (f)	provocazione (f)	[provoka'tsjone]
derrubar (vt)	rovesciare (vt)	[rove'ʃare]
derrube (m), queda (f)	rovesciamento (m)	[roveʃa'mento]
revolução (f)	rivoluzione (f)	[rivolu'tsjone]
golpe (m) de Estado	colpo (m) di Stato	['kolpo di 'stato]
golpe (m) militar	golpe (m) militare	['golpe mili'tare]
crise (f)	crisi (f)	['krizi]
recessão (f) econômica	recessione (f) economica	[reʧes'sjone eko'nomika]
manifestante (m)	manifestante	[manife'stante]
manifestação (f)	manifestazione (f)	[manifesta'tsjone]
lei (f) marcial	legge (f) marziale	['ledʒe mar'tsjale]
base (f) militar	base (f) militare	['baze mili'tare]
estabilidade (f)	stabilità (f)	[stabili'ta]
estável (adj)	stabile	['stabile]
exploração (f)	sfruttamento (m)	[sfrutta'mento]
explorar (vt)	sfruttare (vt)	[sfrut'tare]
racismo (m)	razzismo (m)	[rat'tsizmo]

racista (m)	razzista (m)	[rat'tsista]
fascismo (m)	fascismo (m)	[fa'ʃizmo]
fascista (m)	fascista (m)	[fa'ʃista]

245. Países. Diversos

estrangeiro (m)	straniero (m)	[stra'njero]
estrangeiro (adj)	straniero (agg)	[stra'njero]
no estrangeiro	all'estero	[all 'estero]
emigrante (m)	emigrato (m)	[emi'grato]
emigração (f)	emigrazione (f)	[emigra'tsjone]
emigrar (vi)	emigrare (vi)	[emi'grare]
Ocidente (m)	Ovest (m)	['ovest]
Oriente (m)	Est (m)	[est]
Extremo Oriente (m)	Estremo Oriente (m)	[e'stremo o'rjente]
civilização (f)	civiltà (f)	[tʃivil'ta]
humanidade (f)	umanità (f)	[umani'ta]
mundo (m)	mondo (m)	['mondo]
paz (f)	pace (f)	['patʃe]
mundial (adj)	mondiale	[mon'djale]
pátria (f)	patria (f)	['patria]
povo (população)	popolo (m)	['popolo]
população (f)	popolazione (f)	[popola'tsjone]
gente (f)	gente (f)	['dʒente]
nação (f)	nazione (f)	[na'tsjone]
geração (f)	generazione (f)	[dʒenera'tsjone]
território (m)	territorio (m)	[terri'torio]
região (f)	regione (f)	[re'dʒone]
estado (m)	stato (m)	['stato]
tradição (f)	tradizione (f)	[tradi'tsjone]
costume (m)	costume (m)	[ko'stume]
ecologia (f)	ecologia (f)	[ekolo'dʒia]
índio (m)	indiano (m)	[indi'ano]
cigano (m)	zingaro (m)	['tsingaro]
cigana (f)	zingara (f)	['tsingara]
cigano (adj)	di zingaro	[di 'tsingaro]
império (m)	impero (m)	[im'pero]
colônia (f)	colonia (f)	[ko'lonia]
escravidão (f)	schiavitù (f)	[skjavi'tu]
invasão (f)	invasione (f)	[inva'zjone]
fome (f)	carestia (f)	[kare'stia]

246. Grupos religiosos mais importantes. Confissões

religião (f)	religione (f)	[reli'dʒone]
religioso (adj)	religioso	[reli'dʒozo]

crença (f)	fede (f)	['fede]
crer (vt)	credere (vi)	['kredere]
crente (m)	credente (m)	[kre'dente]
ateísmo (m)	ateismo (m)	[ate'izmo]
ateu (m)	ateo (m)	['ateo]
cristianismo (m)	cristianesimo (m)	[kristja'nezimo]
cristão (m)	cristiano (m)	[kri'stjano]
cristão (adj)	cristiano (agg)	[kri'stjano]
catolicismo (m)	Cattolicesimo (m)	[kattoli'tʃezimo]
católico (m)	cattolico (m)	[kat'toliko]
católico (adj)	cattolico (agg)	[kat'toliko]
protestantismo (m)	Protestantesimo (m)	[protestan'tesimo]
Igreja (f) Protestante	Chiesa (f) protestante	['kjeza protes'tante]
protestante (m)	protestante (m)	[prote'stante]
ortodoxia (f)	Ortodossia (f)	[ortodos'sia]
Igreja (f) Ortodoxa	Chiesa (f) ortodossa	['kjeza orto'dossa]
ortodoxo (m)	ortodosso (m)	[orto'dosso]
presbiterianismo (m)	Presbiterianesimo (m)	[presbiterja'nezimo]
Igreja (f) Presbiteriana	Chiesa (f) presbiteriana	['kjeza presbite'rjana]
presbiteriano (m)	presbiteriano (m)	[presbite'rjano]
luteranismo (m)	Luteranesimo (m)	[lutera'nezimo]
luterano (m)	luterano (m)	[lute'rano]
Igreja (f) Batista	confessione (f) battista	[konfes'sjone bat'tista]
batista (m)	battista (m)	[bat'tista]
Igreja (f) Anglicana	Chiesa (f) anglicana	['kjeza angli'kana]
anglicano (m)	anglicano (m)	[angli'kano]
mormonismo (m)	Mormonismo (m)	[mormo'nizmo]
mórmon (m)	mormone (m)	[mor'mone]
Judaísmo (m)	giudaismo (m)	[dʒuda'izmo]
judeu (m)	ebreo (m)	[e'breo]
budismo (m)	buddismo (m)	[bud'dizmo]
budista (m)	buddista (m)	[bud'dista]
hinduísmo (m)	Induismo (m)	[indu'izmo]
hindu (m)	induista (m)	[indu'ista]
Islã (m)	Islam (m)	['izlam]
muçulmano (m)	musulmano (m)	[musul'mano]
muçulmano (adj)	musulmano	[musul'mano]
xiismo (m)	sciismo (m)	[ʃi'izmo]
xiita (m)	sciita (m)	[ʃi'ita]
sunismo (m)	sunnismo (m)	[sun'nizmo]
sunita (m)	sunnita (m)	[sun'nita]

247. Religiões. Padres

padre (m)	prete (m)	['prete]
Papa (m)	Papa (m)	['papa]
monge (m)	monaco (m)	['monako]
freira (f)	monaca (f)	['monaka]
pastor (m)	pastore (m)	[pa'store]
abade (m)	abate (m)	[a'bate]
vigário (m)	vicario (m)	[vi'kario]
bispo (m)	vescovo (m)	['veskovo]
cardeal (m)	cardinale (m)	[kardi'nale]
pregador (m)	predicatore (m)	[predika'tore]
sermão (m)	predica (f)	['predika]
paroquianos (pl)	parrocchiani (m)	[parrok'kjani]
crente (m)	credente (m)	[kre'dente]
ateu (m)	ateo (m)	['ateo]

248. Fé. Cristianismo. Islão

Adão	Adamo	[a'damo]
Eva	Eva	['eva]
Deus (m)	Dio (m)	['dio]
Senhor (m)	Signore (m)	[siɲore]
Todo Poderoso (m)	Onnipotente (m)	[onnipo'tente]
pecado (m)	peccato (m)	[pek'kato]
pecar (vi)	peccare (vi)	[pek'kare]
pecador (m)	peccatore (m)	[pekka'tore]
pecadora (f)	peccatrice (f)	[pekka'tritʃe]
inferno (m)	inferno (m)	[in'ferno]
paraíso (m)	paradiso (m)	[para'dizo]
Jesus	Gesù	[dʒe'su]
Jesus Cristo	Gesù Cristo	[dʒe'su 'kristo]
Espírito (m) Santo	Spirito (m) Santo	['spirito 'santo]
Salvador (m)	Salvatore (m)	[salva'tore]
Virgem Maria (f)	Madonna	[ma'donna]
Diabo (m)	Diavolo (m)	['djavolo]
diabólico (adj)	del diavolo	[del 'djavolo]
Satanás (m)	Satana (m)	['satana]
satânico (adj)	satanico	[sa'taniko]
anjo (m)	angelo (m)	['andʒelo]
anjo (m) da guarda	angelo (m) custode	['andʒelo kus'tode]
angelical	angelico	[an'dʒeliko]

apóstolo (m)	apostolo (m)	[a'postolo]
arcanjo (m)	arcangelo (m)	[ar'kandʒelo]
anticristo (m)	Anticristo (m)	[anti'kristo]

Igreja (f)	Chiesa (f)	['kjeza]
Bíblia (f)	Bibbia (f)	['bibbia]
bíblico (adj)	biblico	['bibliko]

Velho Testamento (m)	Vecchio Testamento (m)	['vekkio testa'mento]
Novo Testamento (m)	Nuovo Testamento (m)	[nu'ovo testa'mento]
Evangelho (m)	Vangelo (m)	[van'dʒelo]
Sagradas Escrituras (f pl)	Sacra Scrittura (f)	['sakra skrit'tura]
Céu (sete céus)	Il Regno dei Cieli	[il 'reɲo dei 'tʃeli]

mandamento (m)	comandamento (m)	[komanda'mento]
profeta (m)	profeta (m)	[pro'feta]
profecia (f)	profezia (f)	[profe'tsia]

Alá (m)	Allah	[al'la]
Maomé (m)	Maometto	[mao'meto]
Alcorão (m)	Corano (m)	[ko'rano]

mesquita (f)	moschea (f)	[mos'kea]
mulá (m)	mullah (m)	[mul'la]
oração (f)	preghiera (f)	[pre'gjera]
rezar, orar (vi)	pregare (vi, vt)	[pre'gare]

peregrinação (f)	pellegrinaggio (m)	[pellegri'nadʒo]
peregrino (m)	pellegrino (m)	[pelle'grino]
Meca (f)	La Mecca (f)	[la 'mekka]

igreja (f)	chiesa (f)	['kjeza]
templo (m)	tempio (m)	['tempjo]
catedral (f)	cattedrale (f)	[katte'drale]
gótico (adj)	gotico	['gotiko]
sinagoga (f)	sinagoga (f)	[sina'goga]
mesquita (f)	moschea (f)	[mos'kea]

capela (f)	cappella (f)	[kap'pella]
abadia (f)	abbazia (f)	[abba'tsia]
convento (m)	convento (m) di suore	[kon'vento di su'ore]
monastério (m)	monastero (m)	[mona'stero]

sino (m)	campana (f)	[kam'pana]
campanário (m)	campanile (m)	[kampa'nile]
repicar (vi)	suonare (vi)	[suo'nare]

cruz (f)	croce (f)	['krotʃe]
cúpula (f)	cupola (f)	['kupola]
ícone (m)	icona (f)	[i'kona]

alma (f)	anima (f)	['anima]
destino (m)	destino (m), sorte (f)	[de'stino], ['sorte]
mal (m)	male (m)	['male]
bem (m)	bene (m)	['bene]
vampiro (m)	vampiro (m)	[vam'piro]

bruxa (f)	strega (f)	['strega]
demônio (m)	demone (m)	['demone]
espírito (m)	spirito (m)	['spirito]
redenção (f)	redenzione (f)	[reden'tsjone]
redimir (vt)	redimere (vt)	[re'dimere]
missa (f)	messa (f)	['messa]
celebrar a missa	dire la messa	['dire la 'messa]
confissão (f)	confessione (f)	[konfes'sjone]
confessar-se (vr)	confessarsi (vr)	[konfes'sarsi]
santo (m)	santo (m)	['santo]
sagrado (adj)	sacro	['sakro]
água (f) benta	acqua (f) santa	['akwa 'santa]
ritual (m)	rito (m)	['rito]
ritual (adj)	rituale	[ritu'ale]
sacrifício (m)	sacrificio (m)	[sakri'fitʃo]
superstição (f)	superstizione (f)	[supersti'tsjone]
supersticioso (adj)	superstizioso	[supersti'tsjozo]
vida (f) após a morte	vita (f) dell'oltretomba	['vita dell oltre'tomba]
vida (f) eterna	vita (f) eterna	['vita e'terna]

TEMAS DIVERSOS

249. Várias palavras úteis

ajuda (f)	aiuto (m)	[a'juto]
barreira (f)	barriera (f)	[bar'rjera]
base (f)	base (f)	['baze]
categoria (f)	categoria (f)	[katego'ria]
causa (f)	causa (f)	['kauza]
coincidência (f)	coincidenza (f)	[kojntʃi'dentsa]
coisa (f)	cosa (f)	['koza]
começo, início (m)	inizio (m)	[i'nitsio]
cômodo (ex. poltrona ~a)	comodo	['komodo]
comparação (f)	confronto (m)	[kon'fronto]
compensação (f)	compenso (m)	[kom'penso]
crescimento (m)	crescita (f)	['kreʃita]
desenvolvimento (m)	sviluppo (m)	[zvi'luppo]
diferença (f)	differenza (f)	[diffe'rentsa]
efeito (m)	effetto (m)	[ef'fetto]
elemento (m)	elemento (m)	[ele'mento]
equilíbrio (m)	bilancio (m)	[bi'lantʃo]
erro (m)	errore (m)	[er'rore]
esforço (m)	sforzo (m)	['sfortso]
estilo (m)	stile (m)	['stile]
exemplo (m)	esempio (m)	[e'zempjo]
fato (m)	fatto (m)	['fatto]
fim (m)	termine (m)	['termine]
forma (f)	forma (f)	['forma]
frequente (adj)	frequente	[fre'kwente]
fundo (ex. ~ verde)	sfondo (m)	['sfondo]
gênero (tipo)	genere (m)	['dʒenere]
grau (m)	grado (m)	['grado]
ideal (m)	ideale (m)	[ide'ale]
labirinto (m)	labirinto (m)	[labi'rinto]
modo (m)	modo (m)	['modo]
momento (m)	momento (m)	[mo'mento]
objeto (m)	oggetto (m)	[o'dʒetto]
obstáculo (m)	ostacolo (m)	[os'takolo]
original (m)	originale (m)	[oridʒi'nale]
padrão (adj)	standard	['standar]
padrão (m)	standard (m)	['standar]
paragem (pausa)	pausa (f)	['pauza]
parte (f)	parte (f)	['parte]

partícula (f)	particella (f)	[parti'tʃella]
pausa (f)	pausa (f)	['pauza]
posição (f)	posizione (f)	[pozi'tsjone]
princípio (m)	principio (m)	[prin'tʃipjo]
problema (m)	problema (m)	[pro'blema]
processo (m)	processo (m)	[pro'tʃesso]
progresso (m)	progresso (m)	[pro'gresso]
propriedade (qualidade)	proprietà (f)	[proprie'ta]
reação (f)	reazione (f)	[rea'tsjone]
risco (m)	rischio (m)	['riskio]
ritmo (m)	ritmo (m)	['ritmo]
segredo (m)	segreto (m)	[se'greto]
série (f)	serie (f)	['serie]
sistema (m)	sistema (m)	[si'stema]
situação (f)	situazione (f)	[situa'tsjone]
solução (f)	soluzione (f)	[solu'tsjone]
tabela (f)	tabella (f)	[ta'bella]
termo (ex. ~ técnico)	termine (m)	['termine]
tipo (m)	tipo (m)	['tipo]
urgente (adj)	urgente	[ur'dʒente]
urgentemente	urgentemente	[urdʒente'mente]
utilidade (f)	utilità (f)	[utili'ta]
variante (f)	variante (f)	[vari'ante]
variedade (f)	scelta (f)	['ʃelta]
verdade (f)	verità (f)	[veri'ta]
vez (f)	turno (m)	['turno]
zona (f)	zona (f)	['dzona]

250. Modificadores. Adjetivos. Parte 1

aberto (adj)	aperto	[a'perto]
afetuoso (adj)	dolce, tenero	['doltʃe], ['tenero]
afiado (adj)	affilato	[affi'lato]
agradável (adj)	gradevole	[gra'devole]
agradecido (adj)	grato	['grato]
alegre (adj)	allegro	[al'legro]
alto (ex. voz ~a)	alto, forte	['alto], ['forte]
amargo (adj)	amaro	[a'maro]
amplo (adj)	spazioso	[spa'tsjozo]
antigo (adj)	antico	[an'tiko]
apertado (sapatos ~s)	stretto	['stretto]
apropriado (adj)	idoneo	[i'doneo]
arriscado (adj)	rischioso	[ris'kjozo]
artificial (adj)	artificiale	[artifi'tʃale]
azedo (adj)	acido, agro	['atʃido], ['agro]
baixo (voz ~a)	basso	['basso]

Portuguese	Italian	Pronunciation
barato (adj)	a buon mercato	[a bu'on mer'kato]
belo (adj)	magnifico	[ma'ɲifiko]
bom (adj)	buono	[bu'ono]
bondoso (adj)	buono	[bu'ono]
bonito (adj)	bello	['bello]
bronzeado (adj)	abbronzato	[abbron'dzato]
burro, estúpido (adj)	stupido	['stupido]
calmo (adj)	tranquillo	[tran'kwillo]
cansado (adj)	stanco	['stanko]
cansativo (adj)	faticoso	[fati'kozo]
carinhoso (adj)	premuroso	[premu'rozo]
caro (adj)	caro	['karo]
cego (adj)	cieco	['ʧeko]
central (adj)	centrale	[ʧen'trale]
cerrado (ex. nevoeiro ~)	fitto	['fitto]
cheio (xícara ~a)	pieno	['pjeno]
civil (adj)	civile	[ʧi'vile]
clandestino (adj)	clandestino	[klande'stino]
claro (explicação ~a)	chiaro	['kjaro]
claro (pálido)	chiaro, tenue	['kjaro], ['tenue]
compatível (adj)	compatibile	[kompa'tibile]
comum, normal (adj)	comune, normale	[ko'mune], [nor'male]
congelado (adj)	surgelato	[surdʒe'lato]
conjunto (adj)	collegiale	[kolle'dʒale]
considerável (adj)	notevole	[no'tevole]
contente (adj)	contento	[kon'tento]
contínuo (adj)	continuo	[kon'tinuo]
contrário (ex. o efeito ~)	opposto	[op'posto]
correto (resposta ~a)	giusto	['dʒusto]
cru (não cozinhado)	crudo	['krudo]
curto (adj)	corto	['korto]
de curta duração	breve	['breve]
de sol, ensolarado	di sole	[di 'sole]
de trás	posteriore	[poste'rjore]
denso (fumaça ~a)	denso	['denso]
desanuviado (adj)	sereno	[se'reno]
descuidado (adj)	noncurante	[nonku'rante]
diferente (adj)	diverso	[di'verso]
difícil (decisão)	difficile	[dif'fiʧile]
difícil, complexo (adj)	complicato	[kompli'kato]
direito (lado ~)	destro	['destro]
distante (adj)	lontano	[lon'tano]
diverso (adj)	differente	[diffe'rente]
doce (açucarado)	dolce	['dolʧe]
doce (água)	dolce	['dolʧe]
doente (adj)	malato	[ma'lato]
duro (material ~)	duro	['duro]

educado (adj)	gentile	[dʒen'tile]
encantador (agradável)	gentile	[dʒen'tile]
enigmático (adj)	misterioso	[miste'rjozo]
enorme (adj)	enorme	[e'norme]
escuro (quarto ~)	buio, scuro	['bujo], ['skuro]
especial (adj)	speciale	[spe'tʃale]
esquerdo (lado ~)	sinistro	[si'nistro]
estrangeiro (adj)	straniero	[stra'njero]
estreito (adj)	stretto	['stretto]
exato (montante ~)	preciso	[pre'tʃizo]
excelente (adj)	eccellente	[etʃel'lente]
excessivo (adj)	eccessivo	[etʃes'sivo]
externo (adj)	esterno	[e'sterno]
fácil (adj)	facile	['fatʃile]
faminto (adj)	affamato	[affa'mato]
fechado (adj)	chiuso	['kjuzo]
feliz (adj)	felice	[fe'litʃe]
fértil (terreno ~)	fertile	['fertile]
forte (pessoa ~)	forte	['forte]
fraco (luz ~a)	fievole	['fjevole]
frágil (adj)	fragile	['fradʒile]
fresco (pão ~)	fresco	['fresko]
fresco (tempo ~)	fresco	['fresko]
frio (adj)	freddo	['freddo]
gordo (alimentos ~s)	grasso	['grasso]
gostoso, saboroso (adj)	buono, gustoso	[bu'ono], [gu'stozo]
grande (adj)	grande	['grande]
gratuito, grátis (adj)	gratuito	[gratu'ito]
grosso (camada ~a)	spesso	['spesso]
hostil (adj)	ostile	[o'stile]

251. Modificadores. Adjetivos. Parte 2

igual (adj)	uguale	[u'gwale]
imóvel (adj)	immobile	[im'mobile]
importante (adj)	importante	[impor'tante]
impossível (adj)	impossibile	[impos'sibile]
incompreensível (adj)	incomprensibile	[inkompren'sibile]
indigente (muito pobre)	molto povero	['molto 'povero]
indispensável (adj)	indispensabile	[indispen'sabile]
inexperiente (adj)	inesperto	[ine'sperto]
infantil (adj)	per bambini	[per bam'bini]
ininterrupto (adj)	ininterrotto	[ininte'rrotto]
insignificante (adj)	insignificante	[insiɲifi'kante]
inteiro (completo)	intero	[in'tero]
inteligente (adj)	intelligente	[intelli'dʒente]

interno (adj)	interno	[in'terno]
jovem (adj)	giovane	['dʒovane]
largo (caminho ~)	largo	['largo]
legal (adj)	legale	[le'gale]
leve (adj)	leggero	[le'dʒero]
limitado (adj)	limitato	[limi'tato]
limpo (adj)	pulito	[pu'lito]
líquido (adj)	liquido	['likwido]
liso (adj)	liscio	['liʃo]
liso (superfície ~a)	piatto	['pjatto]
livre (adj)	libero	['libero]
longo (ex. cabelo ~)	lungo	['lungo]
maduro (ex. fruto ~)	maturo	[ma'turo]
magro (adj)	magro	['magro]
mais próximo (adj)	il più vicino	[il pju vi'tʃino]
mais recente (adj)	passato	[pas'sato]
mate (adj)	opaco	[o'pako]
mau (adj)	cattivo	[kat'tivo]
meticuloso (adj)	meticoloso, accurato	[metiko'lozo], [akku'rato]
míope (adj)	miope	['miope]
mole (adj)	morbido	['morbido]
molhado (adj)	bagnato	[ba'ɲato]
moreno (adj)	bruno	['bruno]
morto (adj)	morto	['morto]
muito magro (adj)	molto magro	['molto 'magro]
não difícil (adj)	non difficile	[non dif'fitʃile]
não é clara (adj)	poco chiaro	['poko 'kjaro]
não muito grande (adj)	non molto grande	[non 'molto 'grande]
natal (país ~)	nativo	[na'tivo]
necessário (adj)	necessario	[netʃes'sarjo]
negativo (resposta ~a)	negativo	[nega'tivo]
nervoso (adj)	nervoso	[ner'vozo]
normal (adj)	normale	[nor'male]
novo (adj)	nuovo	[nu'ovo]
o mais importante (adj)	il più importante	[il pju impor'tante]
obrigatório (adj)	obbligatorio	[obbliga'torio]
original (incomum)	originale	[oridʒi'nale]
passado (adj)	scorso	['skorso]
pequeno (adj)	piccolo	['pikkolo]
perigoso (adj)	pericoloso	[periko'lozo]
permanente (adj)	permanente	[perma'nente]
perto (adj)	vicino, accanto	[vi'tʃino], [a'kanto]
pesado (adj)	pesante	[pe'zante]
pessoal (adj)	personale	[perso'nale]
plano (ex. ecrã ~ a)	piatto	['pjatto]
pobre (adj)	povero	['povero]
pontual (adj)	puntuale	[puntu'ale]

Português	Italiano	Pronúncia
possível (adj)	possibile	[pos'sibile]
pouco fundo (adj)	poco profondo	['poko pro'fondo]
presente (ex. momento ~)	presente	[pre'zente]
prévio (adj)	precedente	[pretʃe'dente]
primeiro (principal)	principale	[printʃi'pale]
principal (adj)	principale	[printʃi'pale]
privado (adj)	privato	[pri'vato]
provável (adj)	probabile	[pro'babile]
público (adj)	pubblico	['pubbliko]
quente (cálido)	caldo	['kaldo]
quente (morno)	caldo	['kaldo]
rápido (adj)	veloce, rapido	[velo'tʃe], ['rapido]
raro (adj)	raro	['raro]
remoto, longínquo (adj)	distante	[di'stante]
reto (linha ~a)	dritto	['dritto]
salgado (adj)	salato	[sa'lato]
satisfeito (adj)	soddisfatto	[soddi'sfatto]
seco (roupa ~a)	secco	['sekko]
seguinte (adj)	successivo	[sutʃes'sivo]
seguro (não perigoso)	sicuro	[si'kuro]
similar (adj)	simile	['simile]
simples (fácil)	semplice	['semplitʃe]
soberbo, perfeito (adj)	perfetto	[per'fetto]
sólido (parede ~a)	solido	['solido]
sombrio (adj)	fosco	['fosko]
sujo (adj)	sporco	['sporko]
superior (adj)	il più alto	[il pju 'alto]
suplementar (adj)	supplementare	[supplemen'tare]
tranquilo (adj)	calmo	['kalmo]
transparente (adj)	trasparente	[traspa'rente]
triste (pessoa)	triste, mesto	['triste], ['mesto]
triste (um ar ~)	triste	['triste]
último (adj)	ultimo	['ultimo]
úmido (adj)	umido	['umido]
único (adj)	unico	['uniko]
usado (adj)	di seconda mano	[di se'konda 'mano]
vazio (meio ~)	vuoto	[vu'oto]
velho (adj)	vecchio	['vekkio]
vizinho (adj)	vicino, prossimo	[vi'tʃino], ['prossimo]

500 VERBOS PRINCIPAIS

252. Verbos A-B

abraçar (vt)	abbracciare (vt)	[abbra'tʃare]
abrir (vt)	aprire (vt)	[a'prire]
acalmar (vt)	calmare (vt)	[kal'mare]
acariciar (vt)	accarezzare (vt)	[akkaret'tsare]
acenar (com a mão)	agitare la mano	[adʒi'tare la 'mano]
acender (~ uma fogueira)	accendere (vt)	[a'tʃendere]
achar (vt)	pensare (vi)	[pen'sare]
acompanhar (vt)	accompagnare (vt)	[akkompa'ɲare]
aconselhar (vt)	consigliare (vt)	[konsiʎ'ʎare]
acordar, despertar (vt)	svegliare (vt)	[zveʎ'ʎare]
acrescentar (vt)	aggiungere (vt)	[a'dʒundʒare]
acusar (vt)	accusare (vt)	[akku'zare]
adestrar (vt)	ammaestrare (vt)	[ammae'strare]
adivinhar (vt)	indovinare (vt)	[indovi'nare]
admirar (vt)	ammirare (vi)	[ammi'rare]
adorar (~ fazer)	gradire (vt)	[gra'dire]
advertir (vt)	avvertire (vt)	[avver'tire]
afirmar (vt)	affermare (vt)	[affer'mare]
afogar-se (vr)	annegare (vi)	[anne'gare]
afugentar (vt)	cacciare via	[ka'tʃare 'via]
agir (vi)	agire (vi)	[a'dʒire]
agitar, sacudir (vt)	scuotere (vt)	[sku'otere]
agradecer (vt)	ringraziare (vt)	[ringra'tsjare]
ajudar (vt)	aiutare (vt)	[aju'tare]
alcançar (objetivos)	raggiungere (vt)	[ra'dʒundʒere]
alimentar (dar comida)	dare da mangiare	['dare da man'dʒare]
almoçar (vi)	pranzare (vi)	[pran'tsare]
alugar (~ o barco, etc.)	noleggiare (vt)	[nole'dʒare]
alugar (~ um apartamento)	affittare (vt)	[affit'tare]
amar (pessoa)	amare (vt)	[a'mare]
amarrar (vt)	legare (vt)	[le'gare]
ameaçar (vt)	minacciare (vt)	[mina'tʃare]
amputar (vt)	amputare (vt)	[ampu'tare]
anotar (escrever)	prendere nota	['prendere 'nota]
anotar (escrever)	annotare (vt)	[anno'tare]
anular, cancelar (vt)	annullare (vt)	[annul'lare]
apagar (com apagador, etc.)	cancellare (vt)	[kantʃel'lare]
apagar (um incêndio)	estinguere (vt)	[e'stingwere]

Portuguese	Italian	Pronunciation
apaixonar-se ...	innamorarsi di ...	[innamo'rarsi di]
aparecer (vi)	apparire (vi)	[appa'rire]
aplaudir (vi)	applaudire (vi, vt)	[applau'dire]
apoiar (vt)	sostenere (vt)	[soste'nere]
apontar para ...	mirare, puntare	[mi'rare], [pun'tare]
apresentar	far conoscere	[far ko'noʃere]
(alguém a alguém)		
apresentar (Gostaria de ~)	presentare (vt)	[prezen'tare]
apressar (vt)	mettere fretta a ...	['mettere 'fretta a]
apressar-se (vr)	avere fretta	[a'vere 'fretta]
aproximar-se (vr)	avvicinarsi (vr)	[avviʧi'narsi]
aquecer (vt)	scaldare (vt)	[skal'dare]
arrancar (vt)	strappare (vt)	[strap'pare]
arranhar (vt)	graffiare (vt)	[graf'fjare]
arrepender-se (vr)	rammaricarsi (vr)	[ramari'karsi]
arriscar (vt)	rischiare (vi, vt)	[ris'kjare]
arrumar, limpar (vt)	fare le pulizie	['fare le puli'tsie]
aspirar a ...	aspirare (vi)	[aspi'rare]
assinar (vt)	firmare (vt)	[fir'mare]
assistir (vt)	assistere (vt)	[as'sistere]
atacar (vt)	attaccare (vt)	[attak'kare]
atar (vt)	legare (vt)	[le'gare]
atracar (vi)	ormeggiarsi (vr)	[orme'dʒarsi]
aumentar (vi)	aumentare (vi)	[aumen'tare]
aumentar (vt)	aumentare (vt)	[aumen'tare]
avançar (vi)	avanzare (vi)	[avan'tsare]
avistar (vt)	intravedere (vt)	[intrave'dere]
baixar (guindaste, etc.)	abbassare (vt)	[abbas'sare]
barbear-se (vr)	rasarsi (vr)	[ra'zarsi]
basear-se (vr)	basarsi su ...	[ba'zarsi su]
bastar (vi)	bastare (vi)	[bas'tare]
bater (à porta)	bussare (vi)	[bus'sare]
bater (espancar)	picchiare (vt)	[pik'kjare]
bater-se (vr)	picchiarsi (vr)	[pik'kjarsi]
beber, tomar (vt)	bere (vi, vt)	['bere]
brilhar (vi)	splendere (vi)	['splendere]
brincar, jogar (vi, vt)	giocare (vi)	[dʒo'kare]
buscar (vt)	cercare (vt)	[ʧer'kare]

253. Verbos C-D

Portuguese	Italian	Pronunciation
caçar (vi)	cacciare (vt)	[ka'ʧare]
calar-se (parar de falar)	smettere di parlare	['zmettere di par'lare]
calcular (vt)	contare (vt)	[kon'tare]
carregar (o caminhão, etc.)	caricare (vt)	[kari'kare]
carregar (uma arma)	caricare (vt)	[kari'kare]

Português	Italiano	Pronúncia
casar-se (vr)	sposarsi (vr)	[spo'zarsi]
causar (vt)	essere causa di ...	['essere 'kauza di]
cavar (vt)	scavare (vt)	[ska'vare]
ceder (não resistir)	arrendersi (vr)	[ar'rendersi]
cegar, ofuscar (vt)	abbagliare (vt)	[abbaʎ'ʎare]
censurar (vt)	rimproverare (vt)	[rimprove'rare]
chamar (~ por socorro)	chiamare (vt)	[kja'mare]
chamar (alguém para ...)	chiamare (vt)	[kja'mare]
chegar (a algum lugar)	raggiungere (vt)	[ra'dʒundʒere]
chegar (vi)	arrivare (vi)	[arri'vare]
cheirar (~ uma flor)	odorare (vt)	[odo'rare]
cheirar (tem o cheiro)	emanare odore	[ema'nare o'dore]
chorar (vi)	piangere (vi)	['pjandʒere]
citar (vt)	citare (vt)	[tʃi'tare]
colher (flores)	cogliere (vt)	['koʎʎere]
colocar (vt)	mettere (vt)	['mettere]
combater (vi, vt)	combattere (vi)	[kom'battere]
começar (vt)	cominciare (vt)	[komin'tʃare]
comer (vt)	mangiare (vi, vt)	[man'dʒare]
comparar (vt)	confrontare (vt)	[konfron'tare]
compensar (vt)	compensare (vt)	[kompen'sare]
competir (vi)	competere (vi)	[kom'petere]
complicar (vt)	complicare (vt)	[kompli'kare]
compor (~ música)	comporre (vt)	[kom'porre]
comportar-se (vr)	comportarsi (vr)	[kompor'tarsi]
comprar (vt)	comprare (vt)	[kom'prare]
comprometer (vt)	compromettere (vt)	[kompro'mettere]
concentrar-se (vr)	concentrarsi (vr)	[kontʃen'trarsi]
concordar (dizer "sim")	essere d'accordo	['essere dak'kordo]
condecorar (dar medalha)	decorare qn	[deko'rare]
confessar-se (vr)	confessarsi (vr)	[konfes'sarsi]
confiar (vt)	fidarsi (vt)	[fi'darsi]
confundir (equivocar-se)	confondere (vt)	[kon'fondere]
conhecer (vt)	conoscere (vt)	[ko'noʃere]
conhecer-se (vr)	fare la conoscenza di ...	['fare la kono'ʃentsa di]
consertar (vt)	mettere in ordine	['mettere in 'ordine]
consultar ...	consultare (vt)	[konsul'tare]
contagiar-se com ...	contagiarsi (vr)	[konta'dʒarsi]
contar (vt)	raccontare (vt)	[rakkon'tare]
contar com ...	contare su ...	[kon'tare su]
continuar (vt)	continuare (vt)	[kontinu'are]
contratar (vt)	assumere (vt)	[as'sumere]
controlar (vt)	controllare (vt)	[kontrol'lare]
convencer (vt)	convincere (vt)	[kon'vintʃere]
convidar (vt)	invitare (vt)	[invi'tare]
cooperar (vi)	collaborare (vi)	[kollabo'rare]

coordenar (vt)	coordinare (vt)	[koordi'nare]
corar (vi)	arrossire (vi)	[arros'sire]
correr (vi)	correre (vi)	['korrere]
corrigir (~ um erro)	correggere (vt)	[kor'redʒere]
cortar (com um machado)	tagliare (vt)	[taʎ'ʎare]
cortar (com uma faca)	tagliare (vt)	[taʎ'ʎare]
cozinhar (vt)	fare, preparare	['fare], [prepa'rare]
crer (pensar)	credere (vt)	['kredere]
criar (vt)	creare (vt)	[kre'are]
cultivar (~ plantas)	coltivare (vt)	[kolti'vare]
cuspir (vi)	sputare (vi)	[spu'tare]
custar (vt)	costare (vt)	[ko'stare]
dar (vt)	dare (vt)	['dare]
dar banho, lavar (vt)	far fare il bagno	[far 'fare il 'baɲo]
datar (vi)	risalire a …	[resa'lire a]
decidir (vt)	decidere (vt)	[de'tʃidere]
decorar (enfeitar)	decorare (vt)	[deko'rare]
dedicar (vt)	dedicare (vt)	[dedi'kare]
defender (vt)	difendere (vt)	[di'fendere]
defender-se (vr)	difendersi (vr)	[di'fendersi]
deixar (~ a mulher)	lasciare (vt)	[la'ʃare]
deixar (esquecer)	lasciare (vt)	[la'ʃare]
deixar (permitir)	autorizzare (vt)	[autorid'dzare]
deixar cair (vt)	lasciar cadere	[la'ʃar ka'dere]
denominar (vt)	chiamare (vt)	[kja'mare]
denunciar (vt)	denunciare (vt)	[denun'tʃare]
depender de …	dipendere da …	[di'pendere da]
derramar (~ líquido)	rovesciare (vt)	[rove'ʃare]
derramar-se (vr)	spargersi (vr)	['spardʒersi]
desaparecer (vi)	sparire (vi)	[spa'rire]
desatar (vt)	slegare (vt)	[zle'gare]
desatracar (vi)	salpare (vi)	[sal'pare]
descansar (um pouco)	riposarsi (vr)	[ripo'zarsi]
descer (para baixo)	scendere (vi)	['ʃendere]
descobrir (novas terras)	scoprire (vt)	[sko'prire]
descolar (avião)	decollare (vi)	[dekol'lare]
desculpar (vt)	scusare (vt)	[sku'zare]
desculpar-se (vr)	scusarsi (vr)	[sku'zarsi]
desejar (vt)	desiderare (vt)	[dezide'rare]
desempenhar (papel)	recitare (vt)	[retʃi'tare]
desligar (vt)	spegnere (vt)	['speɲere]
desprezar (vt)	disprezzare (vt)	[dispret'tsare]
destruir (documentos, etc.)	distruggere (vt)	[di'struddʒere]
dever (vi)	dovere (v aus)	[do'vere]
devolver (vt)	rimandare (vt)	[riman'dare]
direcionar (vt)	indirizzare (vt)	[indirit'tsare]

dirigir (~ um carro)	guidare, condurre	[gwi'dare], [kon'durre]
dirigir (~ uma empresa)	dirigere (vt)	[di'ridʒere]
dirigir-se (a um auditório, etc.)	rivolgersi a ...	[ri'voldʒersi a]
discutir (notícias, etc.)	discutere (vt)	[di'skutere]

disparar, atirar (vi)	sparare (vi)	[spa'rare]
distribuir (folhetos, etc.)	distribuire (vt)	[distribu'ire]
distribuir (vt)	distribuire (vt)	[distribu'ire]
divertir (vt)	divertire (vt)	[diver'tire]

divertir-se (vr)	divertirsi (vr)	[diver'tirsi]
dividir (mat.)	dividere (vt)	[di'videre]
dizer (vt)	dire (vt)	['dire]
dobrar (vt)	raddoppiare (vt)	[raddop'pjare]
duvidar (vt)	dubitare (vi)	[dubi'tare]

254. Verbos E-J

elaborar (uma lista)	compilare (vt)	[kompi'lare]
elevar-se acima de ...	sovrastare (vi)	[sovra'stare]
eliminar (um obstáculo)	eliminare (vt)	[elimi'nare]
embrulhar (com papel)	incartare (vt)	[inkar'tare]

emergir (submarino)	emergere (vi)	[e'merdʒere]
emitir (~ cheiro)	emanare (vt)	[ema'nare]
empreender (vt)	intraprendere (vt)	[intra'prendere]
empurrar (vt)	spingere (vt)	['spindʒere]

encabeçar (vt)	capeggiare (vt)	[kape'dʒare]
encher (~ a garrafa, etc.)	riempire (vt)	[riem'pire]
encontrar (achar)	trovare (vt)	[tro'vare]
enganar (vt)	ingannare (vt)	[ingan'nare]

ensinar (vt)	insegnare (vt)	[inse'ɲare]
entediar-se (vr)	annoiarsi (vr)	[anno'jarsi]
entender (vt)	capire (vt)	[ka'pire]
entrar (na sala, etc.)	entrare (vi)	[en'trare]

enviar (uma carta)	inviare (vt)	[in'vjare]
equipar (vt)	equipaggiare (vt)	[ekwipa'dʒare]
errar (enganar-se)	sbagliare (vi)	[zbaʎ'ʎare]
escolher (vt)	scegliere (vt)	['ʃeʎʎere]

esconder (vt)	nascondere (vt)	[na'skondere]
escrever (vt)	scrivere (vi, vt)	['skrivere]
escutar (vt)	ascoltare (vi)	[askol'tare]
escutar atrás da porta	origliare (vi)	[oriʎ'ʎare]
esmagar (um inseto, etc.)	schiacciare (vt)	[skia'tʃare]

esperar (aguardar)	aspettare (vt)	[aspet'tare]
esperar (contar com)	aspettarsi (vr)	[aspet'tarsi]
esperar (ter esperança)	sperare (vi, vt)	[spe'rare]
espreitar (vi)	spiare (vt)	[spi'are]

Portuguese	Italian	Pronunciation
esquecer (vt)	dimenticare (vt)	[dimenti'kare]
estar	stare (vi)	['stare]
estar convencido	convincersi (vr)	[kon'vintʃersi]
estar deitado	essere sdraiato	['essere zdra'jato]
estar perplexo	essere perplesso	['essere per'plesso]
estar preocupado	essere preoccupato	['essere preokku'pato]
estar sentado	sedere (vi)	[se'dere]
estremecer (vi)	sussultare (vi)	[sussul'tare]
estudar (vt)	studiare (vt)	[stu'djare]
evitar (~ o perigo)	evitare (vt)	[evi'tare]
examinar (~ uma proposta)	esaminare (vt)	[ezami'nare]
exigir (vt)	esigere (vt)	[e'zidʒere]
existir (vi)	esistere (vi)	[e'zistere]
explicar (vt)	spiegare (vt)	[spje'gare]
expressar (vt)	esprimere (vt)	[e'sprimere]
expulsar (~ da escola, etc.)	escludere (vt)	[e'skludere]
facilitar (vt)	semplificare (vt)	[semplifi'kare]
falar com ...	parlare con ...	[par'lare kon]
faltar (a la escuela, etc.)	mancare le lezioni	[man'kare le le'tsjoni]
fascinar (vt)	incantare (vt)	[iŋkan'tare]
fatigar (vt)	stancare (vt)	[sta'nakre]
fazer (vt)	fare (vt)	['fare]
fazer lembrar	ricordare (vt)	[rikor'dare]
fazer piadas	scherzare (vi)	[sker'tsare]
fazer publicidade	pubblicizzare (vt)	[pubblitʃid'dzare]
fazer uma tentativa	tentare (vt)	[ten'tare]
fechar (vt)	chiudere (vt)	['kjudere]
felicitar (vt)	congratularsi (vr)	[kongratu'larsi]
ficar cansado	stancarsi (vr)	[stan'karsi]
ficar em silêncio	tacere (vi)	[ta'tʃere]
ficar pensativo	diventare pensieroso	[diven'tare pensje'rozo]
forçar (vt)	costringere (vt)	[ko'strindʒere]
formar (vt)	formare (vt)	[for'mare]
gabar-se (vr)	vantarsi (vr)	[van'tarsi]
garantir (vt)	garantire (vt)	[garan'tire]
gostar (apreciar)	piacere (vi)	[pja'tʃere]
gritar (vi)	gridare (vi)	[gri'dare]
guardar (fotos, etc.)	tenere (vt)	[te'nere]
guardar (no armário, etc.)	mettere via	['mettere 'via]
guerrear (vt)	essere in guerra	['essere in 'gwerra]
herdar (vt)	ereditare (vt)	[eredi'tare]
iluminar (vt)	illuminare (vt)	[illumi'nare]
imaginar (vt)	immaginare (vt)	[immadʒi'nare]
imitar (vt)	imitare (vt)	[imi'tare]
implorar (vt)	supplicare (vt)	[suppli'kare]
importar (vt)	importare (vt)	[impor'tare]

indicar (~ o caminho)	indicare (vt)	[indi'kare]
indignar-se (vr)	indignarsi (vr)	[indi'ɲarsi]
infetar, contagiar (vt)	contagiare (vt)	[konta'dʒare]
influenciar (vt)	influire (vt)	[influ'ire]
informar (~ a policia)	informare di ...	[infor'mare di]
informar (vt)	informare (vt)	[infor'mare]
informar-se (~ sobre)	scoprire (vt)	[sko'prire]
inscrever (na lista)	iscrivere (vt)	[I'skrivere]
inserir (vt)	inserire (vt)	[inse'rire]
insinuar (vt)	alludere (vi)	[al'ludere]
insistir (vi)	insistere (vi)	[in'sistere]
inspirar (vt)	ispirare (vt)	[ispi'rare]
instruir (ensinar)	dare istruzioni	['dare istru'tsjoni]
insultar (vt)	insultare (vt)	[insul'tare]
interessar (vt)	interessare (vt)	[interes'sare]
interessar-se (vr)	interessarsi di ...	[interes'sarsi di]
intervir (vi)	intervenire (vi)	[interve'nire]
invejar (vt)	invidiare (vt)	[invi'djare]
inventar (vt)	inventare (vt)	[inven'tare]
ir (a pé)	camminare (vi)	[kammi'nare]
ir (de carro, etc.)	andare (vi)	[an'dare]
ir nadar	fare il bagno	['fare il 'baɲo]
ir para a cama	andare a letto	[an'dare a 'letto]
irritar (vt)	irritare (vt)	[irri'tare]
irritar-se (vr)	irritarsi (vr)	[irri'tarsi]
isolar (vt)	isolare (vt)	[izo'lare]
jantar (vi)	cenare (vi)	[tʃe'nare]
jogar, atirar (vt)	gettare (vt)	[dʒet'tare]
juntar, unir (vt)	unire (vt)	[u'nire]
juntar-se a ...	aderire a ...	[ade'rire]

255. Verbos L-P

lançar (novo projeto, etc.)	avviare (vt)	[av'vjare]
lavar (vt)	lavare (vt)	[la'vare]
lavar a roupa	fare il bucato	['fare il bu'kato]
lavar-se (vr)	fare un bagno	['fare un 'baɲo]
lembrar (vt)	ricordare (vt)	[rikor'dare]
ler (vt)	leggere (vi, vt)	['ledʒere]
levantar-se (vr)	alzarsi (vr)	[al'tsarsi]
levar (ex. leva isso daqui)	portare via	[por'tare 'via]
libertar (cidade, etc.)	liberare (vt)	[libe'rare]
ligar (~ o radio, etc.)	accendere (vt)	[a'tʃendere]
limitar (vt)	limitare (vt)	[limi'tare]
limpar (eliminar sujeira)	pulire (vt)	[pu'lire]
limpar (tirar o calcário, etc.)	pulirsi (vr)	[pu'lirsi]

Português	Italiano	Pronúncia
lisonjear (vt)	adulare (vt)	[adu'lare]
livrar-se de ...	liberarsi (vr)	[libe'rarsi]
lutar (combater)	battersi (vr)	['battersi]
lutar (esporte)	lottare (vi)	[lot'tare]
marcar (com lápis, etc.)	segnare (vt)	[se'ɲare]
matar (vt)	uccidere (vt)	[u'tʃidere]
memorizar (vt)	memorizzare (vt)	[memorid'dzare]
mencionar (vt)	menzionare (vt)	[mentsjo'nare]
mentir (vi)	mentire (vi)	[men'tire]
merecer (vt)	meritare (vt)	[meri'tare]
mergulhar (vi)	tuffarsi (vr)	[tuf'farsi]
misturar (vt)	mescolare (vt)	[mesko'lare]
morar (vt)	abitare (vi)	[abi'tare]
mostrar (vt)	mostrare (vt)	[mo'strare]
mover (vt)	spostare (vt)	[spo'stare]
mudar (modificar)	cambiare (vt)	[kam'bjare]
multiplicar (mat.)	moltiplicare (vt)	[moltipli'kare]
nadar (vi)	nuotare (vi)	[nuo'tare]
negar (vt)	negare (vt)	[ne'gare]
negociar (vi)	negoziare (vi)	[nego'tsjare]
nomear (função)	nominare (vt)	[nomi'nare]
obedecer (vt)	obbedire (vi)	[obbe'dire]
objetar (vt)	obiettare (vt)	[objet'tare]
observar (vt)	osservare (vt)	[osser'vare]
ofender (vt)	offendere (vt)	[of'fendere]
olhar (vt)	guardare (vi)	[gwar'dare]
omitir (vt)	omettere (vt)	[o'mettere]
ordenar (mil.)	comandare	[koman'dare]
organizar (evento, etc.)	organizzare (vt)	[organid'dzare]
ousar (vt)	osare (vt)	[o'zare]
ouvir (vt)	sentire (vt)	[sen'tire]
pagar (vt)	pagare (vi, vt)	[pa'gare]
parar (para descansar)	fermarsi (vr)	[fer'marsi]
parar, cessar (vt)	cessare (vt)	[tʃes'sare]
parecer-se (vr)	assomigliare a ...	[assomiʎ'ʎare a]
participar (vi)	partecipare (vi)	[partetʃi'pare]
partir (~ para o estrangeiro)	partire (vi)	[par'tire]
passar (vt)	sorpassare (vt)	[sorpas'sare]
passar a ferro	stirare (vt)	[sti'rare]
pecar (vi)	peccare (vi)	[pek'kare]
pedir (comida)	ordinare (vt)	[ordi'nare]
pedir (um favor, etc.)	chiedere, domandare	['kjedere], [doman'dare]
pegar (tomar com a mão)	afferrare (vt)	[affer'rare]
pegar (tomar)	prendere (vt)	['prendere]
pendurar (cortinas, etc.)	appendere (vt)	[ap'pendere]
penetrar (vt)	penetrare (vi)	[pene'trare]

pensar (vi, vt)	pensare (vi, vt)	[pen'sare]
pentear-se (vr)	pettinarsi (vr)	[petti'narsi]
perceber (ver)	accorgersi (vr)	[ak'kordʒersi]
perder (o guarda-chuva, etc.)	perdere (vt)	['perdere]

perdoar (vt)	perdonare (vt)	[perdo'nare]
permitir (vt)	permettere (vt)	[per'mettere]
pertencer a ...	appartenere (vi)	[apparte'nere]
perturbar (vt)	disturbare (vt)	[distur'bare]

pesar (ter o peso)	pesare (vi)	[pe'zare]
pescar (vt)	pescare (vi)	[pe'skare]
planejar (vt)	pianificare (vt)	[pjanifi'kare]
poder (~ fazer algo)	potere (vi)	[po'tere]

pôr (posicionar)	collocare (vt)	[kollo'kare]
possuir (uma casa, etc.)	possedere (vt)	[posse'dere]
predominar (vi, vt)	prevalere (vi)	[preva'lere]
preferir (vt)	preferire (vt)	[prefe'rire]

preocupar (vt)	preoccupare (vt)	[preokku'pare]
preocupar-se (vr)	preoccuparsi (vr)	[preokku'parsi]
preparar (vt)	preparare (vt)	[prepa'rare]
preservar (ex. ~ a paz)	preservare (vt)	[prezer'vare]

prever (vt)	prevedere (vt)	[preve'dere]
privar (vt)	privare (vt)	[pri'vare]
proibir (vt)	vietare (vt)	[vje'tare]
projetar, criar (vt)	progettare (vt)	[prodʒet'tare]
prometer (vt)	promettere (vt)	[pro'mettere]

pronunciar (vt)	pronunciare (vt)	[pronun'tʃare]
propor (vt)	proporre (vt)	[pro'porre]
proteger (a natureza)	proteggere (vt)	[pro'tedʒere]
protestar (vi)	protestare (vi)	[prote'stare]

provar (~ a teoria, etc.)	provare (vt)	[pro'vare]
provocar (vt)	provocare (vt)	[provo'kare]
punir, castigar (vt)	punire (vt)	[pu'nire]
puxar (vt)	tirare (vt)	[ti'rare]

256. Verbos Q-Z

quebrar (vt)	rompere (vt)	['rompere]
queimar (vt)	bruciare (vt)	[bru'tʃare]
queixar-se (vr)	lamentarsi (vr)	[lamen'tarsi]
querer (desejar)	volere (vt)	[vo'lere]

rachar-se (vr)	screpolarsi (vi)	[skrepo'larsi]
ralhar, repreender (vt)	sgridare (vt)	[zgri'dare]
realizar (vt)	realizzare (vt)	[realid'dzare]
recomendar (vt)	raccomandare (vt)	[rakkoman'dare]
reconhecer (identificar)	riconoscere (vt)	[riko'noʃere]
reconhecer (o erro)	ammettere (vt)	[am'mettere]

Portuguese	Italian	Pronunciation
recordar, lembrar (vt)	ricordarsi di	[rikor'darsi di]
recuperar-se (vr)	guarire (vi)	[gwa'rire]
recusar (~ alguém)	rifiutare (vt)	[rifju'tare]
reduzir (vt)	ridurre (vt)	[ri'durre]
refazer (vt)	rifare (vt)	[ri'fare]
reforçar (vt)	rafforzare (vt)	[raffor'tsare]
refrear (vt)	trattenere (vt)	[tratte'nere]
regar (plantas)	innaffiare (vt)	[innaf'fjare]
remover (~ uma mancha)	rimuovere (vt)	[rimu'overe]
reparar (vt)	riparare (vt)	[ripa'rare]
repetir (dizer outra vez)	ripetere (vt)	[ri'petere]
reportar (vt)	fare un rapporto	['fare un rap'porto]
reservar (~ um quarto)	prenotare (vt)	[preno'tare]
resolver (o conflito)	regolare (vt)	[rego'lare]
resolver (um problema)	risolvere (vt)	[ri'zolvere]
respirar (vi)	respirare (vi)	[respi'rare]
responder (vt)	rispondere (vi, vt)	[ris'pondere]
rezar, orar (vi)	pregare (vi, vt)	[pre'gare]
rir (vi)	ridere (vi)	['ridere]
romper-se (corda, etc.)	scoppiare (vi)	[skop'pjare]
roubar (vt)	rubare (vt)	[ru'bare]
saber (vt)	sapere (vt)	[sa'pere]
sair (~ de casa)	uscire (vi)	[u'ʃire]
sair (ser publicado)	uscire (vi)	[u'ʃire]
salvar (resgatar)	salvare (vt)	[sal'vare]
satisfazer (vt)	soddisfare (vt)	[soddi'sfare]
saudar (vt)	salutare (vt)	[salu'tare]
secar (vt)	asciugare (vt)	[aʃu'gare]
seguir (~ alguém)	seguire (vt)	[se'gwire]
selecionar (vt)	selezionare (vt)	[seletsjo'nare]
semear (vt)	seminare (vt)	[semi'nare]
sentar-se (vr)	sedersi (vr)	[se'dersi]
sentenciar (vt)	condannare (vt)	[kondan'nare]
sentir (vt)	sentire (vt)	[sen'tire]
ser diferente	essere diverso da ...	['essere di'verso da]
ser indispensável	occorrere (vi)	[ok'korrere]
ser necessário	essere necessario	['essere netʃes'sario]
ser preservado	essere conservato	['essere konser'vato]
ser, estar	essere (vi)	['essere]
servir (restaurant, etc.)	servire (vt)	[ser'vire]
servir (roupa, caber)	stare bene	['stare 'bene]
significar (palavra, etc.)	significare (vt)	[siɲifi'kare]
significar (vt)	significare (vt)	[siɲifi'kare]
simplificar (vt)	semplificare (vt)	[semplifi'kare]
sofrer (vt)	soffrire (vt)	[sof'frire]
sonhar (~ com)	sognare (vi)	[so'ɲare]

sonhar (ver sonhos)	sognare (vi)	[so'ɲare]
soprar (vi)	soffiare (vi)	[sof'fjare]
sorrir (vi)	sorridere (vi)	[sor'ridere]
subestimar (vt)	sottovalutare (vt)	[sottovalu'tare]
sublinhar (vt)	sottolineare (vt)	[sottoline'are]
sujar-se (vr)	sporcarsi (vr)	[spor'karsi]
superestimar (vt)	sopravvalutare (vt)	[sopravvalu'tare]
supor (vt)	supporre (vt)	[sup'porre]
suportar (as dores)	sopportare (vt)	[soppor'tare]
surpreender (vt)	sorprendere (vt)	[sor'prendere]
surpreender-se (vr)	stupirsi (vr)	[stu'pirsi]
suspeitar (vt)	sospettare (vt)	[sospet'tare]
suspirar (vi)	sospirare (vi)	[sospi'rare]
tentar (~ fazer)	tentare (vt)	[ten'tare]
ter (vt)	avere (vt)	[a'vere]
ter medo	avere paura	[a'vere pa'ura]
terminar (vt)	finire, terminare (vt)	[fi'nire], [termi'nare]
tirar (vt)	togliere (vt)	['toʎʎere]
tirar cópias	fare copie	['fare 'kopje]
tirar fotos, fotografar	fare foto	['fare 'foto]
tirar uma conclusão	trarre una conclusione	['trarre 'una konklu'zjone]
tocar (com as mãos)	toccare (vt)	[tok'kare]
tomar café da manhã	fare colazione	['fare kola'tsjone]
tomar emprestado	prendere in prestito	['prendere in 'prestito]
tornar-se (ex. ~ conhecido)	diventare, divenire	[diven'tare], [deve'nire]
trabalhar (vi)	lavorare (vi)	[lavo'rare]
traduzir (vt)	tradurre (vt)	[tra'durre]
transformar (vt)	trasformare (vt)	[trasfor'mare]
tratar (a doença)	curare (vt)	[ku'rare]
trazer (vt)	portare (vt)	[por'tare]
treinar (vt)	allenare (vt)	[alle'nare]
treinar-se (vr)	allenarsi (vr)	[alle'narsi]
tremer (de frio)	tremare (vi)	[tre'mare]
trocar (vt)	scambiarsi (vr)	[skam'bjarsi]
trocar, mudar (vt)	scambiare (vt)	[skam'bjare]
usar (uma palavra, etc.)	utilizzare (vt)	[utilid'dzare]
utilizar (vt)	usare (vt)	[u'zare]
vacinar (vt)	vaccinare (vt)	[vatʧi'nare]
vender (vt)	vendere (vt)	['vendere]
verter (encher)	versare (vt)	[ver'sare]
vingar (vt)	vendicare (vt)	[vendi'kare]
virar (~ para a direita)	girare (vi)	[dʒi'rare]
virar (pedra, etc.)	capovolgere (vt)	[kapo'voldʒere]
virar as costas	girare lo sguardo	[dʒi'rare lo 'zgwardo]
viver (vi)	vivere (vi)	['vivere]
voar (vi)	volare (vi)	[vo'lare]

voltar (vi)	ritornare (vi)	[ritor'nare]
votar (vi)	votare (vi)	[vo'tare]
zangar (vt)	far arrabbiare	[far arrab'bjare]
zangar-se com ...	essere arrabbiato con ...	['essere arrab'bjato kon]
zombar (vt)	canzonare (vt)	[kantso'nare]

www.ingramcontent.com/pod-product-compliance
Lightning Source LLC
Chambersburg PA
CBHW062052080426

42734CB00012B/2625